ナツメ社教育書ブックス

1人1人の
個性を生かした

# 通知表の
# 書き方&
第2版
# 文例集

渡部理枝 [編著]

低学年 小学校

1・2年生

ナツメ社

# はじめに

　8年前につくられた本書が長い間、みなさまのお役に立ってきたことを大変嬉しく思います。子どものさまざまな姿をよさととらえ、さらに伸ばそうとする教師の姿勢の大切さは、今も全く変わりありません。

　学習指導要領が改訂され、資質・能力の3つの柱が3観点の学習評価として示されました。今回の改訂にあたり、本書を読み返して感じることは、さまざまに変化があろうとも大切なのは、教師の確かな評価観における見取る力です。子どもたち自身が自らの学びを振り返り、次の学びに向かうことができるようにするためには、学習評価のあり方こそが重要だからです。子どもを見取り、それを伝える確かな評価が子どもの適切な自己評価につながります。

　子どもの真のよさは、表面に表れるものばかりではありません。そして学校の中のふとした瞬間に見せた子どものよさは、教師にしか見取ることはできません。
　本書の中に多数取り上げられていますが、誰にも認められなくても、行事の成功を願って陰でひたむきに活動する姿や、自分のことよりも友だちのことを願い行動する様子が述べられています。その子どもを「輝いている」と表現できるのは、教師に深い子ども理解と洞察力が備わっているからこそです。

　さらにこの本の中で大切にしてきたことが「かかわりあいながら、ともに伸びようとする力」です。下学年が喜ぶことをするために試行錯誤する様子や、よい学級にするために努力を惜しまない姿勢など、本書の中で多数取り上げられていますが、これこそが、子どもの評価すべき大切な観点です。学習評価の中に直接表れるものでないとしても、学びの基礎となり、子どもの意欲となり、子どもの学ぶ力に根底で結びついています。

　子どもは日々よくなりたいと願い努力を重ねています。子どもの真の姿を見取り、そのよさを子どもに伝えられる教師になられることを心から願っています。

2021年5月　渡部 理枝

# Contents

# Message

　一人ひとりの通知表を手に取り、胸が熱くなることがあります。教師が、学級の子どもの活動をしっかりと見取り、結果にとらわれず過程を的確に評価しているからです。

　見取り方によってはマイナス面と考えられることも「よさ」ととらえ、こうなってほしいという切実な願いとともに語られているからです。

　逆に、心を込めて書いてあるとはわかっても、授業や行事などで行ったことだけが羅列され、どのように評価したのかわからず、教師が伝えたいことがはっきりしないものもあります。

　言うまでもなく前者のような所見を書くことが、私たち教員の使命です。たった数行の文章が、子どもや保護者に喜びを与え、将来の目標や希望を見出させることがあるからです。
　それでは、どうすれば相手の心に届く所見が書けるようになるのでしょう。

　残念ながら、このような文章は一朝一夕に書けるものではありません。そのためには、明確な子ども観と教師としての力量が必要だからです。小手先の作業ではとても書くことはできません。

　しかし、人に感動を与える文章を書きたいと切実に願い、子どもの見方やとらえ方を真摯に学び、「書き方を学ぶ」意欲をもてば、必ず前者のような所見に近づきます。
　さらに、書き方を学ぶことは、広い視野を身につけることになり、授業力向上にも生活指導力向上にもつながると言っても過言ではありません。

　このような書き方を身につけていただくために、本書の中では、具体例を交えながら、わかりやすく所見の書き方を解説しています。
　この本を手に取った方々が、適切な評価をもとに子どもたちの心に響く通知表を作成することができ、所見を読みながら「この先生に出会えてよかった」と子どもや保護者に思われるようになれたら、私たちにとっても、これ以上嬉しいことはありません。

2013年3月　渡部 理枝

第　　1　　章

# 通知表所見の
# 基本的な考え方と
# ルール

# 1 ポジティブなとらえ方が記述の基本

## 子どもの特徴を長所としてとらえる

　子どもを評価するときには、ポジティブ・シンキングが大切になります。なぜなら、欠点ととらえるか、長所ととらえるかは紙一重の違いでしかないからです。例を挙げて説明をしてみましょう。

> 　自己主張が強く、自分がやりたいことをやってしまう子どもがいたとします。

↓

これを、このように表現してみます。

> 　自分のやりたいことに向かっていく積極性は、誰もが認める No.1 です。また、自分で考えたことを言葉にする表現力にも優れています。

このように書くと、欠点と見えていたことが長所に変わります。

> 　マイペースで、まわりと協調することが苦手な子がいたとします。

↓

> 　自分のやるべきことをしっかりと意識して、まわりに流されず、意志をもって行動することができます。

　ポジティブ・シンキングとは、欠点と見えることでもその見方、とらえ方を変えて、その子の「よさ」を引き出してあげることです。

## 子どもを多面的に見ることが大切

　このようにとらえていくと、教員自身もその子のよさに気づくことがあります。注意ばかりしていた子への見方を変えると、よさとして認めることができるようになり、指導の仕方が変わり、学級の中の子どもたちの眼も違ってきて、そして本人が変わることさえあります。

　このような見方ができるよう、日頃から自分自身を鍛えておく必要があります。子どもを多面的にとらえ、自分自身の感じ方に固執せず、さまざまな見方をすることです。

　例えば、いつも同じ注意をされる子どもがいたときに、他の教員に聞いてみると意外なよさに気づきます。また、「よいところ見つけ」※などの演習を取り入れていくと、また違ったよさに気づくこともあります。

※よいところ見つけ…構成的グループエンカウンターやソーシャルスキルトレーニングなどで用いられる手法のひとつ。一人ひとりの子どものよいところを、それぞれの子どもが見つけ、伝えていくという演習です。

# 2 評価の内容について

## 評価した点が伝わる所見にする

　所見を書くときには、つい「子どもの行動」や「行ったこと」を述べたくなります。学校であったことを説明しないと、読み手に伝わらないと考えてしまうからです。しかし、事実のみを羅列していくと、何を伝えたいのかわからなくなってしまいます。

　例えば、次ページのような文章があります。これに評価を加えると、このようになります。

朝一番、大きな「おはようございます」の声とともに教室にやってきます。ひらがなの学習では、一字ずつ丁寧に練習し、イラストを使って楽しい短文をつくりました。みんなでうたう曲に振りつけをしたり、『おおきなかぶ』の演技で監督をやったりしました。

朝一番、大きな「おはようございます」の声とともに元気に教室にやってきます。新しいことに目を輝かせて取り組む意欲が何より素晴らしいです。ひらがなの学習では、一字ずつ丁寧に練習する一方で、イラストを使って楽しい短文をつくるなど、楽しく学ぶ工夫が自然にできます。みんなでうたう曲に振りつけをしたり、『おおきなかぶ』の演技で監督をやったりと活動するアイデアにあふれています。ノート配りの仕事のほかにも、自分にできることはないか注意を払い、みんなのために動くことを惜しまない頼もしさがあります。

が評価を加えた部分です。このように述べると、子どもの様子がいきいきし、教員が何を評価したのかがわかる所見になります。

## 効果的な「保護者が知らない一面」「意外な一面」

事実を述べるにしても、「保護者が知らない一面」を取り上げて知らせるという書き方もおすすめです。次のような内容は、より効果的な所見になります。

遠足で駅に向かう道では、たくさんの町の人たちに、大きな声であいさつをしながら行きました。自分にもあいさつで町を明るくすることができる力があることに気づいたようでした。

> テラスで育てている野菜を愛情いっぱいに世話し、大きく生長していく様子を見守りました。また、テラスがきれいに保たれるように進んで掃除をし、「みんなのために」という意識が定着しています。

> 体育係となり、体育の時間には大きな声で整列や準備運動の号令をかけ、元気いっぱいに活動することができました。寒い日に教室に残っている友だちがいると、「外に出て走ると、温かくなるよ」と声をかけて、みんなが元気に遊べるように呼びかけました。

　保護者が初めて知るわが子の一面は、保護者には大きな喜びとなり、インパクトのある所見になります。教師はそのような機会を見逃さず、普段から子どもの行動をしっかりと見取っていくことがポイントです。

# 3観点の学習評価

　2017（平成29）年の小学校学習指導要領の改訂により学びの転換期を迎え、新しい評価観で子どもを見取ることが必要となりました。

　学習指導要領に示されている「資質・能力の3つの柱」との関連性をもたせ「3観点の学習評価」が次のように整理されています。新しい考え方による評価について、注意すべき点を考えてみましょう。

| 資質・能力の3つの柱 | 3観点の学習評価 |
|---|---|
| ①知識及び技能<br>（何を理解しているか、何ができるか） | → 観点1 知識・理解 |
| ②思考力・判断力・表現力<br>（理解したこと・できることをどう使うか） | → 観点2 思考・判断・表現 |
| ③学びに向かう力・人間性の涵養<br>（どのように社会・世界とかかわり、よりよい人生を送るか） | → 観点3 主体的に学習に取り組む態度 |

## 3 観点の学習評価

| 観点 | 注意ポイント |
|---|---|
| **観点 1**<br><br>**知識・理解**<br><br>「知っている」「できる」だけでなく、「わかる」「表現できる」「説明できる」への転換。 | 知識・理解においては、今までの「知っている」「できる」レベルから「概念の理解」までが求められています。そのためにペーパーテストで理解の様子を知るとともに、概念の意味が理解できているかをはかることが必要になります。<br><br>●概念の意味がわかり、説明ができる。<br>●式やグラフで表せる。<br>●芸術系では、理解したことが表現したり観賞したりする喜びにつながっている。 |

| 低学年の所見例 | 中学年の所見例 | 高学年の所見例 |
|---|---|---|
| 「たし算」では、「あわせて」「ぜんぶで」の言葉に着目し、根拠をもって式と答えを出しました。課題に向かう際は、「なぜ」「だって~だから」と自分なりに筋道を立てて友だちに意見を伝えることができました。 | 2学期の学習のめあてを「漢字の習得」とし、いつも意識して漢字練習を続けていました。目標に向かい努力しているので、漢字テストだけでなくノートや作文でも、正確な漢字を活用する力がついています。 | 活躍した歴史的人物や当時の歴史的背景などにも目を向け、社会的な事象を多面的にとらえることができました。習得した知識を十分に生かして、歴史新聞にまとめるなど、既習事項を確実に自分の力にしています。 |

| 観点 | 注意ポイント |
|---|---|
| **観点 2**<br><br>**思考・判断・表現**<br><br>理解した概念を「わかる」だけでなく、「使える」かどうか。 | 思考・判断・表現では、身につけた知識・技能を活用して、課題を解決するために必要な思考力、判断力、表現力を身につけているかを評価します。<br><br>●結果を予測しながら生活と結びつけて考え、解決に向けて努力をすることができる。<br>●自分の考えを伝え、友だちの考えを理解し、グループの考えをつくることができる。 |

| 低学年の所見例 | 中学年の所見例 | 高学年の所見例 |
|---|---|---|
| さまざまな植物の実が青から赤に変化することを根拠に、ミニトマトも青から赤へ変化していくと予想しながら、毎日の観察を楽しんでいました。いくつかの知識を組み合わせ、見通しをもって総合的に考える力が身についてきました。 | 「面積」の学習では、図形の面積を率先して求めることができました。そして、生活場面でよく見かける広さの特徴を見つけてまわりの友だちに言葉で伝えるなど、表現力の豊かさも光ります。 | 理科の「てこのはたらき」では、支点、力点、作用点の関係を理解し、さらに独自にゲームを開発しました。遊びを通して理解を深めるなど、発想の豊かさを感じます。 |

「小学校、中学校、高等学校及び特別支援学校等における児童生徒の学習評価及び指導要録の改善等について（通知）」
（2019年3月）

| 観点 | 注意ポイント |
|---|---|
| **観点3** <br> **主体的に学習に 取り組む態度** <br> 解決に向けて、粘り強く活動を しているか、自己の感情や行動 を統制する力、自己を客観的に とらえる力(メタ認知)がある か。 | 主体的に学習に取り組む態度は、挙手の回数やノートの取り方で評価するのではありません。子どもが学習のめあてをもち、進め方を見直したり、自己調整を行いながら知識・技能を獲得したりして、思考・判断・表現しようとしているかを評価します。 <br> ●自分で学習めあてを設定し、解決に向けて工夫をしながら根気よく取り組む。 <br> ●試行錯誤しながら、自己調整して最後まで取り組むことができる。 <br> ●自分についた力を振り返ることができる。 |

| 低学年の所見例 | 中学年の所見例 | 高学年の所見例 |
|---|---|---|
| 『おおきなかぶ』のグループ発表では、おじいさん役として声色を変える練習をしたり、小道具や動作の工夫をしたり、劇がどうしたら楽しくなるか考えることができました。困っている友だちには動きのアドバイスをして、グループ全体でよい劇に仕上げることができました。 | 「ゴムのはたらき」の学習では、ゴムの長さや帆の大きさによって車の速さが変わることを学び、まっすぐに長距離を走るオリジナルのおもちゃの車を作りました。帆の大きさを変えたり、ゴムの力を変えたりと、何度も試行錯誤しながら工夫して取り組むことができました。 | 「ふりこ」の実験では、ふりこの重さや振れ幅を変えてもふりこが一往復する時間が変わらないことを不思議に思い、自主的に何度も条件を変えて実験しました。くり返し教師に質問し、納得できるまで問題に取り組む姿勢に、理科への深い関心が見えます。 |

この3観点を理解すれば、学習部分の所見の書き方が変わってくるはずです。この本の中では、3観点の学習評価を下のアイコンで示しています。

### ●3観点と外国語活動・外国語(4技能5領域)の評価の観点

| 3観点の<br>学習評価<br><br>外国語活動・<br>外国語の評価の観点 | **観点1**<br>知識・理解 | **観点2**<br>思考・判断<br>・表現 | **観点3**<br>主体的に学習に<br>取り組む態度 |
|---|---|---|---|
| 聞くこと | **観点1・聞く** | **観点2・聞く** | **観点3・聞く** |
| 読むこと | **観点1・読む** | **観点2・読む** | **観点3・読む** |
| 話すこと(やりとり) | **観点1・話す** | **観点2・話す** | **観点3・話す** |
| 話すこと(発表) | **観点1・発表** | **観点2・発表** | **観点3・発表** |
| 書くこと | **観点1・書く** | **観点2・書く** | **観点3・書く** |

ここでは学習のことのみ述べましたが、友だちとのかかわり方やリーダーシップ、行事への取り組み方などの評価も加え、その子の全体の様子や人となりがわかり、子どもにも保護者にも励みになる評価とすることが重要です。

# 3 記録の仕方を学ぼう

## 具体的な表記のためには記録が必要

　読み手の心に残る所見を書くためにまず必要なものは、「子どもの記録」です。毎日さまざまなことが起こり、対応に追われて、あっという間に時間が過ぎてしまいます。所見を書くにあたり、いざ思い出そうとしても、うまく思い出せないことがしばしばです。

　そこで重要になるのが、「子どもの記録」です。記録の仕方にはノート方式、名簿方式、カード方式などいろいろな方法があります。第2章では具体的な手法を紹介していますので、自分に合った方法を見つけ、自分なりに工夫していきましょう。

# 4 小さなルール、しかしとても大切なルール

　きちんと意識していないと、つい書いてしまいがちな表現があります。以下に注意すべき表現について、まとめました。教員が言語感覚を磨き、言葉に敏感になることが大切です。

| 観点 | 記述例 | 理由 |
|---|---|---|
| 専門用語の羅列 | ①「課題解決学習」では、友だちの意見をよく聞き…… <br> ②友だちを「受容的」な態度で受け入れ…… <br> ③「社会的事象」についての理解が進み…… <br> ④○○という「評価の観点」から言えば…… | 私たちは気づかずに一般的でない専門用語を使っていることがある。教員にだけ通用する言葉を使わないようにしたい。 <br> ＊「技術の習得」「論理的思考力」「領域」「主要教科」など |

| 観点 | 記述例 | 理由 |
|---|---|---|
| 他の子どもと比較する表現 | ①お兄さんは慎重に物事を進めましたが、○○さんは……<br>②お隣の○○さんのノートの書き方を見せてもらいながら、学習を進めているのですが…… | どんなときでも子どもを比較して評価をしてはいけない。気をつけたいのは、ほめ言葉で比較して使用しているからと安心しているときである。 |
| 偏見や差別につながる表現 | ①体重が重くて鉄棒運動は苦手ですが……<br>②母国語が日本語でないため……<br>③離婚後から落ち着きがなくなり…… | 気づかずに偏見や差別につながる言葉を使っていることがある。教員こそが、差別意識に敏感でありたい。<br>　片手落ち、外人……などの差別的用語にも注意したい。 |
| 責任転嫁の表現 | ①計算力がなかなか身につきません。ご家庭での練習をお願いします。<br>②身のまわりの整理整頓ができません。家庭でのしつけをお願いします。 | 身につかないことを家庭に求め、指導を家庭で行ってほしくなることがある。家庭とはともに同じ視点で、同じ方向を向いていることが大切である。家庭任せと思わせる表現には気をつけたい。 |
| 個人の評価のような表現 | ①私の教育信念では○○を大切にしていますが……<br>②私の考えでは○○を進めていますが、それになかなか従えず…… | 教育は個人で行うものではない。学習指導要領に基づき、それを学校の経営方針の中で具現化しているのである。誤解されないような表現をしたい。 |
| 断定的な表現 | ①発達障害かと疑われますが……<br>②自閉的な傾向が見られ……<br>③軽度な遅れが見られるようですが……<br>④ADHDのような行動が見られるため…… | 診断は医者が行うものである。行動を決めつけたような言い方には十分に気をつけたい。 |

# 5 友だちとのかかわり方に注目しよう

## 「コミュニケーションの力」も評価する

　学校教育のよさの一つに「集団で活動する」ことが挙げられます。これから大人へと成長していく過程でも「コミュニケーションの力」が重要になります。友だちとのかかわり方について、保護者の方たちに大切なことだと認識していただくためにも、よさが見られたときにはぜひ取り上げたいものです。

> 　ダンスでは悩んだ時期もありましたが、仲間からのアドバイスを受けて見事に踊りきりました。「みんながいたからできた」という言葉に表れているように、仲間の存在の大きさに気づくことができました。

> 　誰に対しても分け隔てなく関係を築ける素晴らしい才能があります。「みんなで楽しくやりたい」という思いが、友だちへの好意的な働きかけに表れています。

# 6 特別な支援で力を発揮できる子には……

## 「特別視しない」ことが大切

　特別な支援によって力を発揮できる子への所見を書くうえで大切なのは「特別視しない」ということです。できなかったことがサポートによってできるようになるのは担任として大きな喜びですが、それをそのまま書き表すと、「そんなこともできなかったのか」と思われがちです。

　「できないことができた」と特別視せず、他の子を見るのと同じ視点で、その子のよさを評価しましょう。

> ✕ 1対1対応がなかなかできずに困っていました。しかし、タイルを並べて具体物を操作することで理解できるようになってきました。

> ○ 1対1対応が具体物操作でできるようになってから、考えに広がりが見られます。大きな数の計算にも意欲をもつようになってきました。

　また、ここでも子どもの欠点を指摘したり、非難がましい書き方をするのは禁物です。その子のよさを認めて、ほめ、励ましてあげるのは、どの子に対しても同じです。

> ✕ 授業中に何度もハイハイと元気よく手を挙げて指名を求めます。全員で学習をしているということを教えてきました。

> ○ どんなときにも臆せず手を挙げる姿に感心しています。進んで意見を述べるので、クラス全体の話し合いが活発になります。

## その子の中での成長を評価する

　ここでも大切なことは、子どもを「比べて評価しない」ということです。大勢の子どもと接していると、いつの間にか他の子どもと比べて評価をしている自分に気づくことがあります。
　子どもへの評価は、それぞれの子ども個人の中で成長したことを評価していくのです。教員はけっしてそれを忘れてはいけません。所見の書き方からも、その考え方を学んでいきましょう。

# 文例を通してポジティブな見方を養おう

　この本では、子どもたちの評価のカテゴリーを**「学習」**（各教科および自由研究、宿題など）・**「生活」**（生活態度、あいさつ、休み時間など）・**「行事」**（運動会、学芸会、クラス替えなど）・**「特別活動」**（学級活動、係活動、話し合い活動など）の4つに分けています。

　言葉の扱いを巧みに、表現を豊かにすることも必要かもしれませんが、大切なのは子どもの「よさ」を積極的に見出して評価することです。本書を通して、ぜひ子どもたちに対するポジティブな見方を養ってください。

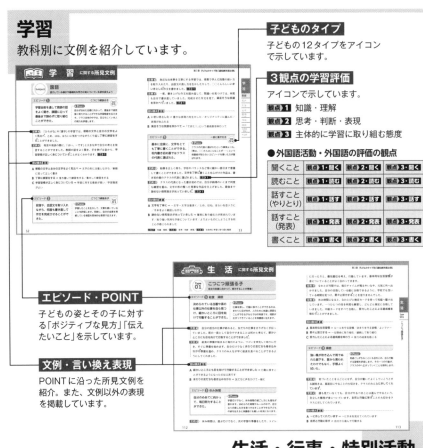

## 学習
教科別に文例を紹介しています。

### 子どものタイプ
子どもの12タイプをアイコンで示しています。

### 3観点の学習評価
アイコンで示しています。

**観点1** 知識・理解
**観点2** 思考・判断・表現
**観点3** 主体的に学習に取り組む態度

### ●外国語活動・外国語の評価の観点

| 聞くこと | 観点1・聞く | 観点2・聞く | 観点3・聞く |
|---|---|---|---|
| 読むこと | 観点1・読む | 観点2・読む | 観点3・読む |
| 話すこと<br>（やりとり） | 観点1・話す | 観点2・話す | 観点3・話す |
| 話すこと<br>（発表） | 観点1・発表 | 観点2・発表 | 観点3・発表 |
| 書くこと | 観点1・書く | 観点2・書く | 観点3・書く |

### エピソード・POINT
子どもの姿とその子に対する「ポジティブな見方」「伝えたいこと」を示しています。

### 文例・言い換え表現
POINT に沿った所見文例を紹介。また、文例以外の表現を掲載しています。

## 生活・行事・特別活動
12タイプの子どもたち別に文例を紹介しています。

※「行事」は所見に書く内容が豊富なため、特別活動から抜き出しています。

第 2 章

# 所見作成に向けた
# 情報収集・
# ストックのコツ

# 1 記録の取り方

通知表所見を作成するためには日々、子どもたちの活動を注視して、子どもたちそれぞれの情報を集め、記録しておくことが大切です。ここでは所見を書くための記録の取り方と、その効率的な方法を紹介します。

## ■ ノートに記録する

所見作成のための記録の取り方として、最も一般的なのは大学ノートなどを利用する方法です。子ども一人につき1ページから2ページを割り当て、日にちとそのときの状況を記録していきます。授業中や他の先生の授業を見ている間などに評価すべき点を発見したら、すぐ書き込めるように、いつも手元に置いておきましょう。

保護者面談のときの「こういう子になってほしい」という保護者の思いなども、ここに書いておくと、所見に生かすことができます。

時々見返してみて、記録の少ない子どもは特に注意を払って見るようにすると、所見を書く際に困らずにすみます。実際に所見を作成するときには、作文や日記など、他の資料を出席番号順に並べて、このノートを基点に情報をまとめていきます。「遠足で友だちの荷物を持ってあげた」「自分で調べた知識を発表していた」など、ノートに書かれたメモがきっかけとなって、作文などの内容とつながり、所見の内容に広がりが生まれます。

| メリット | ● 準備が簡単で、すぐ始められる。<br>● 具体的な内容を書くことができる。<br>● ひと目で子どもの記録がわかる。 |
|---|---|
| デメリット | ● ノートがかさばる。 |

## ■ 付せんにメモする

授業中にノートを広げてメモを取っていると、何を書いているのか子どもたちは気になってしまいます。そのような場合は、机の引き出しやポケット

に付せんを用意しておき、子どもがよいことを言ったりしたときにメモを取ると目立ちません。

　手札型のカードを使う教員もいますが、メモしたあと、手近なところに貼っておけるので、付せんのほうが使いやすいようです。誰のことなのか混乱しないように、付せんに子どもの名前も書くことも忘れないようにします。

　メモした付せんは子どもの名前ごとに分類してノートに貼っておくのでもかまいませんが、定期的にメモの内容をノートに写して整理しておくやり方もあります。

| メリット | ● 持ち運びに便利。 |
| --- | --- |
| | ● いつでも、どこでも手軽に書くことができる。 |
| デメリット | ● 付せん自体が小さく、なくしやすい。 |

### ■ 座席表や出席簿を利用する

　手軽に記録を始めるには、座席表や出席簿を何枚もプリントアウトして、授業中にメモをしていく方法もあります。ただし、書き込めるスペースが小さいので、日にち別、教科別というように、数枚の表が必要になります。記号などを使って、短い言葉でメモをするとよいでしょう。

　既存の座席表や出席簿を利用するときは、保管する場所を決めて定期的に整理しておくことが大切です。所見を書く段階になって、せっかくの記録が見つからないなどということが起こらないように、このやり方の場合も、ノートなどにまとめて整理しておく必要があります。

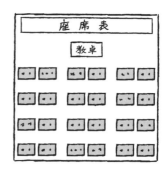

| メリット | ● 手軽に始められる。 |
| --- | --- |
| | ● どの子の記録か照合しやすい。 |
| デメリット | ● 書き込むスペースが狭い。 |
| | ● 枚数が多くなるので、しっかりとした管理が必要。 |

## ■ 市販の児童記録簿を使う

　各教材メーカーが、日々の出席や教科別の記録をつけるための児童記録簿をつくっています。人によって使い勝手の良し悪しが分かれますが、さまざまな機能が盛り込まれているので、初めて記録を取る場合などは、こうしたものを使ってみるのもいいかもしれません。

　このような既存のツールを使っていくうちに、自分にとって便利なやり方が見つかり、独自の方法を工夫していくことができます。

| メリット | ● さまざまな機能が盛り込まれている。 |
|---|---|
| デメリット | ● 人によって使う機能と使わない機能が分かれる。 |

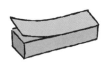

## ■ 子どもたちの日記を活用する

　その日あったこと、思ったことなどを、日記や1行日記として子どもたちに書かせ、それを記録として活用します。所見に具体的なエピソードを生かすためにも、有効な記録方法です（日記ではなく、週に1回提出するようなものでもいいでしょう。この方法は「情報の集め方」にも分類できるので、詳しくは28ページ以降で紹介しています）。

　低学年の場合、毎日書くのは難しいので、子どもたちの文章やノートから教員が見取ってメモを取っておく必要があります。その日あったよいことや、注意が必要なことを色分けして書いておくと、あとで見返しやすく、子どもたちとの接し方にも生かすことができます。

| メリット | ● 具体的な内容を知ることができる。<br>● 子どもたちの内面を知ることができる。 |
|---|---|
| デメリット | ● 子どもと教員双方の時間を取る。<br>● きちんと日記を書くためには練習が必要。 |

# 2 デジタル機器の活用

近年はさまざまなデジタル機器が登場し、教育の現場でも活用されています。デジタル機器は効率的に記録を取ることができますが、個人情報などデータの管理には細心の注意が必要です。

## 写真にするとこんなに便利

メモを取っている時間がない場合や記録すべき内容が多い場合、思わぬところで見つけた評価すべき事柄をとっさに記録する場合などには、デジタルカメラが便利です。「起動が早い」「手軽にすぐ撮影ができる」「記録したデータはパソコンで管理できる」などたくさんのメリットがあります。

### ■ 授業の終わりに黒板を撮影する

板書が1時間の記録となるよう授業を進めます。板書に授業中の子どもたちの発言をできるだけ名前つきで記しておくと、写真がそのまま1時間の授業記録になります。最後に1枚の写真に収めることができる板書に工夫することは、子どもたちにとっても簡潔でわかりやすい授業になります。

また、子どものよい発言を黒板に書くことで、クラスのみんなにもその子の活躍が印象に残り、学級経営にも好影響を与えます。ただし子どもの名前が入っている写真は個人情報ですので、取り扱いには注意しましょう。

**ポイント** デジタルデータは、学期末に紙の資料を探し集める必要がないのがよい点です。写真は日付や教科別などに分類・整理しておくと、あとで見返す際に自分の記憶と結びつけやすくなります。

### ■ 子どものノートを撮影する

子どものノートや作文も、特に印象的なものを撮影しておけば、所見を書く際に忘れて取りこぼしてしまうのを防ぐことができます。ノートの隅に書かれた子どもの感想など、メモを取るだけでは見落としてしまいがちな部分も、写真に撮ることで記録しておくことができます。

集めたデータは、子どもの名前や教科別に分類・整理しておくと活用しやすくなります。

ポイント　枚数の多いワークシートなどを集めたときは、返却前にスキャナーを使ってまとめて画像のデータにしておくと、手軽に、かさばらずに記録を残しておくことができます。その際、名前順に並べておくと探しやすくなります。

## ■ 子どもの作品を撮影する

　図工や新聞づくりなどの作品は、その場で評価を書きとめておかない限り、保管にも手間がかかり記録しておきにくいものです。そこで、完成した作品を子どもに持たせ、作品と作者をいっしょに写真に収めておくと、所見を書く際に思い出しやすく、とても便利です。おもしろい作品があったのに、誰の作品だったか思い出せないなどという事態を防ぐことができます。

　また学期末に、プリントアウトした写真を子どもたちそれぞれに作品集として渡すと、子どもたちにとってもよい思い出になるでしょう。

ポイント　みんなの前で作品などを発表する際、書画カメラ（実物投影機）を使用している場合、画像として記録する機能があれば、特によいものを写真としてパソコンに保存することができます。

## ■ 普段の様子を撮影する

　ノートや作文だけでなく、休み時間や掃除の時間、係活動など、メモを取りにくい状況で子どものよいところを見つけたときも、写真に撮って記録しておくとよいでしょう。授業の中だけでは見つけにくい評価すべき点を見つけ出し、保存することができます。

ポイント　外部の人にとって、個人が特定できないように撮影をすると、評価用としてだけでなく、学級だよりやホームページなどにも活用することができます。保護者にとっては、学校内のことはなかなか見る機会がないので、普段の様子を伝えるのに役立ちます。

# 動画や音声、手書きのメモをデータで保存

## ■ ビデオカメラやボイスレコーダーで授業を記録

　デジタルカメラ以外にも活用できるデジタル機器はたくさんあります。例えば、ビデオカメラを使うと、一人で簡単に授業記録をつくることができます。子どもたちの発言を記録するだけならボイスレコーダーも有効です。

　最近は、自身の授業研究のために、動画を撮影している教員も少なくありません。毎回の授業を記録するのは大変ですが、大きな発表会や研究授業などの際には、授業記録を撮っておくことで、そのときには印象に残らなかった部分でも新たな発見があるかもしれません。

> **ポイント**　所見作成以外でも、授業記録をつくっておくことで、自分の授業を客観的に見直すことができます。自分の発問や子どもの反応、子どもの目線から自分の授業がどのように見えているのか、定期的に確認しておくのもよいでしょう。

## ■ デジタルメモを活用する

　デジタルメモはちょっとしたことのメモを取るのに便利です。授業中の発表や学級会での意見などは、発言者の名前をつけてデジタルメモで打ち込んでおくと、所見作成時に子どもの名前で検索すれば、発言の内容をすぐに確かめることができます。

　書いてすぐ消せるものや、手書きの図形などもデータとして保存が可能なもの、キーボードで入力するものなどがあります。タブレットパソコンよりも安く手に入るのも魅力の一つです。これらの機器はさまざまな場面で力を発揮できるでしょう。

> **ポイント**　学級会など、子ども同士の発言で議事が進んでいく状況では、一つの発言を抜き出すのではなく、簡単な議事録の形で記録を取っておくと、所見作成の際に「どんな流れで出てきた発言なのか」などがわかりやすくなります。

# タブレットを上手に使いこなそう

　今後、子ども1人に1台タブレットが配布されていきます。タブレットでは、先に述べた「写真」や「動画」「音声」「デジタルメモ」すべてを1台で担うことができます。さらに、表計算ソフトを使ってシートごとに子どもの記録を残したり、子どもの伸びしろをグラフで確認したりすることでもできます。タブレットを使いこなせば、子どもの様子を記録する幅がとても広がります。

### ■ ペアやグループで活動しているときに動画で撮影

　小グループでの活動の際、全グループの活動状況を把握するのはなかなか難しいものです。そこで、主な活動をしているときにペアやグループでの様子をタブレットで録画をします。そうすることで、あとで落ちついて見返すことができます。特に活発な話し合いになったグループの活動は例として全体に紹介すると、子どもたちの学習意欲の向上にもつながります。

 動画は撮影したあとに、学級のフォルダに子どもが自分たちで保存できるように事前指導をしておくと、便利です。

### ■ タブレットを活用した学習の記録

　文章作成ソフトを使っての作文やプレゼンテーションソフトを使った発表などは学習の幅を広げるだけでなく、所見作成時の資料にもなります。

 子どもが作成したデータを個人のフォルダに保存させておくことで、閲覧の際にまとめて確認することができます。ファイル名も変換できるように指導しておくと、より効果的です。

# デジタル機器を使用するときの注意！

　デジタルデータは手軽に資料を保存できる代わりに、いくつか注意しなければならないことがあります。デジタルデータや機器の扱いについては、学校や地区などによって違うため、事前にしっかり確認しておくことと、普段からの注意が必要です。

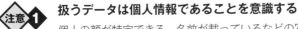 **扱うデータは個人情報であることを意識する**

個人の顔が特定できる、名前が載っているなどの写真や動画は個人情報となります。そのため、セキュリティのしっかりしたパソコンでのデータ管理が大切なのは言うまでもありません。

**注意2 使用するデジタル機器は個人のものを使用しない**

使用のしやすさから、自身のデジタル機器を使いたくなりますが、自治体によっては個人のスマートフォンなどは使用不可なことがあります。個人の記録媒体を使用していると、情報流出につながることも。このようなトラブルを未然に防ぐため、学校のデジタル機器を使用しましょう。

また、子どもの様子を撮影する際には、その子どもの心境などにも配慮が必要です。隠し撮りなどの誤解を与えないように気をつけましょう。

 **記録媒体は使用したら所定の保管場所へ**

子どもの様子を撮影したデジタル機器を自分の机の上などに置いておいて紛失する、子どもが勝手に見てしまうなどのケースが考えられます。危機意識を高め、使用後は鍵がついている引き出しや専用の保管庫などに戻すようにしましょう。

 **こまめにデータの整理・確認をする**

デジタルデータはその手軽さゆえに、気づくと膨大なデータ量になってしまうことがあります。多すぎるデータは所見作成時に確認する際、資料を探すのに時間がかかってしまうので、必要のないデータはこまめに削除するなど、データの整理が適宜必要です。

 **バックアップをしっかりとる**

デジタルデータは普段から管理をしっかりしていても、ちょっとした操作のミスで、ボタン一つですべてのデータが消えてしまうことがあります。必要なデータは別の場所にバックアップを取っておくことをお勧めします。

**注意6 使用後は次のために充電する**

いざ「デジタル機器を使って記録を撮ろう」と思ったときも、肝心のバッテリーが切れていては宝のもち腐れです。電源の確保や普段から充電をしておくようにしましょう。

# 3 情報の集め方

新学習指導要領では「振り返り」が重要視されています。目標に対して、自分の活動がどうだったのかを、子ども自身が評価し、次の目標につなげることが大切だからです。ここでは、その自己評価の方法を紹介します。

## ■ 自分ノート

　クラスメイトに見せない、教師と子どもだけでやりとりをする「自分ノート」をつくります。最近の出来事や、それについて子ども自身がどう感じ、どう思ったかを書かせるようにすると、それぞれの心の中を知ることができます。もちろん、教師と子どもの人間関係づくりが重要ですし、子どもが自分の気持ちを素直に書き表せるようコメントの工夫も必要です。

　この方法は、子ども一人ひとりに向き合うことができるので、所見を書く場合ばかりでなく、授業の改善や生活指導に生かすことができ、児童理解の一つとして大いに役立ちます。

 　自分ノートに出来事に対する自分の考えを書かせるためには、ある程度の練習が必要となります。自分の気持ちを、低学年のうちから少しずつ書く練習をさせておくとよいでしょう。

## ■ 振り返りカード

　「自分ノート」のような分量の自由な文章を、定期的に提出するのが難しい低学年や中学年では、その日の出来事を短い文章で振り返る「振り返りカード」が有効です。表裏で1週間分の出来事が記録できるようなカード（B5判もしくはA4判の用紙）を用意し、週に一度回収してコメントをつけて返します。そこで気づいたことがあれば、メモや記録を残しておきましょう。

 　振り返りカードは、その日あった出来事の記録にとどまりがちなので、「先生が知らないこと」「出来事に対するそのときの自分の気持ち」などについて書かせるようにしましょう。子どもの思いを受け止め、次の目標とつながるコメントを返すことが大切です。

## ■ 学習感想

　授業終わりに学習感想をノートやワークシートに書かせることで、次のように評価と所見を結びつける根拠となる情報として活用することができます。

● 学習したことに対してどう理解したのか
　（知識・技能）
● 子どもがどういう考えをもって取り組もう
　としていたのか（思考・判断・表現）
● 得た結果を基に次の課題をどう設定したか
　（主体的に学びに向かう力）　など

**ポイント**　低学年のうちはまだ十分な作文力が身についていないので、所見用の記録には、教員が注意して観察したメモが必要です。また、低学年はいきなり文章ではなく、「◎よくできた」「〇できた」「△もうすこし」などの簡単な学習の振り返りから取り組ませるのも効果的です。

## ■ 他の先生から情報を得る

　音楽や図工、家庭に英語、算数などの教科の場合は、担任以外にも専科の先生や少人数指導の先生が子どもたちの指導に携わっています。そのため、子どもたちの評価もその先生方から受け取ることになります。専科の先生からの所見が文書で提出される学校もありますが、専科の先生から直接話を聞いてみるのも担任に見せるのとはまた違った子どもたちの姿を知ることになります。また、学級ではよさがなかなか発揮できていない子どもについて事前に相談しておくと、専科科目内での活動に注目し、活躍できる光るよさを見つけ、アドバイスしてくれることもあります。

**ポイント**　自校の児童はすべて「自分が担任する子どもたち」という意識をもちたいものです。事務的なやりとりをするだけでなく、普段から教員同士でコミュニケーションを密にしておくと、さまざまな場面でスムーズに連携をとることができます。

### ■ クラス全員が全員のよいところを探す

　学期末には、クラス全員で「全員のよいところ探し」をしてみるのもよいでしょう。傷つく子どもがいないように、十分注意して行います。1回につきクラスメイト数人のよいところを書くという課題を数回に分けて行い、クラス全員のよいところを一人ひとりに書かせます。つまり、クラスの全員がそれぞれ、（自分を除いた）全員のよいところを見つけることになります。

　「つらかったとき、〇〇さんがこんな言葉をかけてくれた」「ハイキングのときに重い荷物を持ってくれた」など、教員の知らない子どもたちの姿や、具体的なエピソードを引き出すきっかけになります。

**ポイント**　全員のよいところを書かせるのがポイントです。普段気づかない友だちのよいところを子ども自身が見つけて、お互いを認め合う機会にもなります。ただし、くれぐれも傷つく子どもがいないよう、十分に気をつけましょう。

## 「子どものよいところを見つける」こと それが教師の最大の務め

　記録を取るのも、情報を集めるのも、その目的は「子どものよいところを見つける」ことです。教師が子どものよいところを見つけて適切に評価するのは、子どもの自己肯定感や向上心、意欲などを高め、自身の長所をさらに伸ばすために大切なことです。

　子どものよいところを見つけ、引き出すことは、その子自身のためであることはもちろん、それを日々の授業や学校生活の中でクラス全体に伝えることで、子どもた

ちがお互いを認め合うきっかけになります。よいクラスでは、クラスのみんながお互いのよいところを知っているものです。クラスの人間関係を通して、子どもたちを成長させる面からも、「子どものよいところを見つける」ことは教師にとって最も重要な務めです。所見作成に向けた、子どもを観察する、記録を取る、情報を集めるなどの活動は、そのような教師としてのいちばん重要な姿勢を鍛えるよい機会となるでしょう。

第 **3** 章

# 通知表所見文例

学習 | 生活 | 行事 | 特別活動

「3観点の学習評価」に該当する例文は、次のアイコンで示しています（詳細は11〜13ページを参照）。

| 観点 **1** | 知識・理解 |
| 観点 **2** | 思考・判断・表現 |
| 観点 **3** | 主体的に学習に取り組む態度 |

## Subject 国語
協力している様子や基礎的な学力が身についている姿を捉えよう

### エピソード❶ こつこつ頑張る子 Type 01

学習全般を通して教師の話をよく聞き、課題に沿って最後まで諦めずに取り組むことができた。

● **POINT**
自分が決めた目標に向かって、最後まで根気強く努力することができる学習態度を伝えます。クラス全体の中では、目立ちにくい本人の努力を評価します。

**文例❶** 「ひらがな」や「漢字」の学習では、**模範の文字と自分の文字をよく見比べ**、とめ、はね、はらいに気をつけながらくり返し**丁寧に練習をす**
**A**
**る**ことができました。
**B**

**文例❷** 発言や発表の際に、「はい。～です」と大きな声で自分の考えを発言することができました。教師の話をよく聞き、手を挙げる姿から、**学習習慣が正しく身についている**ことがよくわかります。**観点❶**
**C**

### 言い換え 表現

**A 模範の文字と自分の文字をよく見比べ** ➡ 文字の形に注意しながら／筆順に従って正しく書き

**B 丁寧に練習をする** ➡ 落ち着いて練習をする／集中して練習をする

**C 学習習慣が正しく身についている** ➡ 学習に対する意欲が高い／学習態度がよい

### エピソード❷ こつこつ頑張る子 Type 01

段落や、会話文を取り入れながら、何度も書き直して作文を完成させることができた。

● **POINT**
学習したことを生かして、文章を書いていることを評価します。同時に、自分の成長を実感している場面を具体的な表現で伝えます。

**文例①** 　身近な出来事を文章にする学習では、授業で学んだ段落の使い方を取り入れたり、会話文の表し方を生かしたりして、○○くんらしい**いきいきとした**作文を書きました。A **観点1**

**文例②** 　一度、書き上げた作文を読み返して、間違いを見つけては、何度も自分で書き直していました。完成させた作文を見て、**満足そうな笑顔を浮かべて**いました。B **観点1**

**言い換え 表現**

**A いきいきとした** ➡ 豊かな表現力を生かした／オリジナリティに富んだ／表現があふれる

**B 満足そうな笑顔を浮かべて** ➡ 「できた！」という達成感を味わって

---

**エピソード❸** 　　　　　　　　　　　　　　　　一芸に秀でた子 **Type 02**

基本に忠実に、文字をとても丁寧に書くことができる。校内書き初め展ではクラスの代表に選ばれた。

**●POINT**
クラスの代表に選ばれたという事実よりも、「実は、○○さんはこんなことが……」という保護者が知らないエピソードを書いた方が喜ばれます。

---

**文例①** 　鉛筆を正しく持ち、字形やバランスなど常に細かい部分まで意識して書くことができました。**文字を丁寧に**書くことを心がけた作品は、書き初め展のクラスの代表に選ばれました。A **観点1**

**文例②** 　クラスの代表になった書き初めでは、自分が納得のいくまで何度も練習を重ね、文字の形の整った見事な作品を仕上げました。最後まで**諦めない根気強さが光っていました**。B **観点1**

**言い換え 表現**

**A 文字を丁寧に** ➡ 一文字一文字注意深く／とめ、はね、はらいを念入りに／手本をよく確認しながら

**B 諦めない根気強さが光っていました** ➡ 確実に取り組む力が育まれています／粘り強い気持ちが身についています／よりよいものにしようとする向上心が感じられました

---

**観点1** …知識・理解／**観点2** …思考・判断・表現／**観点3** …主体的に学習に取り組む態度　　**33**

学習
国語
算数
生活
音楽
図画工作
体育
道徳
外国語活動
その他

一芸に秀でた子

読書の習慣が身についており、読書月間にたくさんの本を読んだ。

● **POINT**

読書というのは、習慣です。その習慣がしっかりと身についているのは、その子にとっての長所となります。

**文例 ①**　本を読む習慣が身についており、自分で空き時間を見つけて、**たくさんの本に親しみました**。読み聞かせの時間も、**夢中になって聞いています**。
<sup>A</sup>　　　　　　　　　　　　　　　　　　　　　　<sup>B</sup>

**文例 ②**　読書月間には、誰よりもたくさんの本にふれ、校内の多読賞を受賞しました。今後も読書活動を通して、**豊かな心**を育んでほしいと願っています。
　　　　　　　　　　　　　　　　　　　　　　<sup>C</sup>

**言い換え 表現**

**A たくさんの本に親しみました** ➡ 多くの本を読みました／たくさんの本にふれました

**B 夢中になって聞いています** ➡ 目を輝かせて耳をかたむけています／物語に熱中しています

**C 豊かな心** ➡ 感性

知識が豊富な子

幅広い分野に興味をもち、さまざまな知識を身につけている。

● **POINT**

身につけた豊富な知識を学校の学習の中で、どのように生かしているかを伝えていきます。

**文例 ①**　たくさんの本を読んでおり、それが知識としてしっかり身についています。関係の書物を学校に持ってきては、クラスのみんなに紹介して、全員の関心を集めています。**観点 ❶**
　　　　　　　　　　　　<sup>A</sup>

**文例 ②**　いろいろなことに興味をもち、クラスのみんなに伝えることができます。興味をもったことを、新聞にまとめて発表したり、クイズにしたりして、**授業を盛り上げています**。**観点 ❶**
　　　　　　　　　　　<sup>B</sup>

**言い換え 表現**

**A** 関心を集めています ➡ 知識が広がるきっかけになっています

**B** 授業を盛り上げています ➡ 授業を深めています／知識を広めています

---

**エピソード❻** 発想が豊かな子

漢字の自主学習では、習った漢字を使ってマンガを書くなど、楽しみながらいきいきと学習に取り組むことができた。

**● POINT**

発想の転換で「勉強は自分で楽しくするもの」という考え方を評価します。自分なりに工夫したことや、学習への取り組み方の変容したことを書くと、その子の発想がよりいきいきとします。

---

**文例❶** 漢字ノート欄には、これまでに学習した漢字を用いた4コマンガを描くなどして、**ひと工夫を入れて**学習を進めることができました。○○さんのきらりと光るアイデアに、感性の豊かさを感じます。 **観点❷**

**文例❷** 自分なりの学習方法で勉強する楽しさを味わい、「遊びを入れたら、どんどんおもしろくなってきた」と、より意欲的になった○○さんの姿に**感心しました。** **観点❷**

---

**言い換え 表現**

**A** ひと工夫を入れて ➡ 知恵をしぼって

**B** 感心しました ➡ 成長を感じました／嬉しく思いました

---

**エピソード❼** 発想が豊かな子

詩や物語を細やかに読み取り、意見を発表していた。

**● POINT**

詩や物語を読み取る力があり、クラスの話し合い活動にも進んで参加している様子を伝えます。

---

**文例❶** 国語で詩の学習をしたときには、作品の雰囲気をとらえた○○さんの発言から周囲の子どもたちの**気づきが深まり、話し合いが活発に**なりました。 **観点❷**

　国語の詩の学習のときに、○○さんのはっとさせる発言や文章表現に、**感性の豊かさ**[B]を感じました。**観点 2**

**言い換え 表現**

**A** **気づきが深まり、話し合いが活発になりました** ➡ 興味が広がり豊かな話し合い活動につながりました／理解が深まり、学級全体で作品を味わうことができました

**B** **感性の豊かさ** ➡ 確かな読み取る力／物事に対する柔軟な視点／深く考える能力の高さ

---

| **エピソード ⑧** | | まわりのために動ける子 | Type 05 |
|---|---|---|---|

**グループ発表に向けて、練習で何をするべきかを進んで考え、協力して練習することができた。**

● **POINT**
グループでの活動は、協調性が大切です。自分のやりたいことばかりではなく、みんながやりたいことは何かを考えながら活動する姿を評価します。

**文例 ①**　『おおきなかぶ』のグループ発表では、おじいさん役として、声色を変える練習をしたり、小道具や動作の工夫をしたり、劇がどうしたら楽しくなるかを考えることができました。**困っている友だちには動きのアドバイスをして**[A]、グループ全体でよい劇に仕上げることができました。**観点 3**

**文例 ②**　「身のまわりの生き物」では、金魚の動きについて順序よく作文にまとめ、発表会に向けて、音読練習をくり返し行いました。自分の発表だけではなく、友だちの発表もしっかり聞き、その発表のよいところをみんなに伝えることで、**クラス全体の音読に対する意識を高める**[B]ことができました。**観点 3**

**言い換え 表現**

**A** **困っている友だちには動きのアドバイスをして** ➡ 困っている友だちと一緒に練習に励み／友だちと励まし合いながら／友だちと認め合いながら

**B** **クラス全体の音読に対する意識を高める** ➡ クラスの模範になる

## エピソード ❾　　　　　　　　　　　　　　クラスをまとめる子 Type 06

大きな声で詩の朗読の先読みをすることができた。

**● POINT**

はっきりとした大きな声とともに、みんなの学習の役に立ちたいという貢献する心や積極性がクラスに広がっていく様子を伝えます。

**文例 ❶**　明るく元気な声で、詩の朗読練習の先読みをしました。作者の気持ちを表現できるように工夫した、ゆっくりと丁寧な音読が、**クラスのみんなにも広がりました**。<sup>A</sup> **観点 ❶**

**文例 ❷**　詩の朗読では、みんなの前に立って、先読み練習のリーダーとなりました。○○さんの笑顔で元気に音読する姿に、**自信があふれていました**。<sup>B</sup> **観点 ❶**

**言い換え 表現**

**A クラスのみんなにも広がりました** ➡ クラスの手本になりました

**B 自信があふれていました** ➡ 成長を感じました

## エピソード ❿　　　　　　　　　　　　積極的に自己表現できる子 Type 07

スピーチの活動では、自分の思いや考えを大きな声で伝えることができた。

**● POINT**

自分の思いや考えを表現することに対して堂々としている姿勢や、話を聞いている相手を意識し、声の大きさや速さなどわかりやすくする工夫ができていたことなどを評価します。

**文例 ❶**　「絵日記」では、楽しい出来事を振り返り、自分がどんな気持ちになったか、すらすらとノートに表現しました。そして、聞いている人にとって、わかりやすい声の大きさや速さを意識し、**堂々と発表する**<sup>A</sup>ことができました。**観点 ❷**

**文例 ❷**　「スピーチ」では、どんな題材においても、自分の思いや考えを進んで友だちに伝えました。スピーチ原稿をつくる際に、はじめ、なか、おわり、の構成をよく練り、みんなが聞いていてわかりやすいスピーチに仕上げるなど**表現力が伸びました**。<sup>B</sup> **観点 ❷**

**観点 ❶**…知識・理解／**観点 ❷**…思考・判断・表現／**観点 ❸**…主体的に学習に取り組む態度

学習
国語
算数
生活
音楽
図画工作
体育
道徳
外国語活動
その他

37

**A** **堂々と発表する** ➡ 大きな声で話す／胸を張って話す／自信をもって発表する

**B** **表現力が伸びました** ➡ 相手に思いを伝えることが得意になりました／表現する力を身につけました

---

**エピソード⓫**　　　　　　　　　　　積極的に自己表現できる子　

作文単元教材では、自主的に課題を決めて計画を練り、調べ学習を進めることができた。

● **POINT**
自分で決めた課題に向けて、写真や資料を自主的に集めた行動力を評価します。

---

**文例❶**　国語「わたしのはっけん」では、公園の四季の花やアスレチックなどの施設のおもしろさを紹介するために、写真を撮りに行ったり、公園で遊んでいる人たちにインタビューをしたりしました。**自分で取材の計画を立てて実行できる行動力が素晴らしいです。**[A] **観点 2**

**文例❷**　国語「わたしのはっけん」の学習では、調べた公園のよさが伝わるように、何度も文章を書き直していました。イラストや写真を使用した、**魅力が伝わる紙面**[B]ができあがりました。 **観点 2**

---

**A** **自分で取材の計画を立てて実行できる行動力が素晴らしいです** ➡ 作品がよりよくなるように自分で工夫して考え、実行することができました

**B** **魅力が伝わる紙面** ➡ 見応えのあるページ／読者の興味をそそる紙面／楽しげなページ

---

**エピソード⓬**　　　　　　　　　　　積極的に自己表現できる子　

朗読発表会で、聞いている人を意識しながら朗読することができた。

● **POINT**
声の強弱や会話文の言い方などを工夫し、聞いている人をひきつけるような朗読ができたことを評価します。また、表現することに楽しみを感じていることを保護者に伝えます。

38

**文例❶** 『きつねのおきゃくさま』の朗読発表会では、**会話文の言い方や声の強弱に気をつけ**、聞いている人を魅了する朗読をすることができました。**観点1**

**文例❷** 『きつねのおきゃくさま』の朗読発表会では、登場人物の気持ちになりきった表現を工夫し、**聞き手をひきつける**ような朗読をすることができました。**自分の考えや気持ちを表現することができるようになってきています。観点2**

**言い換え 表現**

**A** 会話文の言い方や声の強弱に気をつけ ➡ 登場人物になりきって

**B** 聞き手をひきつける ➡ 聞き手を物語の世界に引き込む

**C** 自分の考えや気持ちを表現することができるようになってきています ➡ 言語表現力が高まってきています

| エピソード⓭ | 友だちとのかかわりがよくできる子 | Type 08 |
|---|---|---|

スピーチの題材が決まらずに困っている友だちと一緒に題材を考えていた。

**●POINT**
かかわる力を、困っている友だちを助けるために使っていたことを評価します。思いやりの気持ちがより育つよう願って書きます。

**文例❶** 国語のスピーチでは、どんなスピーチにしようか困っている友だちに例を挙げて**アドバイスをしていました**。自分から進んで困っている友だちの力になろうとする意識が素晴らしいです。**観点2**

**文例❷** 国語の学習では、スピーチの題材が決まらずに困っている友だちの相談にのっていました。友だちの力になろうと、**自分が思いついたアイデアを懸命に伝える**姿に、成長を感じました。**観点2**

**言い換え 表現**

**A** アドバイスをしていました ➡ 助言していました／一緒に考えていました／方向性を示していました

**B** 自分が思いついたアイデアを懸命に伝える ➡ 自分の考えを何度も伝える／自分の考えを相手に伝わるまでくり返し説明する

さまざまな場面でよさを発揮する子 Type **09**

「熟語探し」の学習では、豊富な知識を活用して多くの熟語を見つけ、クラスの人気者になった。

● **POINT**

知識をもとにたくさん発表できたことだけでなく、まわりの友だちの評価も伝えます。保護者の方にとっても嬉しいことを積極的に伝えます。

**文例 ❶** 国語の漢字の学習では、好きな電車に関係する言葉を探しては、言葉の使い方を発表しています。「次は何を発表してくれるの?」と、友だちも楽しみにしており、○○さんの**知識を認めています**。 **観点 1**

**文例 ❷** 新出漢字を使った熟語の学習では、大好きな電車の駅名を元気よく発表しています。どんな漢字でも発表できる○○さんは、電車博士と呼ばれるようになり、みんなが**発表の時間を待っています**。 **観点 1**

**言い換え 表現**

**A** 知識を認めています ➡ 知識の広さに驚いています

**B** 発表の時間を待っています ➡ 発言を期待しています／発言に注目しています

---

**エピソード❶** 人望がある子 Type **10**

朗読発表会後、教室が大きな拍手で包まれるような朗読をすることができた。

● **POINT**

表現力豊かな朗読がクラスメイトを感動させたことを評価します。普段から信頼を集めていることを保護者に伝えます。

**文例 ❶** 国語の朗読発表会では、楽しそうに朗読の工夫をする姿が**非常に印象的で**、朗読が終わったときには、教室中が拍手に包まれていました。 **観点 2**

**文例 ❷** 朗読発表後、教室が感動の拍手に包まれたことは初めてです。○○さんの朗読を聞いていた子たちの表情は**キラキラと輝き**、○○さんの表情も達成感に満ちていました。楽しみながら朗読をする姿が非常に印象的でした。 **観点 2**

**言い換え 表現**

**A** 非常に印象的で ➡ まわりの友だちにも強い印象を与え

**B** キラキラと輝き ➡ 明るくなり

---

**エピソード⑯** 　　　　特別な支援で力を発揮できる子

文字の習得のために、一画一画に注意を払いながら丁寧に練習をくり返し、習得できるようになってきた。

● **POINT**
できるようになるために、本人がどのような努力をしているのか、子どもの様子を書きます。できるまでの過程を評価することで、今後の学習への励みとなるようにします。

**文例①** 　国語の学習から宿題まで、漢字一画一画のとめ、はね、はらいを確かめながら書いています。その丁寧さから、「できるようになるんだ」という意欲が伝わってきます。**観点①**

**文例②** 　漢字の学習では、**一画一画に力を込めて**、一文字ずつ丁寧に書くことができるようになっています。日に日に理解が確かなものになり、習得した漢字が確実に増えてきました。**観点①**

**言い換え 表現**

**A** 確かめながら ➡ 間違えないように／力を込めて

**B** 一画一画に力を込めて ➡ 書き順や字形を意識しながら／お手本を見ながら

---

**エピソード⑰** 　　　　特別な支援で力を発揮できる子

何をやるにも時間がかかり、消極的であったが、自分にできることを考え、少しずつ前向きに物事に取り組むようになった。

● **POINT**
以前より伸びた部分を確実に伝えます。まわりの子とは比較をせず、その子がどれだけ成長したかを書くことが重要です。その子のよさを見つけ、伝えます。

**文例①** 　日々の漢字学習をはじめ、今自分がやるべきことを考えて**学習や行動ができる**ようになってきたことで、課題に対しても前向きに取り組む

ようになっています。ゆっくりでも最後まで確実に課題を仕上げようとする根気強さが魅力です。**観点 2**

**文例 ②**　苦手な漢字の書き取りでも、逃げずに、ゆっくりでも最後まで確実に課題を仕上げようとする姿勢が身につきました。その**誠実さ**$^B$が○○くんの魅力です。**観点 2**

**言い換え 表現**

**A** 学習や行動ができる ➡ 積極的に取り組める

**B** 誠実さ ➡ 粘り強さ／諦めない心

---

| エピソード⑱ | 特別な支援で力を発揮できる子　Type 11 |
|---|---|
| 文章を書くことが苦手だが、出来事をカードに書いたり、並べ替えたりすることで、書きたいことを整理しながら順序よく書き表すことができた。 | **● POINT**　苦手なことでも、工夫して取り組むことで内容を整理しながら自分の力で書けるようになったことを評価します。 |

**文例 ①**　遠足の作文では、出来事を一つひとつ思い出しながらカードに書いたり並べ替えたりすることで、話の内容を順序よく書くことができました。書き終わったときには「先生、こんなに書けたよ」と嬉しそうに話し、**自分の力で書いた**$^A$ことへの達成感を味わうことができました。**観点 2**

**文例 ②**　作文の学習をしたとき、出来事をカードに書いて並べていくことで内容を整理し、遠足に行ったときの様子を順序よく書くことができました。作文を書き終えると、漢字などの間違いがないか自分で読み直したり、友だちと読み合ってお互いの作文のよいところを見つけたりするなど、**学習意欲の高まりを感じました**$^B$。**観点 2**

**文例 ③**　運動会を振り返る作文では、楽しかったことや印象に残ったことをカードに書き出し、一番伝えたいことを整理して文にすることができました。難しい漢字を使って丁寧に字を書いたり、友だちに読んでもらったりするなど、作文を**よりよいものにしようとする向上心**$^C$が感じられました。**観点 2**

学
習

国語
算数
生活
音楽
図画
工作
体育
道徳
外国語
活動
その他

## 言い換え 表現

**A** 自分の力で書いた ➡ 一人で完成させた

**B** 学習意欲の高まりを感じました ➡ 楽しみながら学習に取り組んでいる様子がわかりました

**C** よりよいものにしようとする向上心 ➡ 改善しようとする意気込み

---

**エピソード⑲**　　　　　　　　　　　　　　　所見を書きにくい子　Type **12**

学習スピードはゆっくりであるが、最後まで一生懸命に取り組むことができた。

● **POINT**

学習スピードはゆっくりですが、一つひとつの課題に対して、最後まで一生懸命に取り組もうとしている姿勢をほめます。その子なりに着実に成長していることを伝えます。

---

**文例①**　漢字の学習では、文字のかたちや筆順に気をつけ、何度もくり返し練習をすることができました。漢字学習帳に一文字一文字丁寧に書き込み、時間をかけながらも最後まで**一生懸命に**（A）取り組むことで、着実に力を伸ばしています。**観点①**

**文例②**　音読では、すらすら読めるようになるまで何度も練習をくり返していました。次第に自信がついて、少しずつ声を出せるようになってきており、**成長が感じられます**（B）。**観点②**

**文例③**　どんな課題に対しても丁寧に取り組みます。先生の指示をよく聞き、行動する姿は立派です。**着実に物事を進める力**（C）が身についてきました。○○くんのこれからの成長に期待しています。**観点②**

**文例④**　わからないことを「わからない」と言えるようになってからは、だんだんと**自信をもって**（D）学習に取り組むようになりました。失敗を恐れず進めようとする姿勢に○○さんの成長を感じます。

## 言い換え 表現

**A** 一生懸命に ➡ 前向きに／諦めずに／粘り強く

**B** 成長が感じられます ➡ 着実に前に進んでいく様子が見られました

**C** 着実に物事を進める力 ➡ 確実に安定して物事を行う力

**D** 自信をもって ➡ 自分で考えて／めあてをもって

**観点①**…知識・理解／**観点②**…思考・判断・表現／**観点③**…主体的に学習に取り組む態度　　**43**

理解しようとする姿や、友だちに教えている姿を見つけよう

## エピソード ❶　　　　　　　　　　　　　　　　こつこつ頑張る子　Type 01

解答を何度も見直したことで、ミスが減り、テストで満点（合格点）を取ることが多くなった。

● POINT

ケアレスミスは、防げるものです。「見直し」という課題意識をもって取り組んだ成果を伝えると、「先生はちゃんと見てくれている」という信頼につながります。

文例❶　計算テストの時間には、簡単な間違いや見落としを少しでも減らそうと、注意深く何度も見直す姿が見られ、着実に**成果をあげました**。ᴬ 自分なりの課題意識をもって学習に取り組んだところに、○○さんの**成長を感じます**。ᴮ 観点❶

文例❷　1学期の課題をしっかりと受け止め学習に取り組んだことで、正しく計算する力が伸びてきました。**学習態度に落ち着きが出てきて**、ᶜ 確実に解けるようになったことも、1学期から成長した点です。 観点❶

### 言い換え 表現

**A 成果をあげました** ➡ 結果を残しました

**B 成長を感じます** ➡ 向上心を感じます

**C 学習態度に落ち着きが出てきて** ➡ 集中して取り組めるようになり

## エピソード ❷　　　　　　　　　　　　　　　　一芸に秀でた子　Type 02

九九の表から、かけ算の規則を見つけることができた

● POINT

自分で発見したことを、友だちに丁寧に説明し、相手の理解を助ける姿を評価します。

文例❶　「数字をひっくり返してかけると同じ答えになるよ」と、自分で見つけたかけ算の規則をみんなの前で発表することができました。何度も口ずさんで**練習をくり返した**ᴬ ので、九九のかけ算をマスターするのも早く、クラスのみんなに頼られていました。 観点❷

44

**文例 ②** 　○○さんオリジナルの「九九の歌」は、クラスでも話題となり、まわりの友だちの学習の助けになりました。正確で早く計算できる○○さんは、みんなに計算マスターとして**一目置かれています**。**観点 2**

学習

国語
算数
生活
音楽
図画
工作
体育
道徳
外国語
活動
その他

**言い換え 表現**

**A** **練習をくり返した** ➡ 納得できるまでおさらいした／継続して学習した
**B** **一目置かれています** ➡ 信頼を得ています

---

**エピソード ③**　　　　　　　　　　　　　　知識が豊富な子　Type 03

2年生の学習範囲を超えた知識を使って、問題を解いたり、発表したりした。

**● Point**
クラスのみんなには難しいことであっても、知識が豊富でそれを生かそうとしている部分を評価します。

**文例 ①**　九九を越えたかけ算の学習では、**豊富な知識を生かして**、筆算のやり方を使いながら、計算の考え方を説明しました。○○くんの意見でみんなの理解が深まりました。**観点 2**

**文例 ②**　10の位と1の位を分けてかけることを、友だちが考えた図を使って説明しました。○○さんの説明で、クラスのみんなから**「わかった」という声があがりました**。**観点 2**

**言い換え 表現**

**A** **豊富な知識を生かして** ➡ 得意な算数の知識を生かして
**B** **～から「わかった」という声があがりました** ➡ ～の理解を助けました

---

**エピソード ④**　　　　　　　　　　　　　　知識が豊富な子　Type 03

たし算の概念や計算のやり方の説明をブロック、式、言葉や図などを活用し、巧みに説明することができた。

**● Point**
自分の思いや考えを言葉にして表現することが得意なところを評価します。何事にも「なぜ」「どうして」の問題意識をもち、課題解決していく姿勢も評価します。

**観点 1**…知識・理解／**観点 2**…思考・判断・表現／**観点 3**…主体的に学習に取り組む態度　45

**文例❶** 「たし算」のやり方を説明する活動では、ブロックを動かしながら「電車の車両の連結みたいにやればわかるよ」と自分なりの言葉でたし算の意味を発表することができました。日常生活の出来事を**よく観察し**[A]、**言葉で表現する力**[B]を伸ばしました。**観点❶**

**文例❷** 「たし算」では、「あわせて」「ぜんぶで」の言葉に着目し、根拠をもって式と答えを出しました。課題に向かう際は、「なぜ」「だって～だから」と自分なりに**筋道を立てて**[C]、友だちに意見を伝えることができました。**観点❶**

**言い換え 表現**

**A** **よく観察し** ➡ 多角的に見て
**B** **言葉で表現する力** ➡ 考えを発表する力／考えを堂々と伝える力
**C** **筋道を立てて** ➡ 順序よく／根拠をもって

---

| エピソード❺ | 発想が豊かな子 Type 04 |
| --- | --- |

自分の生活場面と結びつけて、課題解決をすることができた。

**⚫ POINT**
課題提示をされたときに、自分の生活場面と結びつけて考え、課題解決の見通しを立てることができます。思考力が柔軟で、自分の意見を大切に発表する力も評価します。

**文例❶** 「かたち」の学習では、お菓子の箱と空き缶を比べ、転がるものと転がらないものに着目しました。そして、生活場面でよく見かけるものの形の**特徴を即座に見つけ**[A]、まわりの友だちに言葉で伝えるなど表現力を伸ばしていることがわかります。**観点❷**

**文例❷** 「くりあがりのたし算」では、くり上がりについて考える際に、自分の考えを手元のブロックで確認しながらノートにすらすらとまとめていました。**思考力が柔軟で**[B]、積極的に課題解決に取り組んでいました。**観点❶**

**言い換え 表現**

**A** **特徴を即座に見つけ** ➡ 違いにすぐ気づき

**B** 思考力が柔軟で ➡ 発想が豊かで／いろいろな方法で考えることができ／目的に応じた思考ができ

学習

国語
**算数**
生活
音楽
図画工作
体育
道徳
外国語活動
その他

---

**エピソード❻**　　　　　　　　　　　　　発想が豊かな子　Type **04**

「くり上がりのあるたし算」の計算の仕方をわかりやすく説明した。

● **POINT**
計算ができたことよりも、その過程で既習事項を使っていた発想のよさを評価します。

---

**文例❶**　7＋4の「くり上がりのあるたし算」では、4を3と1に分解し、7と3で10のまとまりをつくることができることを根拠に、計算の仕方を説明しました。聞き手にわかりやすく置き換えて説明する姿に**発想の確かさ**が見て取れます。**観点❷**

**文例❷**　算数「くり上がりのたし算」では、数の分解合成を使って、10のまとまりをつくることを根拠に、計算の仕方を説明しました。計算のきまりを使って考える姿勢に、**論理的な思考力の高まりが感じられます**。**観点❷**

**言い換え 表現**

**A** 発想の確かさ ➡ 理解する力／知識がしっかり身についていること

**B** 論理的な思考力の高まりが感じられます ➡ 考える力がついてきています

---

**エピソード❼**　　　　　　　　　　まわりのために動ける子　Type **05**

自分の学習範囲が早く終わると、進んでまわりの子に教えていた。

● **POINT**
自分の学習が終わったあと、友だちにヒントを教えてあげるやさしさを伝えます。また、教えることができるということは、学習内容を理解しているということであるので、そこを評価します。

---

**文例❶**　算数の時間に自分の課題を終えると、まわりの友だちに問題のヒントを教える姿が見られました。**わかりやすく考え方を話す**ことができ、学習内容をよく理解していることがわかります。**観点❷**

---

**観点❶** …知識・理解／**観点❷** …思考・判断・表現／**観点❸** …主体的に学習に取り組む態度　　47

**文例 ②** 　算数では演習問題を終えると、ミニ先生となって、**積極的に友だ**
**ちに教える**姿が見られました。答えを教えるのではなく考え方を話して
いました。自分の言葉で説明することができるのは、学習内容を理解し
ているからです。 観点 **2**

**文例 ③** 　○○くんは算数のミニ先生として、クラスの友だちから信頼され
ています。学習の内容をしっかり理解できているので、一つひとつ**自分**
**の言葉で**説明することができます。○○くんの説明は、わかりやすいと
評判です。 観点 **2**

---

言い換え 表現

**A わかりやすく考え方を話す** → 学習のポイントを順序よく説明する／考え
　の道筋を明確に示す

**B 積極的に友だちに教える** → 困っている友だちを助ける

**C 自分の言葉で** → やさしい言葉で／わかりやすく

---

| エピソード ❽ | クラスをまとめる子 Type 06 |
|---|---|
| 聞いている人にわかりやす いように、**根拠を明確にし て**説明することができた。 | ● POINT<br>筋道を立てて説明することは、子どもにとっ て難しいことです。聞き手を意識し、わかり やすく説明できた具体的な場面を挙げ、評価 します。 |

**文例 ①** 　算数では、10のまとまりを活用した図を用いて「くり下がりのあ
るひき算」の考え方を**わかりやすく**説明することができました。これは、
思考力と表現力が高い証です。 観点 **2**

**文例 ②** 　○○さんの**筋道を立てて**説明する力は、特に算数の授業で発揮さ
れています。自分の考えをわかりやすく説明することができる思考力や
表現力の高さは、あらゆる教科で生きていきます。 観点 **2**

---

言い換え 表現

**A わかりやすく** → やさしく

**B 筋道を立てて** → 根拠を明確にして

48

## エピソード **9**　　　　　　　　　　　積極的に自己表現できる子 Type **07**

くり上がりの計算の仕方を考える学習で、友だちの意見に疑問をもった。友だちに質問することで確実に理解することができた。

**● POINT**
理解ができたことはもちろん、自分の疑問を素直に表現したことを評価することで、これからも積極的に発言していこうとする意欲に結びつけます。

学習
国語
**算数**
生活
音楽
図画
工作
体育
道徳
外国語
活動
その他

**文例 ①**　くり上がりの計算問題の学習で、自分がわからないことについて、みんなの前で質問しました。疑問を**はっきり言う**^A ことで、計算の仕組みを、実感をもって理解をすることができました。**観点 2**

**文例 ②**　わかるまで何度も質問をして、理解したことを自分の言葉で説明できます。**学習内容が身についている**^B ことがわかります。**観点 2**

---

**言い換え 表現**

**A** **はっきり言う** ➡ 素直に表現する
**B** **学習内容が身についている** ➡ 確かな理解につながっている

---

## エピソード **10**　　　　　　　　　　積極的に自己表現できる子 Type **07**

授業中、「どうして」「わからない」などをその場で発言することができ、学級に学びを広げた。

**● POINT**
積極的に授業に参加しようとする態度を認めます。また、授業中の発言、つぶやきが学級の学びを広げていることなど、周囲とのかかわりを書くと、その子の行動がより意味のあるものになります。

**文例 ①**　授業では、常に好奇心をもって取り組み、「なぜ」「どうして」と疑問をもつと、どんなときでも手を挙げ、質問しました。その場で解決しようと努め、**理解を深める**^A ことができました。**観点 2**

**文例 ②**　わからないことがあると、すぐに質問して、理解しようと努めていました。○○くんの発言や質問、つぶやきがいつも学級全体の学びに**広がりを与えてくれています**^B。**観点 2**

---

**観点 1** …知識・理解／**観点 2** …思考・判断・表現／**観点 3** …主体的に学習に取り組む態度　　49

**言い換え 表現**

**A** 理解を深める ➡ 理解を確かなものにする

**B** 広がりを与えてくれています ➡ 広がりをもたらしています／よい影響を与えています

---

**エピソード ⓫** 　　　　　　　　　　　友だちとのかかわりがよくできる子　Type 08

勉強道具を忘れて困っている友だちに気づき、自分から声をかけ、一緒に学習することができた。

**● POINT**
自分のことだけでなく、みんなと一緒に学ぼうとする姿勢を評価します。相手の気持ちに寄り添い、行動した姿勢を認めます。

---

**文例 ❶** 　おはじきを忘れて困っていた友だちに「一緒に勉強しようよ」と声をかけ、相手のペースも考えながら学習を進めることができました。相手を助けることに喜びを感じている[A]ことが伝わってきます。**観点 2**

**文例 ❷** 　一人で作業をしながら学習するのではなく、道具を忘れた友だちと作業を代わりながら一緒に学習をすることができました。困っている相手の気持ちを思いやり[B]、行動できることが○○さんのよさです。**観点 2**

**言い換え 表現**

**A** 相手を助けることに喜びを感じている ➡ 相手の気持ちを考えて行動している／困っている友だちに自分から声をかけ、学ぶ楽しさを味わっている／友だちと一緒に学ぶことに喜びを見出している

**B** 相手の気持ちを思いやり ➡ 相手の気持ちに寄り添い／友だちの気持ちを察して

50

**エピソード⓬**　　　さまざまな場面でよさを発揮する子　Type **09**

友だちの意見をよく聞き、その意見のよさを踏まえて、自分の意見をもつことができた。

● **POINT**

学習に対して苦手意識をもっている子でも、友だちの意見を聞く場面では、よく聞くことができたこと、友だちの意見に共感したうえで、自分の意見をもちながら学習に取り組むことができたことを評価します。

**文例❶**　たし算の計算の仕方を考える場面では、友だちとペアになり、計算の仕方をいくつも考え出しました。友だちの意見によく耳をかたむけることで、自分の考えに**自信をもって答える**^A ことができるようになりました。**観点❷**

**文例❷**　算数の学習では、友だちの意見を聞くことで、自分の意見にも自信をもつようになりました。問題に対し、時間をかけて**粘り強く**取り組み、解決していく力を伸ばしました。**観点❷**

**言い換え 表現**

**A** **自信をもって答える** ➡ 堂々と大きな声で答える／胸を張って答える

**B** **粘り強く** ➡ 最後まで諦めずに／根気強く

**エピソード⓭**　　　さまざまな場面でよさを発揮する子　Type **09**

算数に対して苦手意識をもっていたが、教師の話をよく聞き、諦めずに問題に向かい続けることで学力を少しずつ伸ばしていった。

● **POINT**

今までできなかったことができるようになった大きな価値を伝えます。後半にやる気になったとしても、そのやる気部分に焦点をあてて書くのがポイントです。

**文例❶**　「くり上がりのあるたし算」の学習では、休み時間になっても問題に取り組んでいたり、わからない問題を教師に聞きにきたりする姿が何度もありました。「わかるようになりたい」という気持ちが伝わり、**努力を続けている**^A 姿に成長を感じました。**観点❷**

**観点❶**…知識・理解／**観点❷**…思考・判断・表現／**観点❸**…主体的に学習に取り組む態度　51

**文例②** 難しい問題に投げやりになる<sup>B</sup>こともなく、根気強く課題と向き合い、努力することができました。最後まで妥協しないその頑張りに、拍手を送ります。**観点2**

言い換え 表現

**A** 努力を続けている姿に成長を感じました ➡ 大きく成長しました

**B** 難しい問題に投げやりになる ➡ 発展問題に諦める／レベルの高い問題を避ける

---

エピソード⑭                                                                    人望がある子  Type10

| どんな問題にも「なぜ」「どうして」の問題意識をもち、根拠をもって問題を解決することができた。 | ● POINT<br>どんな問題に対しても、まず「なぜ」「どうして」と論理的に考える姿勢をもつことができます。根拠をもって発言をするので、まわりの友だちからも一目置かれる存在になっていることを伝えるとよいでしょう。 |
| --- | --- |

**文例①** 算数では、どんな問題に対しても「なぜ」「どうして」の問題意識をもって、学習に取り組みました。自分が納得できるまで友だちの意見を聞き、自分で考え、**論理的思考力を高める<sup>A</sup>**ことができました。**観点2**

**文例②** 算数では、友だちの意見と自分の意見とを比べて、どこがちがうのか、どこが似ているのか、大切なポイントを話すことができました。物事をよく考え、吟味する姿勢は、**まわりの友だちからも尊敬されています<sup>B</sup>**。**観点2**

言い換え 表現

**A** 論理的思考力を高める
    ➡ 筋道を立てる

**B** まわりの友だちからも尊
    敬されています ➡ クラ
    スの模範となっています

学習<br>国語<br>算数<br>生活<br>音楽<br>図画<br>工作<br>体育<br>道徳<br>外国語<br>活動<br>その他

**エピソード⓯**　　特別な支援で力を発揮できる子 Type 11

「かけ算」でつまずいたとき、前の学年に戻ってやり直す決心ができるようになった。

● POINT
自分の弱点に気づき、今頑張ろうとする態度を評価します。

**文例①**　苦手にしていた計算練習に、自分から取り組むようになりました。自分ができなくなったところから始めようと決心し、行動に移せたことが、**何よりも大きな成長**だと感じます。

**文例②**　「ここからやってみる」と言い、以前学習したプリントを持ち出して真剣に取り組むようになりました。**自分に必要なこと**を認めて努力する姿は、とても立派です。

**言い換え表現**

A **何よりも大きな成長** ➡ 新たな第一歩
B **自分に必要なこと** ➡ 自分の課題

---

**エピソード⓰**　　所見を書きにくい子 Type 12

授業中、意欲をもてず板書を写さないことが多い。

● POINT
興味をもった教科を窓口にして、励ましていることを伝えていきます。

**文例①**　算数では計算に興味をもち、大変丁寧に取り組んでいます。正確さも増してきました。他教科にも**発展するように励ましていきます**。

**文例②**　真剣に取り組んだときは、大変美しい文字を書くことができます。国語の学習では、一緒に読みながら文章を理解するようにしています。絵本や物語を読むことを通して、**自信をつけて**きています。

**言い換え表現**

A **発展するように励ましていきます** ➡ 興味をもてるように指導していきます／積極的に取り組めるように指導していきます
B **自信をつけて** ➡ 関心を高めて

観点1…知識・理解／観点2…思考・判断・表現／観点3…主体的に学習に取り組む態度　53

学習スピードはゆっくりで
あるが、最後まで一生懸命
に取り組むことができた。

● **POINT**
学習スピードはゆっくりですが、一つひとつ
の課題に対して、最後まで一生懸命に取り組
もうとしている姿勢をほめます。その子なり
に着実に成長していることを伝えます。

**文例①**　計算問題では、10と5のかたまりを意識して、何度もくり返し練
習をすることができました。時間をかけながらも最後まで**一生懸命に取**[A]**り組むことで、着実に力を伸ばしています。

**文例②**　算数「くり下がりのひき算」では、「10のかたまりから、数をひけ
ば簡単に計算できるよ」と計算の仕方のコツを覚えてからは、すらすらと
問題を解く喜びを味わっていました。**納得のいくまで問題を解く姿勢**[B]が
育ってきています。

**文例③**　計算問題に取り組みました。10のかたまりに着目することで計算
が簡単になることに気づき、問題が解けるようになりました。**できるよう
になるまで取り組み続ける集中力**[C]が育まれています。**観点❸**

**言い換え 表現**

**A 一生懸命に** ➡ 前向きに／諦めずに／粘り強く

**B 納得のいくまで問題を解く姿勢** ➡ 最後まで努力する姿勢

**C できるようになるまで取り組み続ける集中力** ➡ 全課題に向き合い続ける
精神力／課題に熱中できる探究心

## Subject 生活
子どもたちの発見やつぶやきで、いきいきとした所見にしよう

### エピソード ❶　　　　　　　こつこつ頑張る子　Type 01

**毎日欠かさずアサガオの世話を行い、丁寧な絵と文字で観察カードを書いた。**

● **POINT**

継続してアサガオの世話をし、一生懸命育てた姿を伝えます。観察カードから読み取れるアサガオの生長を観察する力を評価します。

**文例 ❶**　葉の数や大きさ、色の変化など、アサガオの生長に気づき、その様子を観察カードに書くことができました。毎日**大切に育てる**[A]中で、葉の表と裏の違いやつるの伸び方をよくとらえ、その生長がわかる観察カードとなりました。**観点 1**

**文例 ❷**　毎日クラスのみんなに声をかけながら、欠かさずアサガオに水をあげていました。観察カードのアサガオの絵は、葉の部分の色や大きさの違いなど細かいところまで描けており、○○さんの**観察力**[B]の高さがうかがえます。**観点 1**

#### 言い換え 表現

**A** **大切に育てる** ➡ 丁寧に世話をする

**B** **観察力** ➡ 特徴を捉える力

### エピソード ❷　　　　　　　一芸に秀でた子　Type 02

**自然観察をする機会が多く、植物や昆虫の名前をよく知っている。その知識を生かして、グループの友だちに木の実の特徴や木の名前を教えてあげていた。**

● **POINT**

興味・関心をもって自分で得た知識が学習に生かされていることや、その知識を友だちに教えてあげられるやさしさを伝えます。

**文例 ❶**　公園で「秋探し」をしたとき、木の幹を見て「木がすべすべしているのはサルスベリだよ」と友だちに教えてあげていました。日頃の自然観

察で得た知識が学習に生かされ、まわりの子どもたちの**興味や関心の広がり**[A]にもつながっていました。観点**2**

文例**②**　公園で椎の実を見つけたとき、「椎の実は、フライパンで煎るとおいしいよ」と話し、椎の実の特徴を友だちに教えていました。身のまわりの自然に目を向ける姿勢が身についているので、**体験をすべて学びにつなげることができます**[B]。観点**2**

言い換え 表現

**A** **興味や関心の広がり** ➡ 興味や関心の高まり／探求心の高まり／新たな好奇心

**B** **体験をすべて学びにつなげることができます** ➡ 体験を学びの場面でも活用できます

---

エピソード**❸**　　　　　　　　　　　　　　　知識が豊富な子　Type**03**

| ミニトマトの実が、青から赤に変わるだろうと、違う植物の実の色の変化を根拠にして、予想していた。 | ●POINT<br>もっている知識を組み合わせて考えることの大切さに気づけるように、いくつかの知識をつなげて考えたことを評価します。 |

文例**①**　さまざまな植物の実が青から赤に変化することを根拠に、ミニトマトも青から赤へ変化していくと**予想しながら**[A]、毎日の観察を楽しんでいました。いくつかの知識を組み合わせ、見通しをもって総合的に考える力が身についてきました。観点**2**

文例**②**　生活では、リンゴやイチゴなどの植物と比べて考え、ミニトマトも青い実が赤に変わっていくだろうと予想しました。**事象の共通点に着目し**[B]考える力がついてきています。観点**2**

言い換え 表現

**A** **予想しながら** ➡ 見通しをもちながら

**B** **共通点に着目し** ➡ 同じところを見つけて

**エピソード❹**　　　　　　　　　　　　　　知識が豊富な子　Type **03**

昆虫が好きでチョウの幼虫の観察では、細部までよく見て観察カードに記録していた。また、気づいたことを進んで発表していた。

● **Point**
興味・関心から得た知識を学習に生かすことができていることを評価します。

**文例❶**　生活の学習でモンシロチョウの幼虫を観察したときには、大きさや形、足の数など細かいところに着目しました。観察したり発表したりすることができ、昆虫についての**知識を発揮しながら学習に取り組んでいました**。 <sup>A</sup> **観点❷**

**文例❷**　昆虫の学習では、上下左右のいろいろな向きから見て、足が生えているところや体の模様など細部までよく観察することができました。また、詳しく発表することができ、日頃から関心をもっていることの知識が**学習に生かされています**。 <sup>B</sup> **観点❷**

**言い換え 表現**

**A 知識を発揮しながら学習に取り組んでいました** ➡ 興味や関心のある事柄の知識を学習に生かすことができています

**B 学習に生かされています** ➡ 授業を盛り上げています

**エピソード❺**　　　　　　　　　　　　　　発想が豊かな子　Type **04**

遠足で拾ったドングリに絵を描きやすい方法を発見し、友だちに教えた。

● **Point**
一つの方法がうまくいかなかったときに「別の方法はないか」と自分で考えられたことを評価します。

**文例❶**　ドングリに絵を描く活動で、どのようにすれば描きやすいかを試行錯誤していました。よい方法を発見したあとは、**友だちにも教えていました**。 <sup>A</sup> **観点❶**

**文例❷**　ドングリに絵を描こうとした際、固定板がなくても、ドングリを粘土にさして絵を描くことを思いつきました。粘土の厚さや置く位置な

ど、身のまわりにあるものを上手に活用して、描きやすくなるよう**工夫で
きました**。<sup>B</sup> 観点 2

言い換え 表現

A **友だちにも教えていました** ➡ 工夫するよさを学級に広めました
B **工夫できました** ➡ さまざまなアイデアを試していました

---

エピソード 6 　　　　　　　　　　　　　　　　　まわりのために動ける子 Type 05

「町探検」のルート決めで、
それぞれの意見を確認し、
全員が納得のいくルートに
しようと声をかけた。

● POINT

ルートを決めたことでなく、みんなが納得で
きるように配慮をしていた姿を評価するよう
にします。

---

文例 1 　「町探検」の探検ルートを決めるとき、意見を言わない友だちにこ
のルートでよいか確認し、みんなが納得できるルートにしようとしました。
当日は全員が**充実した表情**<sup>A</sup>で探検を終えることができました。観点 2

文例 2 　「町探検」のルート決めでは、**一人の意見だけではなく**、全員が意
見を言えるように、一人ひとりに「どこに行きたいの？」と確認していま
した。意見が言えた子はみんな笑顔で、**全員が納得のいく**<sup>C</sup>ルートを決め
ることができました。観点 2

言い換え 表現

A **充実した表情** ➡ 素晴らしい笑顔／満足した表情
B **一人の意見だけではなく** ➡ 一人で決めそうになっている友だちをなだめ
C **全員が納得のいく** ➡ 全員の意見をまとめた／メンバー全員が満足できる

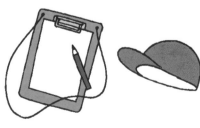

学
習

国語
算数
生活
音楽
図画
工作
体育
道徳
外国語
活動
その他

**エピソード❼**　　　　　　　　　　　　　クラスをまとめる子　Type 06

グループ活動では、学習計画に合わせて、次にやるべきことを予測したり、段取りよく仕事分担をしたりすることができた。

● **POINT**

目につきにくい計画的な段取り力やみんなのために声かけをする献身的な姿勢を評価します。

**文例❶**　グループ活動では、次に取り組むべきことを予測し、段取りを考えることができました。班のメンバーの得意分野に合わせて、仕事をわり振るなど、**リーダーシップを発揮しています**。誰もが信頼するリーダーへと成長しています。**観点 2**

**文例❷**　「町探検」では、地図を片手に班のメンバーを先導したり、誰よりも大きな声で施設の方々にあいさつをしたりすることができました。何事にも一生懸命に取り組み、班のメンバーをまとめる姿からは、**責任感の強さを感じます**。**観点 2**

**言い換え 表現**

**A** **リーダーシップを発揮しています** ➡ 積極的にまとめています／意欲的に率先して行動しています

**B** **責任感の強さを感じます** ➡ 諦めずに最後まで取り組む力が身についたと感じます

**エピソード❽**　　　　　　　　　　　積極的に自己表現できる子　Type 07

授業中に気づいたことを積極的に発言した。自分の考えを人に伝えようとする気持ちが話し方に表れていた。

● **POINT**

気づいたことを、言葉を選びながら人に伝わるように話すよさが、友だちにも広がっていく様子を評価します。

**文例❶**　過去に習ったことや、豊富な生活体験を例えにして、わかりやすく説明することができるので、わからなかった友だちも○○さんの**考えを真剣に聞いています**。**観点 2**

**観点 1**…知識・理解／**観点 2**…思考・判断・表現／**観点 3**…主体的に学習に取り組む態度　　**59**

**文例②** 友だちがすぐ理解できるように、言葉を選んで、**順序よく丁寧に説明する**ことができるので、友だちの間に「ああ！　なるほどね」と共感する言葉が広がっていきます。観点 **2**

言い換え 表現

**A** **考えを真剣に聞いています** ➡ 意見に耳をかたむけています

**B** **順序よく丁寧に説明する** ➡ 友だちにわかりやすく解説する

---

| エピソード❾ | 友だちとのかかわりがよくできる子 | Type **08** |
| --- | --- | --- |

| 「秋探し」では、友だちと声をかけ合い、積極的に活動を楽しむことができた。 | ● POINT 季節の変化に目を向け、その美しさやおもしろさを友だちと一緒に共有しようとする姿勢を評価します。誰とでも分け隔てなく公平にかかわる様子を伝えます。 |
| --- | --- |

**文例①** 「ここにもドングリがあるよ！」「もっと掘ってみよう！」と友だちを誘い合わせて、秋の美しさやおもしろさを楽しむことができました。積極的に秋探しを楽しむことで、**クラス全体の学習活動を盛り上げる**ことができました。観点 **2**

**文例②** 拾ってきたドングリや落ち葉を使って、楽器遊びをしました。「ここにドングリを入れるといいよ」と友だちに**進んでアイデアを伝え**、一緒に楽器を鳴らしてみせるなど楽しく活動することができました。観点 **2**

言い換え 表現

**A** **クラス全体の学習活動を盛り上げる** ➡ 学習活動を意欲的に楽しむ／友だちと一緒に学ぶ喜びを実感する

**B** **進んでアイデアを伝え** ➡ 意見を言い／アイデアをたくさん出し

学
習

国語
算数
**生活**
音楽
図画
工作
体育
道徳
外国語
活動
その他

## エピソード❿　　友だちとのかかわりがよくできる子　Type 08

授業の話し合い活動の中で、自分の考えを主張しながらも友だちの考えを尊重している。

● POINT

考えを出し合う場面において、自分の考えを押しつけるのではなく友だちの考えも聞きながら、まとめようとしているところを評価して伝えます。

**文例❶**　町探検の授業で、行ってみたい地域のお店をグループで話し合いました。友だちの思いを尊重しつつ、班としての**考えをまとめていく**[A]ことができました。観点❷

**文例❷**　「町探検」のルートを決める際、うまく伝えることができない**友だちの考えも上手に引き出しながら**[B]話し合いを進めていました。みんなの意見をうまく1つにまとめ、班全員が楽しみになるルートに決めることができました。観点❷

**文例❸**　町探検のコースの話し合いのとき、なかなか発言できない友だちがいると「○○くんはどう思う？」とさりげなく声をかけて話し合いを円滑に進めていました。班全員の意見を上手に**とりまとめる**[C]ことができました。観点❷

### 言い換え 表現

**A** 考えをまとめていく ➡ 方向性を導く

**B** 友だちの考えも上手に引き出しながら ➡ 積極的に友だちの考えを聞きながら

**C** とりまとめる ➡ 調整する

## エピソード⓫　　さまざまな場面でよさを発揮する子　Type 09

手作りおもちゃフェスティバルでは、お店の人もお客さまも楽しくなる工夫をすることができた。

● POINT

「こうしたらこうなる」と、イメージを膨らませながら計画、実行できる素晴らしさを伝えます。

観点❶…知識・理解／観点❷…思考・判断・表現／観点❸…主体的に学習に取り組む態度

**文例 ①**　お客さまがたくさん来た場合、説明をする人が足りなくなると予想し、説明を大きく書いた紙を貼っておくことを思いつきました。紙を貼る場所もよく考えていました。^A **観点 2**

**文例 ②**　磁石のついた釣り竿で、クリップのついた魚を釣る店を出すことになりました。友だちが作っている魚が小さいことに気づき、大きく描いた方が釣るときに楽しくなることを友だちに伝え、**具体的な大きさを示し、友だちの納得を得ていました**。^B **観点 1**

**言い換え 表現**

**A よく考えていました** ➡ 効果を考えて決めていました／工夫していました

**B 具体的な大きさを示し、友だちの納得を得ていました** ➡ 改良しました／より楽しめるように手を加えていました

---

**エピソード ⑫**　　　　　　　　　　　　　　　人望がある子 Type 10

話し合いでは、いつも話し手の方に体を向け、友だちの話を真剣に聞くことができた。

**● POINT**
当たり前のことを当たり前にできていることをほめ、相手を尊重しようとする態度を育てます。

**文例 ①**　話し合いの活動では、友だちの意見に耳をかたむけ、相づちを打ちながら話を聞くことができ、**相手の考えのよさを認める**^Aことができました。**観点 2**

**文例 ②**　友だちのお話をしっかりと聞く姿には、○○さんの友だちを大切にしようとする気持ちがにじみ出ています。○○さんがちゃんと聞いてくれるので、**友だちも安心して自分の意見を述べる**^Bことができます。**観点 2**

**言い換え 表現**

**A 相手の考えのよさを認める** ➡ 友だちの意見を受け入れる／仲間の主張に納得する

**B 友だちも安心して自分の意見を述べる** ➡ 相手も心を許して発言する／グループのメンバーも素直な気持ちを伝える

## エピソード⓭　　　　　　　　　　　　特別な支援で力を発揮できる子

**Type 11**

興味・関心をもっている昆虫の知識を活用して、学習に取り組んでいた。

● **POINT**

興味・関心をもっていることやその知識を、学習でどのように活用できたかを示します。発表の様子など、積極的に活動している様子を伝えるようにします。

**学習**

国語
算数
**生活**
音楽
図画工作
体育
道徳
外国語活動
その他

**文例①**　生活科「秋のむし」の学習では、「赤いトンボのアキアカネは、夏の間は山にいて、秋になると山から下りてくるんだよ」など、知識を生かした表現でまとめることができました。**関心の高い分野の知識には、光るものがあります。**<sup>A</sup> **観点2**

**文例②**　昆虫について学習したときには、アリを見て、「触角がよく動いて、しゃべっているみたいだね」と、詳しく観察することができました。**好奇心をもって取り組んでいることがよくわかります。**<sup>B</sup> **観点2**

**言い換え　表現**

**A 関心の高い分野の知識には、光るものがあります** ⇒ 日頃の興味・関心から得た知識が、学習の中で生かされています

**B 好奇心をもって取り組んでいることがよくわかります** ⇒ 自ら進んで学んでいます／意欲的に学ぶ姿が見られます

## エピソード⓮　　　　　　　　　　　　　　　　所見を書きにくい子

**Type 12**

学習態度が消極的ではあるが、その子なりの努力や成長の跡が見られた。

● **POINT**

努力や成長が見られたところは、その姿を具体的に認め、ほめるようにします。また今後どのように努力していけばよいのかについて、現状から方向性を示すようにします。

**文例①**　「秋探し」では、**班の友だちと協力して**<sup>A</sup>手際よく活動することができました。落ち葉の種類に高い関心を示し、学校に戻るとすぐに図書室で調べていました。この姿勢を広げていけるようにすると、さらに理解も深まっていきます。**観点2**

**観点1**…知識・理解／**観点2**…思考・判断・表現／**観点3**…主体的に学習に取り組む態度　　**63**

**文例②**　好奇心が旺盛で、生活「町探検」では、進んで地域に出かけ、意欲的に取材をしていました。聞いたことを記録する方法やまとめ方についても人に伝えることの楽しさが味わえるよう**励ましていきます**。<sup>B</sup>

**言い換え表現**

**A** **班の友だちと協力して** ➡ 友だちと役割を分担して／やるべきことを手分けして／まわりの友だちと助け合って

**B** **励ましていきます** ➡ 声をかけていきます／指導していきます／工夫をしていきます

---

**エピソード⑮**　　　　　　　　　　　　　　　所見を書きにくい子　Type **12**

話し合い活動では、友だちの意見を聞いたり、自分の考えを発表したりできるようになった。

● **POINT**
友だちとのかかわり方が上手になり、自分の気持ちを言うことができるようになってきたことを評価します。

**文例①**　話し合い活動では、友だちの発言を最後まで聞いています。意見をまとめ、**みんなと話し合いながら解決する**<sup>A</sup>ことができるようになりました。仲間と一緒に活動する楽しさを学ぶことができています。**観点2**

**文例②**　グループの話し合い活動では、自分の意見が友だちに伝わるよう、言葉を選びながら発表することができました。話し合い活動を重ねるにつれ、相手の意見を聞いたり、自分の気持ちを話したりすることの大切さを**学ぶことができています**。<sup>B</sup>**観点2**

**文例③**　友だちと話し合いをする活動では、みんなの意見を取り入れながら自分の考えを伝えていました。**友だちの発言にも耳をかたむける**<sup>C</sup>大切さを学び、仲間と力を合わせることができています。**観点3**

**言い換え表現**

**A** **みんなと話し合いながら解決する** ➡ 班の友だちの考えに考慮しながら議論を重ねる

**B** **学ぶことができています** ➡ 身についてきています

**C** **友だちの発言にも耳をかたむける** ➡ 友だちの気持ちや考えにふれる

学
習

国語
算数
生活
音楽
図画
工作
体育
道徳
外国語
活動
その他

## Subject 音楽
歌や楽器の演奏に楽しく取り組む姿を伝えよう

### エピソード❶  発想が豊かな子 Type 04

曲のリズムや旋律、音色をよく聴き、イメージを膨らませて表現することができた。

**POINT**
曲を聴き、そのイメージをいろいろな方法で表現する姿を評価します。また、楽器を演奏したり、動作化したりして、発想豊かに表現できることも合わせて評価します。

**文例❶** 「○○○○○」の鑑賞では、壊れた時計の針の動きを動作にして表現することで、友だちに曲のイメージを伝えることができました。曲を聴き、すぐにイメージを膨らませ、言葉や動作にして**表現する力**が身についています。**観点2**

**文例❷** 合奏では、「木琴、鉄琴、鈴をみんなで合わせた方が、きれいな音になると思うよ」と意欲的に自分の意見を言っていました。また、積極的に**楽器に親しみ**、演奏する力を伸ばすことができました。**観点2**

#### 言い換え 表現

**A 表現する力** ➡ 友だちに伝える力
**B 楽器に親しみ** ➡ 楽器を楽しんで

### エピソード❷  発想が豊かな子 Type 04

リズム楽器を使い、いろいろな音の出し方を工夫して、表現することができた。

**POINT**
打楽器の一般的な使い方にとらわれず、他のやり方はないか、意欲的に探していることを評価します。同時に、クラスの仲間にも学びが広がっていく様子を伝えます。

**文例❶** 「リズムで遊ぼう」の学習では、タンバリンを選び、たたく場所を変えたり、振ったりすることで、いろいろな音が出せることに気づき、**演奏に生かすことができました。** **観点2**

**観点1**…知識・理解／**観点2**…思考・判断・表現／**観点3**…主体的に学習に取り組む態度

**文例❷** 打楽器にはいろいろな音の出し方があることに気づき、クラスの仲間に紹介しました。「違う楽器でもできそうだね」と発言し、そこからみんなでの音探しが始まりました。<sup>B</sup> **観点❷**

**言い換え 表現**

A **演奏に生かすことができました** ➡ 楽しく演奏することができました／友だちに教えてあげていました

B **みんなでの音探しが始りました** ➡ 学習したことがクラスの仲間にも広がりました／学級全体で音の違いを楽しみました

| エピソード❸ | まわりのために動ける子 Type 05 |
|---|---|
| 隣の席で鍵盤ハーモニカの指使いに困っていた友だちに、鍵盤を並べてゆっくり一緒に教えてあげた。 | ● **POINT**<br>困っていることに気づく感性と何とかしてあげたいという姿勢を評価します。友だちの喜びを自分のものとして感じられる様子を伝えます。 |

**文例❶** 友だちの鍵盤ハーモニカと自分のものを上下に並べて根気強く一緒に練習しました。演奏できるようになった友だちのことを、**自分のことのように**喜んでいました。<sup>A</sup> **観点❷**

**文例❷** 自分のことは後回しにしてでも、まわりで困っている人を助けたいと強く思い、友だちに体を寄せながら、指の運び方を**熱心に教えてあげる**<sup>B</sup>様子が頼もしかったです。**観点❷**

**言い換え 表現**

A **自分のことのように** ➡ 一緒になって

B **熱心に教えてあげる** ➡ くり返し一緒に練習する／根気強くアドバイスする／できるようになるまで教えてあげる

## エピソード ❹　　　　　　　　　クラスをまとめる子　Type 06

打楽器遊びのグループリーダーになって、アイデアを出し合って練習をした。

● **POINT**
自分だけでなく、まわりの友だちの学びにも力を貸そうとする姿勢を評価します。互いを認め合いながら、楽しく進めることができるリーダーシップを伝えます。

**文例 ❶**　打楽器遊びでは、グループのリーダーとなって、みんなと**アイデアを出し合い**、楽しく練習をすることができました。 **観点 2**

**文例 ❷**　友だちの考えたリズムに「それいいね！」と**笑顔で喜び合いました**。休み時間になっても自分たちでつくったリズムを、グループの仲間と一緒に**何度も口ずさんでいました**。 **観点 2**

**文例 ❸**　音楽の授業では、楽器ごとに違う音色や演奏方法を発見することができました。「どうやってその音を出しているの？」と友だちの出した音にも興味をもち、**グループで学びを深める**ことができました。 **観点 2**

**言い換え 表現**

**A アイデアを出し合い** ➡ さまざまな方法を試し

**B 笑顔で喜び合いました** ➡ 喜びを分かち合いました

**C 何度も口ずさんでいました** ➡ 思い出してうたっていました／くり返し楽しんでいました

**D グループで学びを深める** ➡ 全員で学ぶことの楽しさを味わう／まわりの子どもたちからも学びの要素を取り入れる

## エピソード ❺　　　　　　　　　クラスをまとめる子　Type 06

音楽発表会に向けて合奏の練習の際、休み時間もグループの友だちに声をかけて、積極的に練習に取り組んでいた。

● **POINT**
休み時間にも進んで練習に取り組んでいる積極性を評価するとともに、友だちへの明るい励ましが、みんなで楽しく練習する雰囲気をつくり上げている様子も伝えます。

学習
国語
算数
生活
音楽
図画工作
体育
道徳
外国語活動
その他

**文例❶**　音楽発表会の合奏では、木琴を担当しました。休み時間になると同じグループの友だちを誘って音楽室へ行き、くり返し練習していました。「リズムが合うようになったね」「間違えないでできたね」とグループ全員で励まし合いながら<sup>A</sup>活動することができました。 観点▶**2**

**文例❷**　音楽発表会に向けての練習に熱心に取り組みました。「○○に気をつけようね」と注意するポイントも明るく声をかけるので、みんなが楽しく練習に取り組むことができ、難しいところも**上手に演奏することができるようになりました**。<sup>A</sup> 観点▶**2**

---

言い換え 表現

**A** **励まし合いながら** ➡ 声をかけながら／支え合いながら／進歩していることを実感し合いながら

**B** **上手に演奏することができるようになりました** ➡ 演奏できるようになったときは、とても嬉しそうでした／自信をもって演奏することができるようになりました

---

| エピソード❻ | さまざまな場面でよさを発揮する子 | Type 09 |
|---|---|---|

| 鍵盤ハーモニカや楽器の管理の仕方を覚え、整理整頓を心がけることができた。 | ● POINT<br>楽器を演奏する力を上達させるには、毎回楽器の手入れをする必要があります。ただ演奏を楽しむだけではなく、ものを大切にする姿勢を評価します。 |
|---|---|

**文例❶**　鍵盤ハーモニカの学習では、やさしく息を送り込み、きれいな音を出して演奏することができました。毎回、片づけのときには、鍵盤を拭いたり、つばを抜いたりと管理を徹底し、**自分の楽器に対する愛着心**<sup>A</sup>を高めました。 観点▶**2**

**文例❷**　合奏では、自分から鉄琴のパートに手を挙げ、クラスの模範として演奏することができました。片づけをするときに木琴や鉄琴の向きを揃えたり、バチを丁寧に扱ったりする姿勢は**クラスのお手本となりました**。<sup>B</sup> 観点▶**2**

学

習

国語

算数

生活

**音楽**

図画
工作

体育

道徳

外国語
活動

その他

**言い換え** **表現**

**A** **自分の楽器に対する愛着心** ➡ ものを大切にする気持ち／自分のものに対
しての愛着

**B** **クラスのお手本となりました** ➡ 学級のみんなの規範となっていました／
まわりの友だちも見習っていました

---

**エピソード❼**　　　　　　　　　　　　　　　人望がある子　**Type 10**

学習に対して積極的に参加し、
学習内容を深く理解したり味
わったりすることができた。

● **POINT**
音楽への感性が優れていて、それによっ
てクラスのみんなに影響を与えたことを
伝えます。

---

**文例❶**　音楽の鑑賞の学習でベートーベンの楽曲を聴き、2つのメロディ
ーの違いについて、発言しました。その感性の鋭さにまわりの友だちか
ら感嘆の声があがりました。【A】 **観点❶**

**文例❷**　音楽の学習で、それぞれのメロディーの特徴をとらえるだけでな
く、「1つ目は心が落ち着いて、2つ目は楽しい気持ちになる」と、**曲の雰
囲気を味わう**【B】ことができました。それに続き、次々に意見が飛び交い、
みんなで楽曲を楽しむことができました。 **観点❷**

---

**言い換え** **表現**

**A** **感嘆の声があがりました** ➡ 羨望の眼差しが向けられました／驚きの声が
あがりました

**B** **曲の雰囲気を味わう** ➡ 印象の違いを聴き分ける／曲がもつイメージを自
分の言葉で発表する

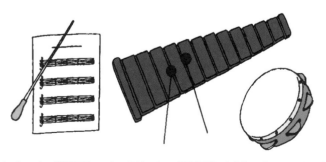

# 図画工作
さまざまな作品制作の過程で子どもたちのよさを見つけよう

---

## エピソード ❶ こつこつ頑張る子 Type 01

「好きなものを描く」授業では、好きなものをしっかりと思い浮かべ、クレヨンで楽しく表現することができた。

● POINT
自分の好きなものを思い浮かべ、表現することを楽しんで取り組んだ様子を伝えます。

---

**文例 ❶** 好きなものを描く図工の授業では、自分の好きなものに合わせて、のびのびとした線で描いたり、しっかりと色を塗ったりと**楽しく表現する**[A]ことができました。クレヨンの塗り方を工夫して描いた絵は、クラスの友だちも感心していました。**観点 2**

**文例 ❷** 図工の授業「好きなものを描く」では、**自分のもつ宇宙のイメージ**[B]を表現しようと一生懸命に取り組みました。月や星の大きさを工夫しながら、ダイナミックな作品ができました。**観点 2**

---

**言い換え 表現**

**A** **楽しく表現する** ➡ 自由に取り組む

**B** **自分のもつ宇宙のイメージを** ➡ 感じたことや想像したことを

---

## エピソード ❷ 一芸に秀でた子 Type 02

教師の話をよく聞いたうえで、まわりの友だちが想像もつかないようなアイデアを出し、作品づくりをすることができた。

● POINT
自分の世界観があり、とことん自分のアイデアに沿って作品を仕上げたいという意欲の高さを評価します。別の分野では控えめな子も自分の得意分野では、まわりの友だちを驚かせることがあります。

---

**文例 ❶** 図工「つなぎ絵ドンドン」では、まわりの友だちをあっと驚かす「巨大ティラノサウルス」を完成させました。何枚も何枚も画用紙を横につな

げていくアイデアは○○さんにしか思いつかない<sup>A</sup>もので、図工表現の楽しさをグループの友だちに伝えることができました。**観点2**

**文例②** 図工「遠足の絵」では、大好きなゾウの皮膚をクレヨンでリアルに塗り、表現することができました。手のひらが真っ黒に汚れても「大丈夫。もっと塗るんだ！」と張り切って塗り続ける姿に○○さんの**好きなものに対する熱意**<sup>B</sup>を感じました。**観点2**

**言い換え 表現**

**A** ○○さんにしか思いつかない ➡ 独創的な／○○さんらしい

**B** 好きなものに対する熱意 ➡ 好きなものに対する思いの強さ／イメージを完成させたいという強い気持ち

---

**エピソード❸**　　　　　　　　　　　知識が豊富な子　Type03

工作でものを組み立てたり貼ったりするとき、さまざまな工夫をして作業を進めていた。

● **POINT**
自分の経験から得た知識を生かして、試行錯誤しながら工夫して学習している様子を評価します。

**文例①** 「エコロボットをつくろう」の学習では、形の違う部品を組み立てるために向きを変えて接着面を多くしたり、素材によって接着剤を使い分けたりしながら、箱やペットボトルを貼り合わせて組み立てることができました。自分で組み合わせ方を**工夫しながら**<sup>A</sup>作業を進めることができます。**観点2**

**文例②** 画用紙で町をつくったときには、紙を立てて貼れるように切り込みを入れてのりしろをつくり、接着することを思いつきました。**試行錯誤の上**<sup>B</sup>、よりよい方法を見つけることができ、完成したときは達成感に満ちた表情が見られました。**観点3**

**言い換え 表現**

**A** 工夫しながら ➡ 模索しながら

**B** 試行錯誤の上 ➡ さまざまな試みをくり返し、失敗を重ねながら／改善を重ねて

**観点1**…知識・理解／**観点2**…思考・判断・表現／**観点3**…主体的に学習に取り組む態度　71

学習
国語
算数
生活
音楽
図画工作
体育
道徳
外国語活動
その他

## エピソード ❹　　　　　　　　　　　　　　　　発想が豊かな子 Type 04

型にとらわれず、まわりとは
違う形や色使いを工夫し、作
品を完成させることができた。

**● POINT**
まわりとは違う角度から作品を仕上げて
いったことを評価します。その子の「キ
ラリ」を見逃さないようにしましょう。

**文例 ❶**　展覧会の「バースデーケーキづくり」では、友だちとは違う発想で
「抹茶ロールケーキ」をつくりました。「みんなと違う方が、すぐに見つけ
てもらえる」と**達成感に満ちた表情**[A]で、完成した作品を嬉しそうに眺めて
いました。**観点 2**

**文例 ❷**　図工の平面作品では、使う色をあえて限定し、統一感のある作品
を仕上げました。限られた色の中でも濃淡などを工夫したことで、**存在
感が際立ち**[B]、自分のイメージを豊かに表現することができました。
**観点 2**

**文例 ❸**　図工「好きなものを描く」では、自分の好きなものを集め、画用紙
の中にいかにも楽しげな○○くんワールドをつくり出しました。○○くん
のユニークなセンスに関心したまわりの友だちのコメントから、**図工への
自信がつきました**[C]。

**言い換え 表現**

**A** 達成感に満ちた表情 ➡ 充実感のある表情／喜びでいっぱいになった様子

**B** 存在感が際立ち ➡ 目に留まり

**C** 〜への自信がつきました ➡ 〜に積極的に取り組むようになりました／〜
に意欲的な姿勢が見られるようになりました

## エピソード ❺　　　　　　　　　　　　　　　　発想が豊かな子

凸凹で白い画面からイメージを
広げて新たな世界を創造して、
自分の思いを作品の中で表現す
ることができた。

**● POINT**
今いる自分の生活と結びつけながら作
品づくりをする子が多かった中、自分
の好きなものの世界観を表現しようと
した発想力の豊かさを評価します。

学習

国語
算数
生活
音楽
図画
工作
体育
道徳
外国語
活動
その他

**文例①** 「凸凹広場」の作品づくりでは、凸凹で白い画面からイメージを広げ、大きな恐竜と闘う大冒険の世界を**のびのびと表現する**^A ことができました。**観点2**

**文例②** 「凸凹広場」には、○○さんの好きな絵本から広がった世界を**ダイナミックに描きました**^B。クラスの友だちと作品について話し合い、友だちの想像力をも膨らませるきっかけとなりました。**観点2**

**言い換え 表現**

**A のびのびと表現する** ➡ おおらかに表現する／自由に描く／個性豊かに描写する

**B ダイナミックに描きました** ➡ 大胆に描きました／躍動感あふれる作品にすることができました

---

**エピソード❻**　　　　　　　　　　まわりのために動ける子　　Type **05**

グループ活動では、班の友だちと協力して声をかけ合い、楽しく作品をつくることができた。

**● POINT**
グループ活動をする場面では、周囲をよく見渡し、進んで声をかけ合ったり、道具を共有し合ったりと協力する姿勢を評価します。

**文例①** グループ活動では、次にやるべきことを予測し、**進んで**^A声をかけ合いながら、作業を進めることができました。「先に接着剤を使っていいよ」と、友だちのことを**思いやる**^B心の温かさがあります。**観点2**

**文例②** 絵の具のおもしろい塗り方を自ら発見し、「みんな、見て。こんな風に塗るときれいだよ」と進んで同じグループの友だちに紹介していました。みんなで**楽しみを分かち合い**^C、表現力を高め合うことができました。**観点2**

**言い換え 表現**

**A 進んで** ➡ 積極的に／意欲的に

**B 思いやる** ➡ 助ける／見守る

**C 楽しみを分かちあい** ➡ 協力して楽しみ

**観点1**…知識・理解／**観点2**…思考・判断・表現／**観点3**…主体的に学習に取り組む態度　　73

グループや学年で取り組む作品の制作で、役割分担をしたり、声をかけ合ったりして活動することができた。

**● POINT**

大きな作品をつくる際には、先を予測して細かく役割分担することが大事になります。まわりに目を向けることのできる視野の広さやグループをまとめる責任感ややさしさを評価します。

**文例 ①**　展覧会「エコザウルス」の制作では、部品に色を塗る役、部品を貼りつける役など一人ひとりの意見を聞きながら役割分担を決め、手際よくエコザウルスを完成させることができました。**リーダーシップを発揮しながら学習を進めていく力**があります。A　**観点❷**

**文例 ②**　「ふわふわポンポン」では、カラフルなビニール袋に空気を入れて、空中で弾む袋の動きを楽しむことができました。ポンポンをつくったあとの広場では、クラスのみんなで一斉に走ったりジャンプしたり、全員が活動を楽しめるように声をかけたりするなど、**積極的に活動をしました**。B　**観点❷**

**言い換え　表現**

**A　リーダーシップを発揮しながら学習を進めていく力** ➡ 先を見通しながら進められる頼もしさ／率先して学習を進めていく責任感

**B　積極的に活動をしました** ➡ 活発に取り組むことができました／意欲的に活動をしました

手づくりのおもちゃを作る活動で、自分がうまくいかなかったところを、友だちが失敗しないように丁寧に教えてあげることができた。

**● POINT**

自分の失敗の原因を理解し、学んだことを進んで友だちに伝えている姿勢を評価します。上手にできた友だちと喜び合う様子を伝えます。

学習

国語
算数
生活
音楽
図画
工作
体育
道徳
外国語
活動
その他

**文例①** 「つくって遊ぼう」の学習では、風で動くおもちゃとしてウィンドカーを作りました。思ったよりもスピードが出なかった理由を考え、失敗した原因に気づくと、困っている友だちにうまく作るコツを**丁寧に教えて**あげることができました。 観点 2

**文例②** 自分がうまくいかなかったところで同じように苦戦している友だちがいないか探して回り、アドバイスをしていました。そして、作品を上手に完成させた友だちと、顔を見合せて、二人で**満足そうな笑顔を見せていました。** 観点 2

**文例③** 手づくりおもちゃを作る活動では、何度挑戦してもうまくいかない部分がありました。同じ場所で困ってる友だちを見つけると、作品づくりを手伝っていました。自分の失敗を友だちのために生かした姿に、**成長を感じました。** 観点 2

**言い換え 表現**

**A 丁寧に** ➡ わかりやすく

**B 満足そうな笑顔を見せていました** ➡ 達成感を味わっていました

**C 成長を感じました** ➡ 感心しました／進歩が見られました

| エピソード❾ | さまざまな場面でよさを発揮する子 | Type 09 |
| --- | --- | --- |
| みんなが使った接着剤を、中身が少ないものや、うまく出ないものを分けながら集めてきた。 | ● **POINT** 頼まれたことをやるだけでなく、次に使うときに使いやすいように、自分で考えて行動できる姿勢と、みんなのためになることを当たり前にできる態度を評価します。 | |

**文例①** 図工で使った接着剤を、中身の量を確認して集めました。残り少ない容器は分け、次に使う人のために整理することができました。次にやることを考えて行動できる姿は、**みんなのお手本になります。** 観点 2

**文例②** 次の人が使いにくい接着剤があることに気づき、みんなが使った接着剤を、使えるものと使えないものに、分けて整理しました。頼まれたことをやるだけでなく、**みんなのためにできること**を意識して生活していることがわかります。 観点 2

観点 1 …知識・理解／観点 2 …思考・判断・表現／観点 3 …主体的に学習に取り組む態度

75

**A** みんなのお手本になります ➡ みんなが○○くんのよさだと認めています
／学級の模範例でした

**B** みんなのためにできること ➡ 自分にできること

---

**エピソード⑩**　　　　　　　　　さまざまな場面でよさを発揮する子　Type 09

絵の具を使ったあと、進んで乾燥棚を用意したり、こぼれた絵の具を見つけて掃除をしたりすることができた。

● **POINT**

自分の課題を終えたあと、まわりの様子を見て、できることを考えて片づけや掃除をすることができる気づきのよさを伝えます。

---

**文例①**　図工で絵の具を使った作品を描いたときは、自分から乾燥棚を用意して、みんなが作品を乾かしやすいように並べました。また、絵の具や水がこぼれていることに気づくと、すぐに自分の雑巾を持ってきて拭き取りました。教室をきれいに使いたい**と考えていることがわかります**。

**観点❷**

**文例②**　絵の具を使って作品を描いたときには、友だちの作品と重ならないように気をつけながら、乾燥棚に並べました。授業後は、机についた絵の具や汚れをすぐに水で拭き取っていました。教室をきれいにするために、自分でできることを**考えて実行することができます**。**観点❷**

---

**A** ～と考えていることがわかります ➡ ～という気持ちが伝わります

**B** 考えて実行することができます ➡ 行動に移すことができる力があります

---

**エピソード⑪**　　　　　　　　　　　　　人望がある子　Type 10

1年生に読み聞かせる大きな絵本を、みんなをまとめ、楽しみながら制作した。

● **POINT**

友だちとうまく仕事を分け合いながら、一緒につくり上げる楽しさを味わうことができる姿を評価します。会話文を使って、具体的な様子を伝えます。

76

**文例①** 　大型絵本の制作では、グループの仲間とうまく作業を分担して、どんどん進めることができました。「ここ塗っておいて」「その色、貸してあげて」と声をかける姿が、とても頼もしく感じました。<sup>A</sup> 観点 **2**

**文例②** 　「この色、いいね！」「この目、大きすぎでしょ！」など、分担して作業を進める中にも、**明るい会話が途切れることがありませんでした**。<sup>B</sup> よりよい作品となるように、意見を交わしながら楽しく作業を進めていました。 観点 **2**

---

**言い換え 表現**

**A** **～と声をかける姿が、とても頼もしく感じました** ➡ ～と声をかけることから、みんなの信頼を集めていました

**B** **明るい会話が途切れることがありませんでした** ➡ 楽しそうに活動を進めることができました

---

| エピソード⑫ | 所見を書きにくい子  |
|---|---|

| 図工の作品づくりに集中して取り組んでいた。 | **● POINT** 普段は集中力が途切れてしまうことがあるが、図工の作品づくりを通して、一つの活動に工夫して取り組もうとする集中力や想像力を評価します。 |
|---|---|

**文例①** 　図工では、作品をいろいろな角度から見ながら丁寧に仕上げていました。**じっくりと考えながら、集中して作業に取り組むことができました**。<sup>A</sup> 観点 **2**

**文例②** 　図工の立体作品づくりでは、自分のイメージを膨らませながら、一心に作業に取り組んでいました。どの角度から見てもバランスがよくなるように見直しながら仕上げ、**細部まで丁寧に仕上げられた作品**<sup>B</sup>になりました。 観点 **2**

---

**言い換え 表現**

**A** **じっくりと考えながら、集中して作業に取り組むことができました** ➡ 作品の細部まで丁寧に仕上げ、納得できる作品ができあがりました

**B** **細部まで丁寧に仕上げられた作品** ➡ 細かい部分まで手の行き届いた作品

---

観点 **1** …知識・理解／観点 **2** …思考・判断・表現／観点 **3** …主体的に学習に取り組む態度　　**77**

学
習

国語
算数
生活
音楽
**図画
工作**
体育
道徳
外国語
活動
その他

# 体育

体を動かす喜びや技に取り組む姿が伝わるように書こう

---

**エピソード❶**　　　　　　　　　　　　　　こつこつ頑張る子　　Type 01

めあてを決めて、休み時間や家庭でなわとびの練習に取り組んだ。

● **POINT**

できるようになったという成果だけでなく、めあてを決めてこつこつ取り組んだことを評価します。子どもがこれからも努力を重ねていこうと意欲をもつことにつながります。

**文例❶**　毎日、休み時間になわとびの練習に取り組み、目標の20回を跳ぶことができました。めあてを決め、それに向けて**こつこつ取り組む**姿勢が素晴らしいです。 **観点❶**

**文例❷**　学校でも家でも練習を重ねていたなわとびを、跳べるようになりました。嬉しそうに跳ぶ姿から、粘り強く取り組んだ**達成感を味わっている**ことがよくわかります。 **観点❶**

---

**言い換え 表現**

**A こつこつ取り組む** ➡ 努力を重ねる／粘り強く取り組む

**B 達成感を味わっている** ➡ 成果を喜んでいる

---

**エピソード❷**　　　　　　　　　　　　　　一芸に秀でた子　　Type 02

学級でいちばん力強いボールを投げることができる。

● **POINT**

力強いボールを投げる事実のみに焦点を当てるのではなく、それが友だちとのかかわりの中で認められていることを伝えることで、子どもに自信をもたせます。

**文例❶**　体力テストのソフトボール投げでは、誰よりも遠くまでボールを投げることができました。休み時間のドッジボールでも力強いボールを投げ、「ボールを投げるのはやっぱり○○くんだ」と学級の友だちからも**認められています**。

**文例❷**　体育や休み時間のドッジボールでは、チームが負けそうになると、

○○くんにボールが集まります。友だちからのパスを嬉しそうに受け取る姿から、友だちとのかかわりの中で**自信を深めている**[B]ことがわかります。 **観点1**

**文例③** 体育や休み時間のドッジボールでは、力強いボールを投げる○○くんをクラスのみんなが**憧れの眼差しで見ていました**[C]。「自分も○○くんのように強く投げられるようになりたい」と思う友だち**にやさしく投げ方を教えて**[D]あげることができました。

**言い換え表現**

A **認められています** ➡ 一目置かれています

B **自信を深めている** ➡ 自分の力を発揮している

C **憧れの眼差しで見ていました** ➡ 目標としていました

D **〜にやさしく投げ方を教えて** ➡ 〜に何度もやってみせながら教えて／〜と一緒に練習して

---

**エピソード③** 　　　　　　　　　　　　　　知識が豊富な子 Type 03

技のポイントをすぐに理解し、自分で実際にやってみることができた。

● **POINT**
持ち前の運動能力に加え、模範となる技を見て、そこから大切なポイントを自分なりに理解し、すぐに挑戦してみようとする意欲を評価します。

**文例①** 「マット遊び」では、前ころがりやえんぴつころがりの技のコツをすぐに見つけ出し、進んで発表することができました。班の友だちには、「あごを引いて、おへそを見ながら回ると簡単だよ」と自分なりの言葉でアドバイスをし、**技を高め合う**[A]ことができました。**観点2**

**文例②** 「はしごドッジボール」では、「足を大きく開いて力いっぱいボールを投げてね！　5秒以内にボールをパスするといいよ！」と声をかけ合い、みんなで**協力してゲームを行う**[B]ことができました。身体の動きに着目して、より遠くへボールを投げる力も身についてきています。**観点2**

**言い換え表現**

A **技を高め合う** ➡ 一緒に練習に励む／ともに認め合う／ほめ合う

**観点1**…知識・理解／**観点2**…思考・判断・表現／**観点3**…主体的に学習に取り組む態度

**B** 協力してゲームを行う ➡ チームワークを高める／一緒に作戦を立ててゲームをする

---

| エピソード **④** | 知識が豊富な子 | Type **03** |

走る、跳ぶ、泳ぐなどの運動能力が高く、常に高みを目指して練習している。

● **POINT**
運動能力が高いということだけではなく、常に記録に挑戦しようという意欲があることを具体的に評価します。

---

**文例 ❶** 体育係となり、用具の準備を率先して行っています。マット遊びでは、連続前転がりに挑戦しました。**高い運動能力で**[A]すぐにコツをつかみ、調子よく5回連続で行うことができました。**観点 1**

**文例 ❷** 夏の水泳教室では、クロールを身につけ、25mを泳ぐことができるようになりました。**しっかり自主練習をした**[B]ことが成果に表れ、記録更新につながりました。**観点 1**

**言い換え 表現**

**A** 高い運動能力で ➡ 技能の習得が早く

**B** しっかり自主練習をした ➡ 地域のプールで友だちと練習した

---

| エピソード **⑤** | まわりのために動ける子 | Type **05** |

自分ができることをやるだけでなく、運動が苦手な子にも積極的にかかわり、上達させることができた。

● **POINT**
友だちの活動に目を向け、サポートする姿勢が立派です。誰かのために動けるようになった、という内面の成長を伝えていきます。

---

**文例 ❶** 鉄棒遊びの学習では、自分ができる技を紹介するだけでなく、友だちが考えた技のおもしろさに気づき、みんなに紹介するなど、互いに**高め合いながら**[A]学習を進めることができました。**観点 2**

**文例 ❷** 鉄棒遊びでの回転技のポイントを友だちに丁寧に伝えていました。できるようになった友だちから「ありがとう」と感謝され、友だちの

ために**自分が貢献できることの喜び**を感じられたようです。 観点 2

学習
国語
算数
生活
音楽
図画
工作
体育
道徳
外国語
活動
その他

---

**言い換え 表現**

**A** 高め合いながら ➡ 力を合わせながら／協力しながら
**B** 自分が貢献できることの喜び ➡ 率先して活動する楽しさ

---

**エピソード❻**　　　　　　　　　まわりのために動ける子　Type 05

ドッジボールの学習でリーダーとしてグループをまとめ、試合中、声をかけ続けていた。

● **Point**
どんな試合でも諦めることなくチームメイトを励まし続け、リーダーとしてチームの楽しい雰囲気をつくり続けていた努力を評価します。

**文例❶**　どんな試合でも諦めることなく、**率先してチームメイトに声をかけ**、楽しい雰囲気づくりを心がけていました。 観点 2

**文例❷**　他のチームの動きを見たり、担任にアドバイスを求めたり、ゲームに勝つための作戦を率先して考えていました。常に声を出し、**チームを活気づける姿**が、非常に立派でした。 観点 2

---

**言い換え 表現**

**A** 率先してチームメイトに声をかけ ➡ チームメイトに具体的なアドバイスや励ましの言葉をかけ
**B** チームを活気づける姿 ➡ チームメイトを元気づける様子／チームメイトを勇気づける様子

---

**エピソード❼**　　　　　　　　　まわりのために動ける子　Type 05

体育を見学しているとき、体操マットなどの道具の準備を進んで手伝ったり、友だちが練習しやすいように整えたりした。

● **Point**
自分にできることを考え、実行に移すことができる行動力を評価します。

---

観点 1 …知識・理解／観点 2 …思考・判断・表現／観点 3 …主体的に学習に取り組む態度　　81

**文例 ①**　けがをして体育を見学することが多くなってしまいましたが、「手伝うことはありませんか」と必ず言いに来て、ボールやマットを進んで運んでいました。**自分にできることを探して**実行できる行動力が素晴らしいです。 観点 **2**

**文例 ②**　けがをして体育を見学していたときも、跳び箱の準備を進んで手伝ってくれました。ずれたマットを直したり、**頑張っている友だちを応援する**など、学習活動に参加しようという意欲が伝わってきます。 観点 **2**

---

言い換え 表現

**A　自分にできることを探して** ➡ 積極的に学習活動のプラスになることを／クラスの友だちのために

**B　頑張っている友だちを応援する** ➡ 励んでいる友だちをサポートする／努力している友だちを励ます

---

| エピソード ❽ | クラスをまとめる子 Type 06 |
| --- | --- |

**チーム全員がボールに触れるように、声をかけたりパスを回したりして、リーダーシップを発揮した。**

● POINT
みんなの先頭に立ってチームを引っ張り、力を発揮したことを評価することで、子どもも保護者も喜ぶ所見になります。

**文例 ①**　体育「的当てゲーム」では、全員がボールに触れるように、走る場所を教えたり、自分から**声をかけて**パスを回したりしていました。○○さんの元気なかけ声に励まされ、チーム全員がボールに積極的に向かえるようになりました。 観点 **2**

**文例 ②**　体育「的当てゲーム」では、全員にパスを回すことを目標に、勝利を目指しました。みんなの楽しい学習のために、**リーダーシップを発揮する**姿勢が立派でした。 観点 **2**

**文例 ③**　的当てゲームでは、チーム全員にパスをする練習をくり返していました。ボールが苦手な友だちには声をかけながらボールをやさしく回すなど、チーム全員が楽しく取り組めるよう工夫していました。リーダーとして**相手のことを思いやれる力**が身についています。 観点 **2**

学習

国語
算数
生活
音楽
図画
工作
**体育**
道徳
外国語
活動
その他

## 言い換え 表現

**A** 声をかけて ➡ アドバイスをして／教えてあげて／指示を出して
**B** リーダーシップを発揮する ➡ 先頭に立って活動する／率先して動く
**C** 相手のことを思いやれる力 ➡ 相手の気持ちを察する力

---

**エピソード⑨**　　　　　　　　友だちとのかかわりがよくできる子　Type **08**

チームの和を大切にし、まわりによく目を向けて活動することができた。

●**POINT**
運動が得意な子も苦手な子も全員で目標を達成していこうとする態度を認めることが、よりよい学級づくりの基礎となります。

---

**文例①**　ドッジボールでは、チームリーダーとなりました。味方の動きを生かしたプレーをしたり、ミスをした仲間に対して励ましの声をかけたりと、**チームプレーの意識が育ちました**。<sup>A</sup> 観点**2**

**文例②**　体育の授業で○○くんがつくり出した、「みんなで楽しくプレーをしよう」という勝敗だけにこだわらない温かい雰囲気が、男女の仲がよい○組の**原動力**<sup>B</sup>となっています。 観点**2**

## 言い換え 表現

**A** チームプレーの意識が育ちました ➡ 協力する力が身につきました
**B** 原動力 ➡ パワーの源

---

**エピソード⑩**　　　　　　　　さまざまな場面でよさを発揮する子　Type **09**

運動会に向けて練習に熱心に取り組んでいた。

●**POINT**
運動会の本番の様子だけでなく、練習に取り組んでいる様子も伝えるようにします。

---

**文例①**　運動会のダンスでは、動きの説明や注意点に**熱心に耳をかたむけ**<sup>A</sup>、積極的に練習に取り組んでいました。 観点**2**

**文例②**　ダンスでの堂々とした様子はとても立派でした。休み時間や放課後も「音楽をかけていいですか」と**進んで練習に取り組んできた成果**<sup>B</sup>だと思います。 観点**3**

---

観点**1**…知識・理解／観点**2**…思考・判断・表現／観点**3**…主体的に学習に取り組む態度　　**83**

**文例 ③** 　休み時間や放課後にも、クラスの友だちと運動会のダンスの練習をしていました。当日はとても**いきいきとして自信にあふれた**ダンスを<sup>C</sup>踊ることができました。 観点 ❸

言い換え 表現

**A** **熱心に耳をかたむけ** ➡ 積極的に耳をかたむけ／一生懸命に目を向け

**B** **進んで練習に取り組んできた成果** ➡ 自主的に頑張った結果／努力を積み重ねたたまもの

**C** **とてもいきいきとして自信にあふれた** ➡ 堂々とした／ダイナミックな／思いっきり楽しんで

---

エピソード ⓫　　　　　　　　　　　　　　　　　人望がある子　Type 10

> チームの意見をまとめ、ボールの投げ方をまわりの友だちにアドバイスした。

● POINT

作戦タイムでは、進んで自分の意見を出し、ゲーム展開を工夫していたことを伝えます。みんなと一緒にもっと楽しみたい、新たにルールを追加したいなど、意欲的に学習に取り組む姿勢を評価します。

**文例 ①** 　体育の三色おにでは、「5秒以内に陣地から逃げるようにしよう」と時間に目を向け、ゲームを楽しみました。困っている友だちには、「どうしたの？」と声をかけ、話し合ってルールをつくりました。○○くんのひと言がきっかけとなり、**みんなが納得のいく楽しいゲームを行うことができました**。<sup>A</sup> 観点 ❷

**文例 ②** 　体育のボール投げ遊びでは、「まず、左足は前に出すよ。ひざを曲げて、体を低く下げてからボールを投げるといいよ」などと、グループのみんなが的あてテストに合格できるように、進んで**声をかけ、励ます**<sup>B</sup>ことができました。 観点 ❷

言い換え 表現

**A** **みんなが納得のいく楽しいゲームを行うことができました** ➡ グループ全員がみんなの意見を大切にしてゲームを楽しむことができました

**B** **声をかけ、励ます** ➡ みんなと喜びを共有する／一緒に練習する

学
習

国語
算数
生活
音楽
図画
工作
体育
道徳
外国語
活動
その他

**Subject** 道徳
自分や友だちの考えや思いに気づく姿を捉えよう

## エピソード❶ こつこつ頑張る子 Type 01

話し合いでは発言はしなかったが、ワークシートをじっと見つめたあと、自分の考えをしっかりと書き込んでいた。

● **POINT**
発言はしなくても、ワークシートに記述した子どもの考えや思いを学びの「よさ」として学習状況を把握します。自己を見つめる学習は、道徳の目標の一つとして、とても大切な姿です。

**文例❶** 　節度や節制の大切さについて考える学習では、友だちと話し合ったことをもとに、「ゲームをもっとしたかったが、お母さんとの約束なのでやめました。ほめられて嬉しかったです」と、**節制できたときのよさを思い起こし**、ワークシートに書きました。

**文例❷** 　自然を愛護することについて考える学習では、「アサガオが枯れないように、毎日水をあげています。きれいな花が咲くと嬉しいです」と、植物を大切に世話をしている**自分を見つめ**、ワークシートに書きました。

### 言い換え 表現

A **節制できたときのよさを思い起こし** ➡ 自分自身を振り返り
B **自分を見つめ** ➡ 自分のよさや喜びを見つめ

## エピソード❷ 一芸に秀でた子 Type 02

自分が一生懸命に取り組んだ体験と、そのときの気持ちを振り返り、発表した。

● **POINT**
得意なことには、必ずつらいことや厳しいこともあるはずです。その体験が大切で意味のあるものだと、子ども自身が感じることができるように授業をつくり、評価します。

**文例❶** 　努力することについて考える学習では、「ピアノの練習に行きたくないときもあります。でも発表会で上手に弾けたときは、練習を続けて

きてよかったと思いました」と、**努力する喜び**<sup>A</sup>について、自分の思いを述べました。

**文例②**　礼儀について考える学習では、「友だちのお母さんに道で会ったときに大きな声であいさつしました。ほめられて嬉しかったです」と、礼儀正しくしたときの気持ちの明るさを**友だちに伝えました**<sup>B</sup>。

**言い換え 表現**

**A** 努力する喜び ➡ 努力することのよさ

**B** 友だちに伝えました ➡ 改めて考えていました

---

### エピソード❸　　　　　　　　　　　　　知識が豊富な子　Type 03

教材文を読み終えた途端に「ううむ」と声を出し、発問をしていないのに挙手を始めた。

**● POINT**

道徳での「議論」とは、自分のこととして考え、体験に根ざした、実感を伴った言葉で話し合うことです。低学年は話の世界に入り込みやすい特性があります。エピソードは教材文で気持ちが揺さぶられ、自ら問いを発した姿と考えます。

---

**文例①**　正直であることについて考える学習では、教材文を読み終わった途端に挙手をし、「この気持ち、わかります。ぼくにも同じことがありました」と、述べました。教材の中の登場人物に自分の気持ちを重ねながら、**正直であることの大切さ**<sup>A</sup>について考えていました。

**文例②**　美しいものに感動する気持ちについて考えました。感動した話を紹介しあう場面では、「私もみんなに紹介したいことがあります。言いたいです」と**自分の感動を思い起こし**<sup>B</sup>、進んでみんなに伝えようとしていました。

**言い換え 表現**

**A** 正直であることの大切さ ➡ 正直であることの難しさやよさ

**B** 自分の感動を思い起こし ➡ 教材の登場人物が感動したことに自分の気持ちを重ねて

## エピソード ❹　　　　　　　　　発想が豊かな子

**Type 04**

友だちの考えをじっと聞いたあと、勢いよく手を挙げ、さらに自分の考えをつけ加えて発言した。

**● POINT**

道徳の目標「多面的・多角的に考える」という学習は、主体的・対話的で深い学びの実現につながる大切な学習です。話し合いの中で自分の考えが広がったり、深まったりします。低学年は集中できる時間は短いですが、よく聞いて考えていた姿を認め、励ましていきましょう。

学習

国語
算数
生活
音楽
図画工作
体育
道徳
外国語活動
その他

**文例❶**　物を大切に使うことについて考えました。「なくなったら、また買えばいいと思ったのではないか」という友だちの考えを聞き、「親が頑張って働いて買ってくれた消しゴム。大事なお金だから、物も大事です」と新たな**視点を投げかけ**、話し合いを深めました。

**文例❷**　公平な態度について考える授業では、「いつも乱暴だからといって、今は乱暴をしてないのに仲間はずれにするのはかわいそうです」という友だちの考えを聞き、「みんなの意見を聞いて、理由があっても仲間はずれはだめということがわかりました」と、**問題点をまとめる考え**を述べ、話し合いを深めました。

### 言い換え 表現

**A　視点を投げかけ** ➡ 問題を提起して／意見を発表して
**B　問題点をまとめる考え** ➡ 考えを整理する意見

## エピソード ❺　　　　　　　　まわりのために動ける子

**Type 05**

当たり前のことのようにみんなのために働く子どもが、授業の中で自分のよさに気づいていた。

**● POINT**

低学年の子どもたちは、自分の言葉や行動にどんな価値があるか、考えて生活はしていません。授業を通してその価値を考え、自分のよさに気づけるようにします。

**文例❶**　働くことについて考える学習では、「私は、生活科で使ったスコップを、先生のお手伝いできれいに片づけていたけれど、次に使う人が気持ちよく使えるように揃えたのだとわかりました」と働くことのよさを

考えていました。

**文例 ②**　みんなが楽しく学校生活を送ることについて考えました。「まだあまり仲よくないけれど、靴箱で会ったから『おはよう』と言いました。これからもクラスのみんなに言いたいです」と**声をかけ合うと楽しい学級になるという考えを発表しました**[B]。

**言い換え 表現**

**A** 働くことのよさを ➡ 自分の働きが誰かの役に立っていることについて

**B** 声をかけ合うと楽しい学級になるという考えを発表しました ➡ よい学級にするために自分ができることを考えていました

---

| **エピソード ⑥** | クラスをまとめる子 Type 06 |
|---|---|
| 考えを述べた友だちの名前を挙げながら、それをもとに自分がどのように考えたのかを説明している。 | **● POINT**<br>対話的で深い学びは、一問一答型の指名や、考えを羅列しただけの板書から脱却する必要があります。一人の子どもの考えを、どうクラス全体に考えさせていくのか。そのときに、このようなよさをもった子どもが活躍します。 |

**文例 ①**　命ある素晴らしさについて考える授業では「○○さんがご飯がおいしいのは、生きているからと言っているのを聞いて、笑うのも泣くのも生きているからだと思いました」と述べました。生きる喜びについて考えを深めている**ことが伝わってきました**[A]。

**文例 ②**　個性について話し合いました。授業の最後に自分のよさを考えました。友だちが「自分にはない」と言うと、「あるよ。友だちをすぐ手伝ってあげるところ」と伝えていました。**個性を認め合うあたたかい授業になりました**[B]。

**言い換え 表現**

**A** ことが伝わってきました ➡ 様子でした

**B** 個性を認め合うあたたかい授業になりました ➡ 友だちのよさに気づくところが○○さんのよさです

## エピソード ❼　　　　　　　　　　　　　積極的に自己表現できる子　Type 07

友だちの発言を聞いて、うなずいたり、つぶやいたりして反応していた。そのつぶやきが、話し合いの深まりにつながっていた。

**● POINT**

話し合いは、対話的な学習の要です。単なる「発表」ではなく、発言をつなぎながら深めていくことが大切です。このように反応する姿を見逃さずに認め、そのよさを生かし深い学びにつなげます。

学習

国語
算数
生活
音楽
図画
工作
体育
**道徳**
外国語
活動
その他

**文例 ❶**　親切について考えました。友だちが「電車で席を譲ったら、『ありがとう』って言われました」と述べると、「そうそう！」とつぶやき、「でも譲っても、断られて恥ずかしいこともあります」とクラスに新たな問題を投げかけ、話し合いを深めました[A]。

**文例 ❷**　国際理解について考えました。「遊園地で外国の人が『ハロー』と言ってきて嬉しかったです。私も『ハロー』って言いました」と他国の人とあいさつを交わす楽しさ[B]を語りました。

### 言い換え 表現

**A** 話し合いを深めました ➡ 相手が求めることを考えるきっかけをつくりました

**B** 他国の人とあいさつを交わす楽しさ ➡ 世界の人々とあいさつでつながる楽しさ／さまざまな国の人とコミュニケーションをとる喜び

## エピソード ❽　　　　　　　　　　　　友だちとのかかわりがよくできる子　Type 08

話し合いのとき、自分が発表したいことだけでなく、友だちの考えを熱心に聞いて自分を語る姿が見られた。

**● POINT**

発達の段階で低学年の子どもには、友だちの考えや話し合いの流れを考えずに、自分が発表したいことだけを述べる姿がよく見られます。友だちの話をよく聞いて考える姿を認め、「素晴らしいことなのだ」と、本人にも学級にも伝えていくことは大切な指導・評価となります。

**文例 ❶**　友情について考える授業では、「友だちだから助ける」という発言を聞いて「○○さんの考えと似ているのですが、友だちが困っているから助けます」と述べ、友だちの気持ちに対する話し合いを深めました[A]。

**文例②**　健康や安全の大切さについて考える授業では、「具合が悪いと学校に行けません」という友だちの発言を聞いて、「○○さんにつけたしです。自分がちゃんと気をつけないから、具合が悪くなってしまうことがあります」と自分で自分の健康を守ることについて**考えを深める発言をしました**。<sup>B</sup>

**言い換え 表現**

**A** **友だちの気持ちに対する話し合いを深めました** ➡ 友だちの気持ちを察する大切さを述べました

**B** **考えを深める発言をしました** ➡ 考えを述べました

---

| エピソード❾ | さまざまな場面でよさを発揮する子 Type 09 |
|---|---|
| 話し合ったことをもとに自分自身を振り返る場面では、それまでの体験を思い起こして、そのときの気持ちを見つめていた。 | ● **POINT**<br>テストの点には自信はなくても、生活力は旺盛な子どもがいます。そのような子どもの体験を聞き、みんなで学ぶことができます。低学年の子どもは体験を思い出せないことも多いので、指示に工夫が必要です。 |

**文例①**　感謝する気持ちについて考えました。「ゴミ捨て場で、ゴミをこぼしてしまったら、主事さんがやさしく一緒に片づけてくれました。嬉しかったからありがとうと伝えたいです」と自分自身の気持ちを**振り返って**<sup>A</sup>発表しました。

**文例②**　家族について考える授業では、「熱を出したとき、お母さんがずっとそばで心配してくれました。お母さんの具合が悪いときには、自分がやってあげたいです」と、家族の愛情に気づき、**自分ができることをしたいと発表しました**。<sup>B</sup>

**言い換え 表現**

**A** **振り返って** ➡ 見つめて／思い返して

**B** **自分ができることをしたいと発表しました** ➡ それに応えようとする自分の気持ちを述べました

## エピソード❿ 　　　　　　　　　　　　　　人望がある子

**Type 10**

話し合いの場面では、手を挙げて自分の考えを発表しないが、ワークシートには、その思いをたくさん書いている。

**● POINT**

思いやりがあるから、縁の下でクラスを支えるのです。思いやりは、道徳で指導する全ての内容項目の根底に流れるものです。特に低学年は、さまざまな授業でそのよさを認め励ますことで成長していきます。

**文例❶** 　善悪の判断の大切さについて考える授業では、「その子が、怪我をしたらかわいそうだから、だめだよと注意したのだと思います」と、**判断には相手を大切に思う気持ちがあること**[A]について考え、ワークシートに書きました。

**文例❷** 　公正・公平であることについて考える授業では、「鬼ごっこで、仲よしの友だちは狙いたくないけど、そうするとみんながつまらなくなります」と、**判断の難しさや大切さを考え**[B]、ワークシートに書きました。

### 言い換え 表現

**A** 判断には相手を大切に思う気持ちがあること ➡ 間違った判断を正すことの意味

**B** 判断の難しさや大切さを考え ➡ 公正・公平な判断をするときの気持ちを／具体的な場面を思い出して

## エピソード⓫ 　　　　　　　特別な支援で力を発揮できる子

**Type 11**

教材に入り込みやすい手立てを講じたら、自分の思いを積極的に発表しようとした。つぶやきも、話し合いを深めるきっかけとなった。

**● POINT**

道徳の学習は自分が同じ立場、状況に置かれたらどうするだろうかという自我関与して考えることが大切です。そのため学級にどのような支援を必要とする子どもがいるのかによって、板書の文字や絵を工夫したり、効果音を活用したり、文字に配慮した教材を準備したりします。どの子にも光る個性があります。発揮した一瞬を見逃さず、よさを見取ります。

**文例①**　正直であることについて考える授業では、「だめ。嘘はだめ」と、つぶやきました。理由を尋ねると「嘘をつくと、悲しくなります」と、嘘は**自分の気持ちを暗くする**ことについて考えを述べました。

**文例②**　規則について考える授業では、「順番抜かしは、だめ」とつぶやきました。理由を尋ねると「抜かすと、みんなが嫌な気持ちになるからです」と、**自分の体験をもとに規則を守る大切さを**考えていました。

**言い換え 表現**

**A** 自分の気持ちを暗くする ➡ 自分が嫌な気持ちになる

**B** 自分の体験をもとに規則を守る大切さを ➡ 規則を守る理由について

---

| エピソード⑫ | 所見を書きにくい子 Type⑫ |
|---|---|
| 話し合い活動で発言をせず、意図的指名にも答えることができなかった。また、ワークシートも書けなかった。しかし、友だちの発言はうなずきながら聞いていた。 | **●POINT**<br>表現することが苦手な子どもには、何らかのかたちでその思いを引き出す工夫を行いましょう。例えば授業後、みんなとは別に声をかけるなどをすれば、授業中に何を考えていたか聞き取ることができます。また、表情やうなずきなどの様子も大切な学習状況と考えます。 |

**文例①**　礼儀について考える授業では、友だちが「『ありがとう』と言われないと、嫌な気持ちになります」と発言すると、うなずいていました。とくにお礼を言われた嬉しさを述べた意見には、大きくうなずいていました。**同じ気持ちである**ことが伝わってきました。

**文例②**　日本のよさについて考える授業では、どんなときに、日本らしいと感じるかみんなで考えました。○○さんは発言をしませんでしたが、授業のあと「桜が咲いたら、みんなでお花見をするところだと思います」と、**楽しい思い出**を担任に伝えに来ました。

**言い換え 表現**

**A** 同じ気持ちである ➡ 自分のこととして考えている

**B** 楽しい思い出 ➡ 自分の体験／自分の喜び

## Subject 外国語活動

外国語の文字やリズム、音声に慣れ、楽しんでいる姿を伝えよう

**エピソード ❶**　　　　　　　　　　　　　こつこつ頑張る子　　Type **01**

アルファベットの一覧表を
参考にしながら、手持ちの
アルファベットカードを順
番に並べていた。

● **POINT**
英語とふれ合った経験の少ない低学年では、
活動を楽しみながら、かつ、粘り強く取り組
んでいるかどうかなどの過程を大切にしなが
ら見取り、評価します。

**文例 ❶**　黒板に貼られたアルファベットの一覧表を見ながら、A ～ Z のカー
ドを順番に素早く並べようと真剣に取り組んでいました。並べ終わっ
たときの「先生、見て！」と言わんばかりの**笑顔が輝いていました**。^A
**観点 1・読む**

**文例 ❷**　「アルファベット並べ」では、アルファベットの一覧表を参考にし
て、**正しく並べようと集中して**^B取り組んでいました。並べ終わったら "I'm
done." と真っ直ぐに手を挙げ、先生に確認してもらうことができました。
**観点 2・読む**

**文例 ❸**　アルファベットのカードを一覧表を参考に、正しく並べることが
できました。並べ終わったあとも、自分から「もう一度やってみよう」と
最初から何度もやりなおして取り組む姿に**感心しました**。^C **観点 3・読む**

**文例 ❹**　大文字のアルファベットのカードを、前に貼られた一覧を真剣に
見ながら順番に並べていました。カードの向きに気をつけながら、**正しく**^D
並べることができました。**観点 1・読む**

**言い換え 表現**

**A 笑顔が輝いていました** ➡ 表情から、自分の力で解決できたことへの喜び
を感じます／笑顔から、自信の高まりがうかがえます

**B 正しく並べようと集中して** ➡ 正確に並べようと字形を意識しながら／1
文字ずつ声に出して確認しながら

**C 感心しました** ➡ 成長を感じます／英語への関心の高まりを感じます

**D 正しく** ➡ 正確に／集中して／素早く

**観点 1** …知識・理解／**観点 2** …思考・判断・表現／**観点 3** …主体的に学習に取り組む態度　　93

アルファベットの文字合わせをしたり、英語で発話された食べ物や色について当てはまる絵カードを選んだりしていた。

● **Point**

低学年では、まだ英語に慣れていない子どもがたくさんいます。その中で、アルファベットの文字や音、食べ物や色の英語での言い方などに強い関心があることを認め、評価します。

**文例 ❶**　「ペア探しゲーム」では、自分の持っているアルファベットの形に注目し、同じアルファベットを持っている友だちを素早く見つけてペアになることができました。26文字の大文字を**しっかりと覚える**ことができています。 **観点 1・読む**

**文例 ❷**　たくさんの絵カードの中から、先生が発話した食べ物や果物・色などの英語表現がさすものを、素早く見つけることができました。誰よりも早く見つけられたときの誇らしげな表情に、**英語に対する関心の高まり**を感じます。 **観点 2・読む**

**文例 ❸**　大文字のアルファベットの文字と名前読みの音を、正しく一致させて考えることができました。先生の言った順に合わせてアルファベットのカードを素早く並べたり、出されたカードに書かれている内容ついて "It's A." など、正しく答えたりすることができ、**素晴らしいです**。 **観点 2・聞く**

**文例 ❹**　食べ物や色の名前を英語で言うことに長けており、先生の示した絵カードの名前を素早く**答えることができました**。 **観点 1・話す**

**言い換え 表現**

**A しっかりと覚える** ➡ 間違えることなく形を覚える／正確に覚え、友だちに教えてあげる

**B 英語に対する関心の高まり** ➡ 達成感と次の学習活動への意欲

**C 素晴らしいです** ➡ 文字に対する関心の高まりがうかがえます／文字と音を結びつけながら考えることができています

**D 答えることができました** ➡ 判別することができ、友だちからも注目されています／発表することができ、みんなのお手本となっています

| エピソード❸ | 知識が豊富な子 Type 03 |
| --- | --- |

日常の身のまわりにある
ものについて、英語で表
現することができた。

**● POINT**

身のまわりにある英語（色・形・食べ物・果
物・体の部位など）に興味をもち、それらにつ
いて相手にどのように表現して伝えたらよいの
かを理解していることを認め、評価します。

**文例❶** 「自己紹介をしよう」では、自分の好きな色や果物などについて、"I like 〜 ."の表現を使って言う[A]ことができました。好きな色を相手に伝えるときに、自分の身のまわりにある色を指さすなど、わかりやすい工夫をしながら伝えることができました。**観点❷・話す**

**文例❷** 例示された色や果物以外にも、さまざまな英語での言い方を知っており、学習をリードすることができました。知っている英単語の量が多く、**進んで発表しようとする意欲の高さに感心しています**[B]。**観点❶・話す**

**文例❸** "head" や "shoulders" などの体の部位を表す英語をしっかり聞き取ることができています。歌に合わせて歌詞で出てきた部位を触るダンスでは、**立候補し、みんなのお手本となって踊ることができました**[C]。**観点❶・聞く**

**文例❹** 顔や体の部位を表す英語をたくさん知っています。言われた部位を触るゲームでは、リーダーとしてみんなの前で問題の部位を英語ですらすらと[D]言うことができました。**観点❷・話す**

**言い換え表現**

**A** **"I like 〜 ."の表現を使って言う** ➡ 自分から進んで発表する／例示した以外のものについても英語で言う

**B** **進んで発表しようとする意欲の高さに感心しています** ➡ いつも驚かされます／まわりの友だちが困っているときは、自分から教えてあげることができました

**C** **〜では、立候補し、みんなのお手本となって踊ることができました** ➡ 〜を楽しそうに踊っている姿が微笑ましかったです／〜で、悩んでいる友だちに教えてあげることができました。

**D** **すらすらと** ➡ はっきりと／大きな声で／堂々と

**観点❶**…知識・理解／**観点❷**…思考・判断・表現／**観点❸**…主体的に学習に取り組む態度 　95

| エピソード **④** | 発想が豊かな子 | Type 04 |

学習したことをもとに、その他のものの英語での表し方に興味をもったり、相手に伝わりやすくなるように身振り手振りを工夫して伝えようとしたりしていた。

● **POINT**

活動中、自分の思いついたことを実行しようとする過程を認め、評価します。結果的にうまくできなかったとしても、個性を尊重し、チャレンジしたことを認めると効果的です。

**文例 ①** 先生の "Stand up." や "Sit down." などの指示に対してしっかり反応することができました。「手を挙げるときに "up" を使ったから、下げるときは "down" を使うのかな?」など、学んだことを生かして他の動作は英語でなんと言うのかなど、**考えを巡らせていました。** **観点 2・聞く**

**文例 ②** "How are you?" の質問に "I'm good." や "I'm happy." と元気よく答えることができました。「元気がないときは英語でどういうのだろう?」と、**英語に対する興味が深まってきています。** **観点 2・話す**

**文例 ③** "I'm hungry." や "I'm sleepy." などを相手に伝えやすくするために、体を大きく使ったジェスチャーを考えてやり取りすることができました。全力のジェスチャーに、**相手に伝えたいという思いがしっかり込められているのがわかります。** **観点 2・話す**

**文例 ④** 動物の名前や鳴き声の学習では、日本語と英語での表し方に興味をもち、「○○はなんて英語で言うの?」「どんな鳴き声で言うの?」と**たくさん質問していました。** **観点 3・聞く**

**言い換え 表現**

**A 考えを巡らせていました** ➡ 次々と新しいことへの興味が湧いているようです

**B ～に対する興味が深まってきています** ➡ ～への学習意欲が高まってきています／～をもっと知りたいという姿勢が素晴らしいです

**C 相手に伝えたいという思いがしっかり込められているのがわかります** ➡ 思いを込めて取り組む姿勢が伝わります／工夫の幅の広がりを感じます

**D たくさん質問していました** ➡ 目を輝かせていた姿が印象的でした／新しい発見を楽しんでいました

**エピソード❺**　　　　　　　　　　まわりのために動ける子　Type 05

ペアやグループでの活動の際、相手の友だちが英語がわからずに困っていたときにアドバイスをしていた。

**● POINT**
活動の中で困っている友だちへ具体的なアドバイスをしようとしたことを認め、評価します。自分の中に「こうするとできる！」という思いがあるため、それを伝えたいという自信の表れを見取ることができます。

**文例①**　「アルファベット」の学習では、ペアになる友だちをなかなか見つけることができない友だちに対し、一緒になって探してあげることができました。探している間も、字形のどこに注目したらよいのかアドバイスする姿がさすがです。<sup>A</sup> 観点 **1・読む**

**文例②**　好きなものを相手に伝える活動で、なかなか自分から話しかけることができない友だちを見つけると、さっと自分から歩み寄り、やさしく声をかけて交流することができました。相手を思いやる気持ちが育まれています。<sup>B</sup> 観点 **3・話す**

**文例③**　グループで好きなものについて発表していた際に、友だちと協力しながら取り組むことができました。わかりやすく、英語が苦手な子も堂々と発表するために絵カードを持つことを提案するなど、相手を気づかうやさしさが素敵です。<sup>C</sup> 観点 **2・話す**

**文例④**　天気の学習では、先生の話す英語を聞いてあてるゲームで、友だちがどの天気かわからずに困っていると、ジェスチャーでヒントを出す姿が微笑ましかったです。<sup>D</sup> 観点 **3・聞く**

**言い換え 表現**

**A**　〜がさすがです ➡ 〜に心動かされました／〜に、胸が熱くなる思いです

**B**　〜を思いやる気持ちが育まれています ➡ 〜のことを考えて行動できるのは、これからも大切にしたい長所の一つです

**C**　〜が素敵です ➡ 〜があり、頼りになります／〜に友だちも助けられています

**D**　〜を出す姿が微笑ましかったです ➡ 〜を出すなど、正しく英語を聞き取ることができていました／〜を出すなど、やさしい一面が見られました

観点 **1** …知識・理解／観点 **2** …思考・判断・表現／観点 **3** …主体的に学習に取り組む態度　　**97**

## エピソード ❻　　　　　　　　　　　　クラスをまとめる子　Type 06

率先してみんなに声をかけ
たり、グループでの話し合
いで進行したり、進んで学
習をリードしたりした。

### ● POINT

学級全体の様子を感じ、ルールを意識して守
ろうとする意欲の表れを認め、評価します。
率先して行動しようとするリーダー性を大切
に見取り、集団の中でしか見ることができな
い活躍を保護者に伝えます。

**文例 ❶**　クラスにざわつきが多かったとき、"No talking, please." や
"Shhh!" とみんなに声をかけている姿から、**みんなをまとめようとする
意欲の表れ**を感じます。（観点）**3・話す**

**文例 ❷**　発表する候補者がなかなか出なかった際に、率先して立候補し、
堂々と大きな声で発表することができました。その姿に影響され、友だ
ちもあとに続けと意欲的に取り組むようになるなど、**みんなのよいお手
本となっています。**（観点）**2・発表**

**文例 ❸**　グループでの話し合いの際に、みんなの話をまとめ、好きなもの
を発表することができました。英語が苦手な友だちにもやさしく声をか
けることができるので、**頼りになります。**（観点）**3・発表**

#### 言い換え 表現

**A** ～から、みんなをまとめようとする意欲の表れ ➡ ～に、リーダー性

**B** みんなのよいお手本となっています ➡ みんながまねしたくなるような魅
力を感じます／みんなの気持ちをひきつける力に長けています。

**C** 頼りになります ➡ みんなの信頼が集まります／みんなから期待されるこ
とが増えてきています。

## エピソード ❼　　　　　　　　　　　　積極的に自己表現できる子　Type 07

既習の英語表現を使い、自
分の思いや考えについて、
はっきりと大きな声で相手
に伝えようとしていた。

### ● POINT

まわりの雰囲気に流されない自信の表れを見
取り、評価します。英語に対する慣れや相手
に伝えたい思いがはっきりもてていることか
ら自主性が強まっていることを押さえます。

98

学習

国語
算数
生活
音楽
図画
工作
体育
道徳
外国語
活動
その他

**文例 ①**　英語学習にも慣れ、元気いっぱいに "Hello Song" を口ずさむ姿から、英語を楽しみながら学んでいます。先生や友だちに自分から進んであいさつをしている姿に**成長を感じます**。[A] 観点 **2・話す**

**文例 ②**　「自己紹介をしよう」では率先して立候補し、みんなの前で発表することができました。何度も発音の練習をした成果を発揮し、堂々と発表する姿が**立派です**。[B] 観点 **1・発表**

**文例 ③**　「好きなものスピーチ」では、自分の好きな色や果物について、はっきりと大きな声で発表することができました。発表時にみんなの方に目線を配るなど、**わかってほしいという思いがしっかりと伝わってきました**。[C] 観点 **2・発表**

**言い換え 表現**

**A ～に成長を感じます** ➡ ～が素晴らしいです／～はまわりの友だちのよいお手本となっています

**B ～が立派です** ➡ ～から自信をもって取り組んでいることがうかがえます／～から英語に対する慣れと自信を感じます

**C わかってほしいという思いがしっかりと伝わってきました** ➡ 友だちに自分の思いを伝えたいという強い意志の表れを感じます／伝える工夫をしながら取り組むことができました

---

**エピソード ⑧**　　　　　　　　　友だちとのかかわりがよくできる子　　Type **08**

友だちとのやり取りの際に、相手の目をしっかりと見ながら自分の考えを伝えたり、相手の話を聞いたりしていた。

● **Point**

英語での活動は友だちとのかかわりがとても大切になってきます。その中で、自分のことを伝えるだけでなく、相手のことをわかろうとする気持ちの高まりを認め、評価します。

---

**文例 ①**　相手の目をしっかりと見ながら、"My name is ○○ ." の表現を使って、自分の名前を友だちに伝えることができました。また、友だちの自己紹介も聞き、相手の名前をくり返すことができました。**相手の話をしっかりと聞けていること**が[A]わかります。観点 **1・聞く**

観点 **1** …知識・理解／観点 **2** …思考・判断・表現／観点 **3** …主体的に学習に取り組む態度

**文例②** 好きなものを伝え合う活動では、自分の好きな形について、相手にわかりやすいようにジェスチャーを交えながら話すことができました。友だちの発表にも**真剣な眼差しで、相手が何を伝えようとしているのか考えながら聞く姿が素晴らしいです**。[B] 観点〉**2・聞く・話す**

**文例③** 「形を英語で言ってみよう」では、いろいろな形の英語表現に慣れ、自分と同じ形のカードを持っている友だちに "Me too." と答えることができました。その後も、自分と同じ形を持っている人がいないか、積極的に**聞こうとする姿が印象的でした**。[C] 観点〉**3・聞く**

### 言い換え 表現

**A** **相手の話をしっかりと聞けていることが** ➡ 話した内容をしっかりと聞き取れていることが／と英語で名前を伝え合えたことへの喜びが

**B** **〜にも真剣な眼差しで、相手が何を伝えようとしているのか考えながら聞く姿が素晴らしいです** ➡ 〜を聞きながら、相手の言ったことをくり返したり、反応を示したりすることができました

**C** **〜が印象的でした** ➡ 〜に成長を感じます／〜から意欲の高まりを感じます

---

| エピソード**9** | さまざまな場面でよさを発揮する子 Type**09** |
|---|---|
| あいさつの場面や教室の中、その他の日常生活の中で、学んだ英語表現を自然に使っていた。 | ● **POINT**<br>ちょっとした場面で英語を気軽に使ってみようとする英語への慣れや親しみを見取り、英語に対する関心や向上心の高まりを評価します。 |

**文例①** 「あいさつをしよう」の学習では、先生や友だちに "Hello." や "See you." などのあいさつを自分から進んで言うことができました。登下校時や廊下ですれ違う際に、**英語で笑顔であいさつする姿が微笑ましいです**。[A]
観点〉**3・話す**

**文例②** 数の英語に慣れたのか、何か数をかぞえるとときに "One, two ..." と英語でかぞえている姿をよく見かけるようになりました。学習したことをすぐに**実践している姿に感心します**。[B] 観点〉**3・話す**

**文例❸** 給食の時間に英語の学習で学んだ「好きな食べ物」を思い出し、給食に入っている野菜や果物の名前を英語でつぶやいていました。好きなものと嫌いな物でリアクションが違い、**わかりやすく表現していました。**<sup>c</sup>

**観点❸・話す**

**言い換え 表現**

**A ～が微笑ましいです** ➡ ～に英語への慣れや親しみを感じます／～から、学習したことが身についていることが見受けられます

**B 実践している姿に感心します** ➡ 日常で活用しようとする姿勢が立派です／生かそうとしていることが素晴らしいです

**C わかりやすく表現していました** ➡ 微笑ましかったです／英語の音を楽しみながら言う姿に、英語への関心の高まりを感じました

---

**エピソード❿** 人望がある子 **Type 10**

みんなの前での発表に進んでチャレンジし、堂々と英語で伝えることができていた。

**● POINT**
真面目に一つひとつのことに取り組み、みんなのお手本になろうと自分なりの工夫をしているところを認め、評価します。失敗は成功のもと。間違えても挫けない強さなどについても見取るとよいでしょう。

---

**文例❶** 「自己紹介をしよう」の学習では、"My name is ～ . I like ～ ." の英語表現を使い、みんなの前で**堂々と**<sup>A</sup>自己紹介をする姿が立派でした。意欲的に取り組む姿は、みんなのよいお手本となっています。

**観点❷・発表**

**文例❷** やり取りの例をみんなの前で発表する際、進んで手を挙げ、挑戦することができました。発表の前に発音の確認をしたことで緊張も解け、しっかりと発表することができました。その姿にみんなが拍手喝采。**恥ずかしそうにしている笑顔に、まわりに認められた安堵感が漂っていました。**<sup>B</sup> **観点❷・発表**

**文例❸** 英語には少し苦手意識がありますが、くり返し練習し発表に挑戦しようとする姿に、まわりからも暖かい眼差しが集まります。**発表の前に**

は友だちからのアドバイスを受け、ところどころ詰まり気味ではありましたが、**最後まで伝える**ことができました。[観点]**3・話す**

---

[言い換え][表現]

**A** **堂々と** ➡ すらすらと／はっきりと／落ち着いて

**B** **恥ずかしそうにしている笑顔に、まわりに認められた安堵感が漂っていました** ➡ まわりの友だちも「やってみたい」と思えるきっかけになりました

**C** **発表の前には友だちからのアドバイスを受け** ➡ 友だちからのあたたかい大きな拍手を受け

**D** **最後まで伝える** ➡ 笑顔で発表する

---

| エピソード⑪ | 特別な支援で力を発揮できる子 | Type 11 |
| --- | --- | --- |

| 最初はどのように取り組んだらよいかわからなかったが、先生のお手本や友だちのアドバイスで見通しをもち、取り組むことができた。 | ● **POINT**<br>まわりからのサポートを受けることで、対象の子どもがどのようなことに取り組めるようになったのか、どんなよさが引き出されたのかを見取り、評価します。 |
| --- | --- |

[文例①]　友だちと英語であいさつをする際に、先生のあとに続いてくり返し、"My name is ~ ." の英語表現を使って自分の名前を伝えることができました。相手に伝わった経験を何度も積むことで、**自信をもって取り組めるようになりました**。[観点]**2・話す**

[文例②]　日本語とは違う果物の英語に、最初は戸惑いの表情が見えました。提示された絵カードとくり返し発音された英語が一緒だということに次第に慣れ、フルーツバスケットに**楽しみながら参加する**ことができるようになりました。[観点]**1・聞く**

[文例③]　「いくつ？」の学習で、数字の英語について悩んでいたとき、友だちから「1からかぞえてごらん」とアドバイスを聞き、先生に聞かれた数字を答えることができました。10までの数を**すらすら**言えるように練習を頑張っています。[観点]**1・話す**

**言い換え 表現**

**A** **自信をもって取り組めるようになりました** ➡ 自分から英語で話してみたいという気持ちの高まりを感じました

**B** **楽しみながら参加する** ➡ 笑顔で取り組む／進んで参加する

**C** **すらすら** ➡ 間違えずに／正しく／正確に

---

**エピソード 12**　　　　　　　　　　　　　　　所見を書きにくい子　Type **12**

先生や友だちに好きなものを英語で質問された際に、ジェスチャーや指さしなどで自分の思いを相手に伝えていた。

● **POINT**
英語に対する自信が低く、なかなか自主的に英語を使った活動に取り組もうとしない、頑張りが表に現れにくい子どもが、少しでも自分の考えをもったり、やり取りをしたりした場面を認め、評価するようにします。

---

**文例 ①**　"Do you like 〜 ?"と、好きな果物や色について聞かれた際に、首を振るなどの身振り手振りで自分の思いを表現することができました。質問された内容を理解できているので、**次は英語で答えることにチャレンジです。**[A] **観点 1・聞く**

**文例 ②**　自分の好きなものについて、頭ではイメージできていても英語表現が思い出せないときに、絵カードを指差したり、ジェスチャーを使って相手に何とか伝えようとしている姿に**成長を感じます。**[B] **観点 2・話す**

**文例 ③**　質問された英語の意味がはっきりわからなくても、絵カードや相手の表情などから意味を考え、"Yes／No"で自分の好きなものを相手に伝えることができました。**自分の力で解決しようとする力が育ってきています。**[C] **観点 3・話す**

---

**言い換え 表現**

**A** **次は英語で答えることにチャレンジです** ➡ 次は自分から質問できると自信につながります／学習したことが身につき始めています

**B** **〜に成長を感じます** ➡ 〜から、今後のさらなる成長が期待できます

**C** **自分の力で解決しようとする力が育ってきています** ➡ 思いを伝えようとする意欲を感じます／相手のことを考えようとする気持ちが育っています

---

**観点 1** …知識・理解／**観点 2** …思考・判断・表現／**観点 3** …主体的に学習に取り組む態度

# その他

子どもの努力を見逃さずに、さらなる成長につなげよう

## エピソード❶ ノート　　　　　　　　こつこつ頑張る子　Type 01

黒板の板書のとおりに、最後まで丁寧な文字でノートを取ることができた。

**● POINT**
ノートを取る力は、学習の重要なポイントです。着実な努力を認め、継続する意欲を促します。

**文例❶**　板書と同じようにノートに書き写すことができ、**落ち着いて**[A]勉強している様子がわかります。ノートのます目からはみ出すことなく書かれた文字から、○○さんの丁寧な取り組みが伝わります。**観点❶**

**文例❷**　「一ます分あけますよ」という短い指示**をきちんと聞いて**[B]、その通りにノートに書くことができました。しっかりとした丁寧な文字で整理されたノートから、学習への高い意欲が感じられます。**観点❶**

---

**言い換え 表現**

**A** 落ち着いて ➡ 平静に／真面目に

**B** 〜をきちんと聞いて ➡ 〜に注意を払って／〜にすぐに反応して

## エピソード❷ 課題　　　　　　　　こつこつ頑張る子　Type 01

与えられた課題だけでなく、自分にできることを見つけて取り組むことで、理解を確かなものにした。

**● POINT**
自分なりの学習スタイルを確立することは、これから必ず役に立ちます。そのことをはっきりと伝えることで、より主体的な学習姿勢の定着を期待できます。

**文例❶**　漢字の学習では与えられた課題だけでなく、ノートの空いたスペースを使って練習をくり返したり、漢字を使った言葉を見つけて書いたりする、向上心が感じられました。[A]**観点❷**

**文例❷**　漢字をくり返し練習するだけでなく、その漢字を使った短文づくりを取り入れるなど、自分なりの学習スタイルを確立し、理解を確かなも

のにすることができました。○年生で培った学習方法は、今後必ず○○さんの力となります。[B] 観点 2

文例 ③　疑問に思った部分をノートに書き留めておき、自ら調べて疑問を解決することで、**理解を確かなものにする**[C]ことができました。 観点 2

言い換え 表現

**A** **向上心が感じられました** ➡ 成長の跡を残しました

**B** **○○さんの力となります** ➡ ○○さんの成長につながります／○○さんの長所になります

**C** **理解を確かなものにする** ➡ 確実に学習内容を身につける／経験として自分のものにする

国語
算数
生活
音楽
図画工作
体育
道徳
外国語活動
その他

エピソード ③　グループ活動　　　　クラスをまとめる子　Type 06

グループ学習で、遅れて歩いている友だちに気づき、待っていてあげた。グループ活動がよりよいものとなった。

**● Point**
友だちを待ってあげる行為が、友だちを大切にするということなのだと伝えます。その子の協調性ややさしさを明確にし、評価します。

文例 ①　グループでの調べ学習では、学習のペースが掴めず困っている友だちがいると、資料を見せてあげて、その子が終わるまでじっと待ってあげていました。自分のことだけでなく、**まわりの友だちも大切にできる**[A]姿が素晴らしいです。 観点 2

文例 ②　生活「町探検」では、遅れて歩いている友だちがいると、「もっとゆっくり歩こう」とグループの友だちに**提案していました**。[B]○○さんのまわりの友だちを思いやるやさしさのおかげで、活動が充実したものとなりました。 観点 2

言い換え 表現

**A** **まわりの友だちも大切にできる** ➡ 友だちのペースにも注意を払って取り組む

**B** **提案していました** ➡ 意見を出しました／声をかけていました

観点 1 …知識・理解／観点 2 …思考・判断・表現／観点 3 …主体的に学習に取り組む態度　　105

**エピソード❹ 学活**　　　　　　　　　　積極的に自己表現できる子　Type 07

うたったり、プレゼンテーションをしたり、劇化をするときに自然に自分を表現できる。

● **Point**

みんなで一緒にうたったり、自己紹介をしたりするときに、大きな声で身ぶり手ぶりを入れながら自分を表現できるところを評価して伝えます。

**文例❶**　クラスで歌をうたうとき、大きな声で表情豊かに歌をうたい、クラスのみんなの手本となっています。授業で紹介した曲をすぐに覚えたり、好きな歌をうたったり、**臆することなく明るく元気に**^A自分を表現することができます。**観点❷**

**文例❷**　○○の授業では、人物の気持ちをイメージしやすくするために劇化を取り入れていますが、毎回立候補し、役になりきって授業を盛り上げています。**自分をありのままに表現できる**^Bのは、○○さんの天性の**持ち味**^Cです。**観点❷**

**言い換え　表現**

**A　臆することなく明るく元気に** ➡ クラスの雰囲気を盛り上げながら
**B　自分をありのままに表現できる** ➡ 積極的に自己表現できる
**C　持ち味** ➡ よさ

**エピソード❺ 学級会**　　　　　　　　　　積極的に自己表現できる子　Type 07

学級会でクラス目標について話し合ったときには、目標の言葉を考えるだけでなく、理由も話しながら発表することができた。

● **Point**

自分の考えをもっているだけでなく、みんなの前で積極的に意見を発表できることを評価します。

**文例❶**　「みんなが一緒に遊ぶことができるクラスは、どんどん仲よしになるからです」と自分の考えとその理由を話すことができ、どんなクラスにしたいかを**自分でイメージして考える**^Aことができていることがわかります。

**文例 ②**　学級会でクラス目標について話し合いました。「みんなで協力できるクラス」という意見を発表し、「みんなで力を合わせられると、楽しくて強いクラスになれると思うからです」と話していました。**自分の意見の理由も発表する**ことができます。

---

**言い換え 表現**

**A 自分でイメージして考える** ➡ 具体的に想像する／明確に示す
**B 自分の意見の理由も発表する** ➡ 自分の考えの根拠も伝える

---

**エピソード ❻ グループ活動**　　　　　　　　人望がある子　Type 10

全員の意見を聞きながら、計画をまとめることができた。

**● POINT**
落ち着いた態度で計画を立てたり、グループの話し合いをまとめたりすることができるリーダー性を評価します。

---

**文例 ①**　グループ活動では、**次の作業のことを考えながら**計画を立てたり話し合いを進めたりすることができるので、みんなが安心して手順よく作業を進めることができます。**観点 2**

**文例 ②**　○○の活動ではグループのリーダーとして、話し合いをまとめたり、計画を立てたりすることができました。メンバー全員からの意見を聞きながらスムーズに作業を進めることができるので、**友だちからの信頼も厚いです**。**観点 2**

---

**言い換え 表現**

**A 次の作業のことを考えながら**
➡ 先を見通して／予定を確認しながら／見通しをもって
**B 友だちからの信頼も厚いです**
➡ 友だちから頼りにされています／友だちからの人望があります

---

**観点 1** …知識・理解／**観点 2** …思考・判断・表現／**観点 3** …主体的に学習に取り組む態度　　107

「ここまでは終わらせよう」と、その子なりのゴールを決めたことで、無理なく課題を進めることができ、取り組む姿勢が改善した。

● **POINT**
学習において成長した部分を知らせます。子どもの変容からどのような力が身についてきたのかを担任の言葉で伝えると、保護者も喜びます。

**文例 ❶**　課題に取りかかるまでに時間がかかっても、**自分で決めたゴールまできちんと終わらせる**<sub>A</sub>ことができるようになりました。

**文例 ❷**　宿題への取り組み方や授業中のノートの取り方が、以前と比べて明らかに進むようになりました。自分を変えていこうとする**自立心が育ってきた**<sub>B</sub>ことがわかります。

**文例 ❸**　宿題やノートには、丁寧に文字が書かれています。ゆっくりですが、**意欲的に学習に取り組む姿勢が身についたことがわかります**<sub>C</sub>。

**観点 1**

**文例 ❹**　「ここまでは終わらせよう」という自分なりの目標を設定することで、課題にも積極的に取り組めるようになり、**学習に対する前向きな姿勢が身についてきています**<sub>D</sub>。

**言い換え 表現**

**A 自分で決めたゴールまできちんと終わらせる** ➡ どんなときでも諦めずに最後までやり遂げる／一度取り組み始めたら、終わるまでしっかりと課題を進める／やるべきことがわかれば、最後まで集中して取り組む／できることから確実に進める

**B 自立心が育ってきた** ➡ 意識が芽生えてきた／内面の成長が見られた／向上心が高まってきている

**C 意欲的に学習に取り組む姿勢が身についたことがわかります** ➡ 途中で投げ出さない強い気持ちが育まれています／学習にしっかりと向き合えるようになっています

**D 学習に対する前向きな姿勢が身についてきています** ➡ 自分から学ぼうとする意欲を感じます／進んで学習に向かう様子が見られるようになってきています

**エピソード 8 全般**　　　　　　　**特別な支援で力を発揮できる子** Type 11

授業中、離席が少なくなり、取り組もうとする意欲が感じられるようになった。

● **POINT**

「板書したことをノートに写すようになった」「みんなと一緒に鍵盤ハーモニカを演奏するようになった」など、意欲的な姿勢が見られるようになったことを具体的に記述します。

**文例 ①**　授業中の態度に落ち着きが見られ、いつも正しい姿勢で**話を聞くことができています**。自分が知っていることは進んで発表し、**確かめようとする意欲**もあります。 **観点 2**

**文例 ②**　音楽の鍵盤ハーモニカの練習では、友だちの指使いを見ながら、**自ら進んで練習していました**。自分から学ぼうとする意欲の高まりを感じます。 **観点 2**

**文例 ③**　授業中、問題の意味が難しくても**自分の気持ちを抑え**、友だちとともに乗り越えていました。一つひとつ考えながら、答えを導き出せるようになりました。 **観点 2**

**言い換え 表現**

**A** **話を聞くことができています** ➡ 授業に参加できています／板書を書き写すことができています

**B** **確かめようとする意欲** ➡ 確認、理解を深めようとする向上心

**C** **自ら進んで練習していました** ➡ 積極的に授業に参加していました／技術の向上に努めました

**D** **自分の気持ちを抑え** ➡ 自分の気持ちを落ち着かせ／深呼吸して

**観点 1** …知識・理解／**観点 2** …思考・判断・表現／**観点 3** …主体的に学習に取り組む態度

| エピソード ❾ 宿題 | 所見を書きにくい子 | Type 12 |

これまでは宿題をなかなか提出できなかったが、空き時間を利用して自分の力で、すべてを終えることができた。

**● POINT**

宿題を終わらせたことや進んで取り組んだことを評価し、本人の達成感となるようにします。「引き続き指導していきます」と書くことで、一緒に頑張ろうというメッセージが伝わるようにします。

**文例 ❶** 　朝の時間や休み時間を使って宿題に取り組み、提出することができました。終わらせようと**粘り強く取り組む姿勢**<sup>A</sup>が立派でした。毎朝提出できるようになるよう、励ましていきます。

**文例 ❷** 　宿題への取り組み方が前向きになり、「残りはどこを終わらせればいいですか？」と確認しながら、空き時間を使って終わらせることができるようになってきました。立派な努力を、今度は提出する**習慣に結びつけられるよう指導していきます**<sup>B</sup>。

**文例 ❸** 　宿題を提出するために、休み時間も宿題に取り組む姿が見られました。「できました」と言って宿題を持って来た○○くんは、**一人でやり遂げた喜びを感じているようでした**<sup>C</sup>。○学期も進んで取り組めるように指導していきます。

**言い換え 表現**

**A 粘り強く取り組む姿勢** ➡ 努力に努力を重ねる姿勢／最後まで取り組むここ一番の集中力

**B 習慣に結びつけられるよう指導していきます** ➡ 習慣となるまでくり返し声をかけていきます

**C 一人でやり遂げた喜びを感じているようでした** ➡ 自分だけで成し遂げたことに満足そうでした／自分の力でできたことで自信をつけたようでした

## エピソード ⑩ テスト　　　　　　　所見を書きにくい子　Type 12

テストの点数ばかりを気にしたり、周囲と比較したりして、成績への劣等感を感じている。

● POINT

テストや通知表では測れないような、小さな頑張りを認めます。けっして今の自分の力は劣っていないということを伝え、自信をもたせます。

**文例 ①**　算数の計算テストで高得点を目指し、自分なりの目標をたてました。わからない問題があると、友だちに教えてもらったり、担任にたずねにきたりと目標に向かって努力する姿が立派でした。結果だけでなく、**努力の過程を認めて**、[A] ○○くんの**やる気につなげていこう**[B]と考えています。**観点 2**

**文例 ②**　漢字のテストでは、とめ、はね、はらいに注意して、バランスのとれた丁寧な文字を書くことができました。点数だけでは測れない、○○さんの**頑張りを認めていきたい**[C]と思っています。**観点 1**

**文例 ③**　算数に興味をもち、計算問題が得意な○○くん。休み時間やご家庭で、毎日計算ドリルに取り組んだおかげで、以前より正確な計算ができるようになりました。テストの点数ではなく、○○くんの**継続して取り組む**[D]姿が立派です。**観点 1**

### 言い換え 表現

**A 努力の過程を認めて** ➡ 積み重ねの大切さを伝え／努力する課程での学びに気づけるように指導し／まわりの人が頑張りをしっかり見ていることを伝え

**B やる気につなげていこう** ➡ モチベーションを高めていこう／さらなる成長に期待したい

**C 〜の頑張りを認めていきたい** ➡ 〜を応援していきたい／〜を見守っていきたい／〜のひたむきさをこれからも大切にしてほしい／〜の努力をしっかり評価したい

**D 継続して取り組む** ➡ こつこつと勉強する／目標に向かってひたむきに勉強する

**観点 1** …知識・理解／**観点 2** …思考・判断・表現／**観点 3** …主体的に学習に取り組む態度　**111**

 # 生 活 に関する所見文例

## Type 01 こつこつ頑張る子
自分の目標に向かって、努力することが得意！

### エピソード ❶ 給食　掃除

> 決められている当番や係の仕事以外の仕事を自ら見つけ、細かいところに目を向けて行動することができた。

**● POINT**
仕事を探し、行動に移すことができるのは、まわりに目が向き、人のために地道に頑張ることができる子ならではの特長です。視野が広がってきていることを保護者に伝えます。

**文例 ❶**　自分の担当の仕事が終わると、友だちの仕事をさりげなく手伝っていました。班の一員として自分でできることは何かと考えて、**細かいところにも目を向けて行動することができました**。[A]

**文例 ❷**　給食の準備が始まると毎日のように、ワゴンを率先して取りに行き、すぐに準備を始めます。自分だけでなく**まわりの友だちも巻き込みながら**[B]準備を進め、クラスのみんなが早く給食を食べることができるようにしてくれました。

### 言い換え 表現

**A** **細かいところにも目を向けて行動することができました** ➡ 行動に移すことができるようになったのは立派です

**B** **まわりの友だちも巻き込みながら** ➡ 友だちに声をかけて一緒に

### エピソード ❷ 休み時間

> 自分のめあてに向かって、毎日努力することができた。

**● POINT**
学習だけでなく、休み時間の過ごし方にも個性が表れます。決められた時間やルールの中で、自分なりの楽しみ方を見つけ出すことができる子どもの姿を伝えると保護者にも嬉しい所見になります。

**文例 ❶**　休み時間は、遊ぶだけでなく、次の学習の準備をしたり、トイレ

に行ったりと、優先順位を考え、行動しています。**基本的な生活習慣**<sup>A</sup>が身についていることがよく伝わってきます。

**文例②** なわとび月間では、毎日チャイムが鳴るやいなや、元気に外へ出かけました。自分の目指している級に合格できるように、学校でも空いている時間を見つけ、**黙々と努力する**<sup>B</sup>ことを怠りませんでした。

**文例③** 休み時間になると、なわとびと検定カードを持って校庭へ駆け出しています。一つひとつの技を何度も練習し、どんどん検定に合格していきました。中級カードをすべて合格し、**努力したことによる達成感を味わう**<sup>C</sup>ことができました。

---

**言い換え 表現**

**A** **基本的な生活習慣** ➡ ルールを守る習慣／決まりを守る習慣／よいマナー

**B** **黙々と努力する** ➡ 一生懸命に取り組む／継続して取り組む

**C** **努力したことによる達成感を味わう** ➡ 努力の成果を感じる

---

**エピソード③ 掃除**

| 強い風が吹き込んで雨でぬれた廊下を、誰から言われたわけでもなく、手際よく拭いた。 | **● POINT** 見過ごしがちなことにも目をとめ、自ら行動する習慣を評価します。その一つの行動が、クラスの中へ広がっていくことを期待します。 |
| --- | --- |

**文例①** 気づいたことを人ごとにせず、自分が動いてよくしていこうとする誠実さは、真面目にやることの大切さを、クラスのみんなに**示してくれています**<sup>A</sup>。

**文例②** 誰も見ていなくても、自分がやるべきことは進んでやるという、自立した態度が身についています。**自然と行動に移す**<sup>B</sup>ことの大切さをクラスに示してくれています。

---

**言い換え 表現**

**A** **〜に示してくれています** ➡ 〜に手本を見せてくれています

**B** **自然と行動に移す** ➡ 自分から進んで行動する

生活

Type
**01**

こつこつ頑張る子

## エピソード ❹ 放課後

放課後、ゴミ箱にゴミが残っていないかを毎日確認して、捨てに行った。

**● POINT**
係や当番でなくても、自分ができることを探し、言われなくても取り組もうとする姿勢を評価します。誰にほめられなくても、続けている誠実さを伝えます。

**文例 ❶** 帰りのあいさつのあと、決まってゴミ箱の中身を確認して、ゴミを捨てに行きました。大きな容器を二つ抱えて歩く後ろ姿に**大きな成長を感じます**。
A

**文例 ❷** 係や当番でなくても、自分がやると決めたことを、毎日欠かさず続けられることは、自分の力を人のために使いたいと願う、**やさしい心の表れです**。
B

---

**言い換え 表現**

**A** ～に大きな成長を感じます ➡ ～が頼もしく感じます

**B** やさしい心の表れです ➡ 誠実さが表われています

---

## エピソード ❺ あいさつ

校内で、いつでも誰にでも気持ちのよいあいさつをすることができ、まわりの模範となった。

**● POINT**
あいさつの重要なポイントである「自分から進んで、目を見て、はっきりと言うこと」がしっかりできていることを評価し、基本的なことを確実に行うよさを伝えます。

**文例 ❶** いつも、相手の目を見てハキハキとあいさつをしています。先生や友だちに対してはもちろん、来校者の方にも気持ちのよいあいさつができるので、**あいさつの輪が広がり**、まわりの雰囲気をいつも明るくしてくれます。
A

**文例 ❷** 毎朝あいさつを欠かしません。あいさつ月間が終わっても、変わらず元気な明るいあいさつで、学校に活気を与えてくれています。**みんなのお手本となり**、学校に元気なあいさつがあふれるようになりました。
B

言い換え表現

**A あいさつの輪が広がり** ➡ みんながあいさつをするようになり／元気なあいさつがあふれ

**B みんなのお手本となり** ➡ みんなが〇〇くんのまねをして／まわりの子どもたちも見習って

---

## エピソード ❻ 手伝い

休み時間や放課後など、掲示物や配布物がないか確認しにきては、進んで手伝っていた。

● **POINT**
係の仕事以外に自分にできることがないか考えて、進んで取り組む姿勢を伝えられるようにする。

Type **01** こつこつ頑張る子 生活

**文例 ❶** 休み時間になると「先生、お手伝いできることは何かありませんか」と確認しにきます。ノート配りや掲示物などをお願いすると「はい」と気持ちのいい返事で答え、**一生懸命手伝ってくれました**[A]。与えられた仕事だけでなく、自分にできることを進んでやろうという姿勢が身についています。

**文例 ❷** 放課後、下校する前に教室の机を揃えてくれます。「朝、みんなが来たときに気持ちいいと思うから」と、みんなのために**こつこつと**[B]整理整頓を行うことができました。どんなに些細なことでもお手伝いしようとするやさしさを感じることができました。

**文例 ❸** 休み時間には、音読カードや宿題プリントを配る作業を進んで手伝いました。「みんなに渡さないと困ってしまうもん」と、**まわりに気を配りながら**[C]お手伝いをする姿勢が育っています。

---

言い換え表現

**A 一生懸命手伝ってくれました** ➡ クラス全体にお手伝いの輪が広がってきました

**B こつこつと** ➡ 根気強く／最後まで粘り強く／少しずつでも確実に／細かいところまで

**C まわりに気を配りながら** ➡ まわりの動きをよく見ながら／視野を広くもちながら

# 一芸に秀でた子

こだわりが強く、自分の得意分野はとことん極めます！

## エピソード ❶ 給食

給食調理員さんに感謝の気持ちをもって、残さいを少なくするために毎日欠かさず給食をおかわりしていた。

● POINT

給食の残さいを少なくすることで、毎日給食を準備してくださっている調理員さんに、少しでも感謝の気持ちを伝えようとしている子どもの心の動きを保護者に伝えます。

**文例 ❶**　自分の器に盛られた給食を残したことがないのはもちろんですが、毎日欠かさずおかわりをして少しでも残さいを少なくしようとしています。残さいを少なくすることで調理員さんに**感謝の気持ちを伝えようとしている**ことがわかります。
<sup>A</sup>

**文例 ❷**　毎日率先して給食のおかわりをしています。給食の片づけのあとには、食缶を見て、その日の残さいの量をチェックしています。みんなの片づけ方がよくないと、帰りの会で「気をつけてください」と**注意している**こともあります。これらの行動から、調理員さんに感謝の気持ちを伝えようとしてることがわかります。
<sup>B</sup>

### 言い換え 表現

**A** 感謝の気持ちを伝えようとしている ➡ 感謝の気持ちをもっている
**B** 注意している ➡ 呼びかけている／気を配っている

## エピソード ❷ 給食

大きな食缶のご飯を、クラス全員分の分量を考えて配膳したり、あとのことを考え、前もって配ぜん台の上を整頓したりしていた。

● POINT

適量を配膳することができるように、やり方を工夫したことを評価します。小さな工夫が、大勢の仲間で共有され、全員の成長につながっていることを伝えます。

**文例①** ご飯の配ぜんで、終わりの人の分が少なくならないように、最初から大まかに分けておく案を思いつきました。給食当番の友だちから「その方法、便利！」と評価され、学級のやり方に取り入れられて**誇らしげでした**。<sup>A</sup>

**文例②** 給食の片づけが素早く終わるように、皿の向きを直したり、使わない食缶を片づけたりしました。**少し先のことを見越して行動に移す**<sup>B</sup>ことができ、友だちから信頼されています。

---

**言い換え 表現**

**A 誇らしげでした** ⇒ 満足そうに微笑んでいました

**B 少し先のことを見越して行動に移す** ⇒ 自分なりに考えて準備する

---

**エピソード③ 給食**

配膳のときの盛り方やしゃもじの使い方などが上手である。

● **POINT**
日頃から家庭で手伝っていることが、学校の生活に生かされていることを伝えます。どのような配膳を行っていたのか、より具体的に示すとよいでしょう。

**文例①** 給食当番時の配膳がとても上手です。ご飯のときは、しゃもじを水につけたり、ご飯とおかずの位置を考えてお皿を置いたりと、工夫して当番活動を行うことができます。**いつもご家庭でお手伝いをしている様子がうかがえます**。<sup>A</sup>

**文例②** 給食当番では、ご飯やおかずの盛りつけがとても上手です。しゃもじを水につけておいたり、煮物が崩れないようによそったりする手つきがよく、日頃からご家庭でお手伝いをしていることが**よくわかります**。<sup>B</sup>

---

**言い換え 表現**

**A いつもご家庭でお手伝いをしている様子がうかがえます** ⇒ ご家庭でのお手伝いから、配膳の仕方や食事のマナーが自然と身についていることを感じます

**B よくわかります** ⇒ 見て取れます

生活

Type **02**

一芸に秀でた子

117

## エピソード ❹ 休み時間

短なわとびが得意で、休み時間になると校庭に出て黙々と練習している。

**● POINT**

自分の技を高めるだけではなく、友だちの依頼に応じて跳び方を教えたり、回数をかぞえてあげたりしている姿を伝え、学校全体の短なわとびのレベルアップに貢献していることを評価します。

**文例 ❶** 　短なわとび月間が始まり、なわとびカードが配布されるとすぐに検定に挑戦し、**どんどん進めています**<sup>A</sup>。ひたむきに難しい技に取り組む姿は素晴らしいです。まわりの友だちも触発されて練習するので、全体のレベルアップにつながっています。

**文例 ❷** 　短なわとびの技はほとんどマスターし、**みんなのお手本となっています**<sup>B</sup>。休み時間には、いち早く校庭に出て友だちに技を教えたり、跳んだ回数をかぞえてあげたりと、いつも練習の輪の中心となり活躍しています。

#### 言い換え 表現

**A** どんどん進めています ➡ 意欲的に進めています

**B** みんなのお手本となっています ➡ 「なわとび先生」と呼ばれています

## エピソード ❺ 休み時間

休み時間には、得意なピアノでみんなが知っている曲を弾いた。クラスの仲間も集まって、一緒にうたっていた。

**● POINT**

自分の楽しみだけでなく、みんなを喜ばせたいと願う気持ちを評価します。自分の得意なことが、クラスのみんなに広がっていく喜びを感じていることを伝えます。

**文例 ❶** 　休み時間になると、教室のオルガンで、みんながうたえる曲を次々と演奏しています。オルガンのまわりには、たくさんの仲間が集まってきて、みんなの元気な**歌声が響いています**<sup>A</sup>。

**文例 ❷** 　クラスのみんなが一緒になってうたえる曲を、歌集の中から選び、いつも練習しています。「次は、これ弾いて！」と友だちのリクエストに**笑顔で応えています**<sup>B</sup>。

**言い換え 表現**

**A 歌声が響いています** ➡ 歌声で教室が明るくなります

**B 笑顔で応えています** ➡ 「いいよ！」と笑顔で弾いてくれます

---

**エピソード ❻ 休み時間**

時間をたっぷり使い、飛行機や恐竜の絵を描くことができた。イメージの世界で終わることなく、図書室の図鑑も最大限に活用することができた。

● **POINT**

自分の興味分野においては、努力を怠りません。例えば、図書室で図鑑を確認し、興味のあることを研究する。このこだわりや思いの強さをプラスに評価します。

**文例 ❶** 図書室にある恐竜の生態について書かれている本を入学当初からずっと欠かさずチェックをし、本から得た知識を友だちに進んで伝えることができます。「○○さんは、**恐竜博士だね**<sup>A</sup>！　すごいな！」と友だちからも驚かれる存在です。

**文例 ❷** 休み時間は、自由帳を片手に、友だちと楽しく笑顔で過ごしています。その中には、飛行機の全体像、前面、側面の絵がぎっしりと描かれており、○○さんの**研究熱心さを感じます**<sup>B</sup>。航空会社ごとの違いについても知っているほどの物知りです。

**言い換え 表現**

**A 恐竜博士だね** ➡ 恐竜についてよく知ってるね

**B 研究熱心さを感じます** ➡ 打ち込む姿に関心します

---

**エピソード ❼ 掃除**

掃除がうまく、ほこりを残さず取った。休み時間にも進んで掃除をしていた。

● **POINT**

進んで教室の隅まできれいにすることで、みんなが気持ちよく過ごせていることを伝えます。子どもの細かい気配りを知らせ、保護者の方にも嬉しい所見にします。

**文例 ❶** 　教室の隅から棚の奥まで、**心をこめてきれいに**[A]掃除をしています。休み時間にまで掃除をすることもあり、教室にいつも清々しい空気が流れています。

**文例 ❷** 　休み時間にも率先して掃除をしました。きれいになった床を見て、「気持ちがいい」と友だちも嬉しそうな表情を見せていました。みんなのために**主体的に取り組む姿勢**[B]が、素晴らしいです。

**言い換え 表現**

**A** **心をこめてきれいに** ➡ 丁寧に／念入りに
**B** **主体的に取り組む姿勢** ➡ 自分から動く姿勢

---

**エピソード ❽ 手伝い**

係などの仕事ではなくても、周囲の様子を見て、自分にできることを考え、友だちや担任の手伝いを進んで行っていた。

**● POINT**
自分のことだけでなく、周囲の様子や相手のことを考えて行動できる積極性ややさしさを伝えられるようにする。

**文例 ❶** 　「先生、お手伝いできることはないですか」といつも聞きに来てくれました。お手伝いを頼むと、いつも**気持ちのよい笑顔で**[A]、喜んでやってくれます。

**文例 ❷** 　いつもまわりのことに目を配り、周囲のために一生懸命行動することができます。担任が手伝ってほしいことがあるときには、**自分から声をかけ**[B]、**気持ちよく手伝ってくれます**[C]。

**言い換え 表現**

**A** **気持ちのよい笑顔で** ➡ 楽しげに
**B** **自分から声をかけ** ➡ すぐに話しかけ／率先して
**C** **気持ちよく手伝ってくれます** ➡ 気さくに助けてくれます／にこやかに手伝ってくれます

## Type 03 知識が豊富な子
知識が豊富！ アイデアマン！

### エピソード① 朝の会

朝の会のスピーチで、自分の知識を生かし、得意なことを紹介することができた。

● POINT
子どもが得意なことを発揮する場面は、授業中とはかぎりません。朝の会や帰りの会など、ちょっとした時間でも子どものよさを見つけることができるので、日々記録を残しておきます。

**文例①** 朝の会のスピーチでは、電車や車など自分の**得意分野の知識を十分に生かして**発表することができました。興味をもったことに対して、さらに自信がもてるよう励ましていきたいと考えています。

**文例②** 「得意なことを紹介しよう」のスピーチでは、大好きな昆虫について写真や資料を上手に使って、わかりやすく発表することができました。友だちからの質問にも的確に答え、クラスのみんなから**賞賛の声があがりました**。

### 言い換え 表現

**A** 得意分野の知識を十分に生かして ➡ 知っていることをわかりやすく
**B** 賞賛の声があがりました ➡ 高く評価されました

### エピソード② 休み時間

好奇心旺盛で、休み時間には多くのことに興味をもつことができた。

● POINT
知的欲求がさかんでものおじしない姿勢を評価するとよいでしょう。一定の友だちにこだわらず多くの友だちと交流していることを書くと、保護者にも嬉しい所見になります。

**文例①** 休み時間になると、誰にでも**気軽に話しかけ**、いろいろな友だちと仲よく遊ぶことができます。クラスの友だちにとって、一緒にいてとても楽しい存在となっています。

**文例 ②**　○○さんは、休み時間も本や図鑑を手にしており、**とても研究熱心です**。同じ班になった友だちからは、「いつも恐竜などの楽しい話をしてくれる」と言われています。**普段から図鑑や本をよく読み、知識を高めていること**の成果をクラス全体へと広げています。

---

**言い換え 表現**

**A** **気軽に話しかけ** ➡ 気さくに声をかけ／フレンドリーに誘い

**B** **とても研究熱心です** ➡ 学ぶことの楽しさを味わっています

**C** **普段から図鑑や本をよく読み、知識を高めていること** ➡ 日頃から幅広く物事を学んでいること

---

**エピソード ③ 休み時間**

| 教室の金魚の様子が変わったことに気づき、図書室へ行って金魚の飼い方について調べた。 | ● **POINT**<br>不思議に思ったことを積極的に調べ、みんなの前で発表するなどの行動力を評価します。 |
| --- | --- |

**文例 ①**　元気がなくなってしまった金魚を助けたいという思いから、図書室で金魚の飼い方について**調べ、覚えた知識を友だちに伝えました**。○○さんのおかげで、金魚が元気になり、金魚の飼い方について、クラス全員が知ることができました。

**文例 ②**　金魚のいつもと違う様子に気づいて、図書室に行って調べ、えさのやり方や水の替え方など、気をつけるポイントを**クラス全体に呼びかけました**。わからないことをそのままにせず、すぐに調べる行動力が知識の豊かさにつながっています。

**文例 ③**　金魚の水槽を掃除するとき、友だちに「全部新しい水に替えると金魚は死んでしまうから、水は半分だけ入れ替えするんだよ」と**本で調べた知識を伝えました**。そして、水槽が汚れる頃になると、進んで掃除をし、愛情深く育て、金魚の成長を支えました。

---

**言い換え 表現**

**A** **〜について調べ、覚えた知識を友だちに伝えました** ➡ 〜について、意欲

的に本で調べました

**B クラス全体に呼びかけました** ➡ みんなの前で発表しました

**C 本で調べた知識を伝えました** ➡ 知っている知識を生活に生かしました

---

### エピソード❹ 休み時間

休み時間、図書室でよく読書をしていた。また、本から得た知識を友だちに広めることができた。

● **POINT**

読書量が多く、知識として蓄えられていること、そしてその知識をどう生かせたか伝えます。

---

**文例❶** 休み時間には、図書室で本を読み、知識をどんどん蓄えています。楽しみながら読書を続けていることに意義があります。○○さんの知識量は、**クラスの誰にも負けません**[A]。

**文例❷** ○○さんは、休み時間も図書室に行き、動物の図鑑でよく調べものをしています。○○さんの動物クイズは同じ班の友だちに大好評です。**豊富な知識**[B]をクラス全体へと広げてくれています。

### 言い換え表現

**A クラスの誰にも負けません** ➡ まわりの友だちから一目置かれています

**B 豊富な知識** ➡ 時間をかけて蓄積された学び

---

### エピソード❺ 掃除

教室の隅に残っているゴミをくまなく取るために、自分で専用の掃除道具を作って掃除し、教室をきれいにすることができた。

● **POINT**

普通ならば諦めてしまう取れにくいゴミをどうにかして取って、教室をきれいにしようとする心情を評価します。

---

**文例❶** ストローとセロテープと紙を使って掃除道具をつくり、教室のドアのレールに溜まっているゴミをきれいに取ってくれました。教室をきれいにしようとする気持ちが**素晴らしいです**[A]。

**文例 ②**　雑巾がけだけでは取れない、床についている汚れをどうにかして落とす方法はないかと考え、クレンザーやスポンジを使ってきれいに落としてくれました。来年度教室を使うことになる○年生のために、教室をきれいにしておこうとする**心情**が立派です。

**言い換え 表現**

**A** **素晴らしいです** ➡ 素敵です／立派です

**B** **心情** ➡ 気持ち／思いやり

---

**エピソード ⑥ 掃除**

| | |
|---|---|
| 扉の下やロッカーの隙間にたまったほこりには、**細長い棒の先端に布をつけて掃除するアイデアを提案し、クラスのみんなに教えた。** | **● POINT**<br>知識が豊富であるだけでなく、生活に生かすことができることを評価します。小さなアイデアが、便利な生活に結びついていることを伝えます。 |

**文例 ①**　扉のレールが汚れていることに気づき、棒の後ろに布をつけて掃除をすることを始めました。「テレビで見たの」「よく落ちるよ」と言って、**みんなの注目を集めていました。**

**文例 ②**　細長い棒の先端に布をつけて掃除をすると、隙間の掃除も簡単にできることをクラスの仲間に教えました。ロッカーの間から大量にほこりをかき出しては、「こんなにとれた」と**大喜びしていました。**

**文例 ③**　ほうきや雑巾ではなかなか掃除できないロッカーの隙間に溜まったほこりを、細長い棒に布をつけるアイデアできれいに取り除くことができました。**身につけた知識を生活に活用する**ことができています。

**言い換え 表現**

**A** **みんなの注目を集めていました** ➡ みんなに見せていました

**B** **大喜びしていました** ➡ 満足そうな笑顔をみせていました／楽しみながら掃除をしていました

**C** **身につけた知識を生活に活用する** ➡ 学んだことを生活上の知恵に結びつける

## Type 04 発想が豊かな子
ひらめき力があり、違う視点で発想できる

### エピソード❶ 給食

自主的に残菜量調べを行い、残さず食べきった人には賞状を渡すなど、ひと工夫を加えて活動することができた。

**● POINT**

子どもが考えた自主的な活動を評価します。その活動がクラスにどのような影響を与えたのかを伝えると、子どもも保護者も嬉しくなる所見になります。

**文例❶** 給食を完食することがエコにつながることを学び、自らが中心となっておかわり調査隊を結成しました。おかわり調査を始めて、食や環境に対する関心が広がりました[A]。

**文例❷** 学級全体の完食への意識が高まるように、残さず食べきった人に賞状を渡すことを提案するなど、自分たちで楽しい給食の時間をつくり出しました[B]。

### 言い換え 表現

**A** 関心が広がりました ➡ 考え方や見方が変わりました

**B** 楽しい給食の時間をつくり出しました ➡ さまざまなアイデアを出し合いました／工夫して活動していました

### エピソード❷ 休み時間

クラスの友だちと新しいルールや新しい遊びを考え、楽しく過ごすことができた。

**● POINT**

遊びの中で、新しいルールをつくったり、いろいろなメンバーと遊んだり、友だちとの信頼関係を深めることができたことを評価します。

**文例❶** 休み時間は、いろいろな友だちと遊ぶことができます。おにごっこをしたときに、「今日は新しいルールでやってみよう」と声かけをして、進んで遊びを楽しむ[A]姿勢が身についています。明るく、前向きに友だちとかかわることができています。

**文例 ②**　休み時間は、クラス遊びを進んで行っています。遊びのルーレットを作って、毎回順番に違う遊びをすれば、みんなも満足するという**アイデアを提案する**ことができました。

**文例 ③**　手元にあった割り箸を何か**遊びにつなげることができないか**と考え、さまざまなおもちゃを休み時間に作っていました。好奇心の強さが表れています。

**文例 ④**　紙1枚からゴルフクラブを作り、新たな遊び道具を考案していました。**発想力が豊かで**、**知的好奇心が旺盛なので**、次々といろいろなアイデアを生み出すことができます。

---

**言い換え 表現**

**A** 進んで遊びを楽しむ ➡ 友だちとのかかわりを楽しむ／遊びを工夫する
**B** アイデアを提案する ➡ 自分の考えを伝える／自分の思いを伝える
**C** 遊びにつなげることができないか ➡ おもしろい遊びに使えないか
**D** 発想力が豊かで ➡ 既存のゲームのルールにとらわれることなく
**E** 知的好奇心が旺盛なので ➡ 新たなものを考えようとする力が高いので

---

**エピソード ③ 休み時間**

室内遊びが続いたとき、得意なことを生かした手づくりゲームで休み時間を楽しいものにしていた。

**● POINT**
一人で楽しむのではなく、仲間と一緒に楽しむことを提案できたことを評価します。

---

**文例 ①**　校庭が改修工事のために遊べなくなった期間、○○さんは段ボールを利用して、大勢でできる「野球ゲーム」をつくってきました。子どもたちの歓声を聞くにつけ、**前向きな発想の豊かさ**に**感心させられました**。

**文例 ②**　校庭改修工事のため室内の遊びだけになったとき、ひと言も不満をもらさず、みんなで楽しめる遊びを考え出した○○さん。発想の豊かさと前向きな姿勢は**素晴らしいです**。

**文例 ③**　雨の日には、イラストブックを持ってきて、得意なイラストを友だちに描いたり、うまく描くコツを教えてあげたりしています。「教えてもらったよ」と、たくさんの子が**嬉しそうに**自分で描いたイラストを持っ

てきます。

**文例④** 雨の日に教室で静かに過ごす遊びを話し合い、イラストブックを見ながら、イラストを練習する遊びをみんなに**提案しました**。[E]「みんなの分もあるよ」と、友だちの分も用意して、クラスの一角ににぎやかなイラストコーナーが出来あがりました。

**言い換え 表現**

**A** **前向きな発想の豊かさ** ➡ さまざまな角度から物事を考えることができる力

**B** **感心させられました** ➡ 感銘を受けました

**C** **素晴らしいです** ➡ クラスの誇りです

**D** **嬉しそうに** ➡ 満足そうに

**E** **提案しました** ➡ 呼びかけました

**エピソード④ 掃除**

どうしたら効率的に掃除ができるかを考え、みんなに意見を提案することができた。

**● POINT**
掃除の時間をより効率的なものにするために、掃除のやり方を考え、自主的にやってみようとする行動力を評価します。

**文例①** 掃除の時間、「机を運ぶときは二人一組になると、早く運べるよ」と自分のアイデアを友だちに伝えました。時計を見ながら「あと○分だよ」と時間を意識して取り組み、**教室をきれいにしていく心地よさ**[A]を味わっていました。

**文例②** 「ほうきのグループが早めに動けば、雑巾のグループもそれに続いてすぐに掃除ができるから、早く終わらせることができるよ」と班ごとの分担を考えながら、クラスみんなで**早く教室をきれいにする意識を高める**[B]ことができました。

**言い換え 表現**

**A** **教室をきれいにしていく心地よさ** ➡ 教室の整理整頓をする気持ちよさ

**B** **早く教室をきれいにする意識を高める** ➡ 力をあわせて効率的に掃除をする

127

## エピソード **5** 掃除

細い溝やひどい汚れの部分を掃除するときの方法を工夫して、清掃活動に取り組んでいた。

**● POINT**
任された仕事にただ取り組むだけでなく、汚れを落とす方法を工夫している発想の豊かさや意欲を評価します。

**文例 ①** 掃除の時間、消しゴムやスポンジなど道具を試し、ピカピカにしました。掃除の仕方を**工夫する姿はクラスのお手本になっています**。<sup>A</sup>

**文例 ②** 扉のレールにゴミが詰まって取れないとき、細い棒の先にティッシュを巻きつけた道具を工夫して作り「取れた！」と歓声をあげていました。教室の隅々まできれいにしたいという**意欲**<sup>B</sup>が伝わってきました。

### 言い換え 表現

**A 工夫する姿はクラスのお手本になっています** ➡ 工夫する姿に発想の豊かさを感じます

**B 意欲** ➡ 思い／願い／意気込み

---

## エピソード **6** あいさつ

クラスみんなの先頭に立って、元気な声と明るい笑顔であいさつをした。

**● POINT**
言われたことだけでなく、自分で活動を豊かにすることができる姿勢を評価します。

**文例 ①** 相手にも元気になってもらうために、「一緒に言ってみよう」「ハイタッチをしよう」など提案して、**明るい笑顔が学校中に広がりました**。<sup>A</sup>

**文例 ②** 少しの勇気を出して、元気にあいさつをすることで、まわりも自分も気持ちよくなることが**よくわかっています**。<sup>B</sup>みんなが元気にあいさつができるための工夫を次々と提案しました。

### 言い換え 表現

**A 明るい笑顔が学校中に広がりました** ➡ みんなを元気にしました

**B よくわかっています** ➡ 経験を通して理解しています。

128

## Type 05 まわりのために動ける子
みんなのために動きます！ 友だち思いのやさしい子！

### エピソード❶ 朝の会

朝の会で、話すことが苦手な友だちが困っていると、やさしく声をかけていた。

**POINT**
友だちの得意、不得意を受け止め、さりげなく気づかうことのできるやさしさを評価します。

**文例❶** 　朝の会で友だちが話すことが見つからずに困っていると、「待っているから、ゆっくりで大丈夫だよ」とそっと声をかけていました。相手の気持ちを考えて声をけることのできる○○さんのやさしさに、**教室が温かい雰囲気になりました**。

**文例❷** 　スピーチに緊張していた友だちが無事に終えることができたとき、「○○が楽しかったんだね、よくわかったよ」と感想を伝えていました。○○さんのさりげない**やさしさ**が光る一場面でした。

### 言い換え表現

**A** **教室が温かい雰囲気になりました** ➡ みんながやさしい気持ちになりました

**B** **やさしさ** ➡ 気づかい／あたたかさ

### エピソード❷ 掃除

自分のことを犠牲にしてでも、まわりのために清掃活動に黙々と取り組んでいた。

**POINT**
人が嫌がる仕事に率先して取り組む姿勢を評価しましょう。また、それが「学級」によい影響を与えていると伝えることで、さらに意欲的に取り組むようになります。

**文例❶** 　細かいところにもよく目が行き届き、清掃活動では、どんな小さな汚れも見逃さず、**最後まで確実に**仕事をこなします。○○くんの背中を見て、友だちもまねしようとする姿が見られるようになりました。

**文例 ②** 「自分が学校をきれいにして、みんなが気持ちよく生活できるようにしたい」という言葉通り、掃除時間は**隅々まできれいにする**<sup>B</sup>など、まわりのために自分にできることを見つけて行動できました。

**言い換え 表現**

**A** 最後まで確実に ➡ 責任感をもって

**B** 隅々まできれいにする ➡ ゴミを一つも残さない

---

**エピソード ❸ 帰りの会**

| 一日を通して、友だちの「いいところ見つけ」を進んで行い、帰りの会で発表することができた。 | ● **POINT**<br>自分の頑張りだけではなく、友だちの頑張りに目を向けることができることを評価します。友だちと喜びを共有できる姿は素晴らしいものです。 |
|---|---|

**文例 ①** 帰りの会では、一日を振り返り、「きらりん賞」として友だちの頑張りを発表しました。○○さんのおかげで**友だちのよさを認め合う**<sup>A</sup>学級になり、雰囲気が明るくなっています。

**文例 ②** 帰りの会の「今日のいいこと」では、たくさんの友だちに発表してもらえるように考えながら司会進行を行いました。みんなで一日を振り返ったことで、よい行いがたくさん見つかり、全員が、**達成感を味わう**<sup>B</sup>ことができました。

**文例 ③** 帰りの会の「今日のいいこと」では、授業中や休み時間、給食の時間など一日のさまざまな場面から友だちのよいところを見つけることができました。○○さんの発表のおかげで、クラスの「いいところ見つけ」が**活発になりました**<sup>C</sup>。

**言い換え 表現**

**A** 友だちのよさを認め合う ➡ 友だちのよさをほめ合う／クラスメイト同士がお互いに高め合う

**B** 達成感を味わう ➡ 喜びを味わう／満足感を得る／自信をつける

**C** 活発になりました ➡ 盛んになりました

## エピソード ❹ 帰りの会

荷物の処理の仕方などについて、友だちのために自分から進んで行動することができた。

**● POINT**

自分のことだけではなく、みんなのために考えて行動できたことを認め、行動で示す大切さをクラスに広げてくれたことを評価します。

**文例 ❶** 週末の帰りの会になると、みんなが取り忘れている体育着をたくさん抱えて、廊下から戻ってきます。友だちの「ありがとう」の声に、**笑顔で応えています**。

**文例 ❷** 帰りの会で、お休みの友だちの給食着が残っていると、「ぼく、一緒に洗ってきます」と言って洗濯を引き受けてくれます。友だちのために進んで行動しようとする**姿勢が立派です**。

### 言い換え 表現

**A** **笑顔で応えています** ⇒ にっこりとほほ笑んでいます

**B** **姿勢が立派です** ⇒ 姿勢が身についています

## エピソード ❺ 生活態度

人のために働く大切さを理解し、どうしたらクラスのみんなが過ごしやすくなるかを考えて行動することができた。

**● POINT**

クラスのみんなが過ごしやすいように気配りができ、行動に移すことができる尊さを評価します。

**文例 ❶** 別の教室に移動するときには、みんなの椅子をきれいに整頓したり、給食のあとには食器を重ねやすいように整理したりしていました。○○さんは「人のために働く大切さ」を行動でクラスのみんなに**教えてくれました**。

**文例 ❷** 教室移動の際には、電気を消したり、窓やドアを閉めたりしてくれました。つね日頃から**心ある行動をくり返す**○○くんに、**友だちも信頼を深めています**。

生活

Type **05**

まわりのために動ける子

**文例 ③**　いつも**周囲のことに気を配り**、まわりの人のために一生懸命行動
することができます。担任の手伝いがあったり、友だちが困っている姿
を見つけると、自分から声をかけています。

言い換え 表現

**A　教えてくれました** ➡ 行動で見せてくれました／模範をみせてくれました

**B　心ある行動をくり返す** ➡ みんなのためにできることを考えて行動に移す

**C　〜に、友だちも信頼を深めています** ➡ 〜へ厚い信頼をよせています

**D　周囲のことに気を配り** ➡ まわりのことに注意を払い／まわりの動きをよ
　　く見て／視野を広くもって

---

## エピソード ❻ 生活態度

転入生に学校生活のリズム
に慣れるまで、一から丁寧
に学校の決まりを教えてあ
げることができた。

**● POINT**

転入生の立場に立ち、親身になって不安なこ
とを取り除いてあげようとする姿勢を評価し
ます。自分の身支度をすぐに終わらせ、友だ
ちのために動く積極性と行動力を伝えると保
護者も喜ぶことでしょう。

**文例 ①**　転入生がやってきたその日から、転入生の立場に立ち、「大丈夫
だよ！　私が案内するから。ここのルールは○○だよ」と進んで学校のこ
とを教えてあげることができました。**丁寧に根気強く、友だちを支えて
あげる**姿が立派でした。

**文例 ②**　転入生が困っていると、「どうしたの？」と相手の目を見て、やさ
しく声をかけていました。長時間でもその友だちが元気になるまで声を
かけ続けたり、先生に伝えに行ったりと親身になってかかわることができ
るので、**友だちから信頼されています。**

言い換え 表現

**A　丁寧に根気強く** ➡ きっちりと最後まで／諦めることなく

**B　友だちを支えてあげる** ➡ 友だちを思いやる

**C　友だちから信頼されています** ➡ 友だちから頼られる存在です

132

## Type 06 クラスをまとめる子

段取りがよく、リーダーシップを発揮します！

### エピソード① 朝の会

学級会で「一日の始まりに、全員で歌をうたいたい」と発表し、朝の会で歌をうたうことになった。

**● POINT**

クラス全体で一つのことに取り組むことは、難しいことです。「みんなで一緒に楽しみたい」という気持ちが仲間たちに伝わり、クラス全体のまとまりにつながっていったことを評価します。

**文例①** 　学級会でクラスの取り組みについて話し合ったとき、○○くんの「毎朝、みんなで歌をうたいたい」という発言から、朝の会に「歌のコーナー」ができました。みんなで歌をうたうことで、クラス全体が元気になって学習意欲も高まり、○○さんのアイデアは**クラスのビタミン剤になりまし**[A]**た。**

**文例②** 　「毎日みんなで歌をうたいたい」と学級会で意見を発表し、朝の会に「歌の時間」ができました。うたうことでみんなが自然と元気になって笑顔も増え、その後の学習も活気があふれるようになりました。○○さんのアイデアで**元気よく一日のスタートをきることができまし**[B]**た。**

### 言い換え 表現

**A クラスのビタミン剤になりました** ➡ クラスを明るくしてくれました／クラスがまとまるきっかけになりました

**B 元気よく一日のスタートをきることができました** ➡ 一日が楽しく始まります

### エピソード② 給食

みんなが給食の時間を楽しめるように、意見を提案し、新たなルールをつくることができた。

**● POINT**

クラスの中心人物として、みんなが抱える問題を解決しようとする姿勢を評価します。まわりに目を向け、よりよい方向へと進めようとする意欲を伝えます。

133

**文例❶** 給食の時間には、「みんな、○○は、とっても身体にいいよ。た くさんおかわりをしようよ」と全体に声をかけて、進んで給食を味わうこ とができました。つくってくれた人への**感謝の気持ちを忘れずに**^A毎日の 給食を楽しみにしていました。

**文例❷** 給食中の校内放送が流れると、「みんな放送委員の放送、きちん と聞こうよ。この時間は、黙って食べる"もぐもぐタイム"にしよう」と 意見を提案しました。クラス**みんなが落ちついて**^B給食の時間を過ごすこ とができました。

---

言い換え 表現

**A** 感謝の気持ちを忘れずに ➡ 感謝の気持ちをクラスに広げ、

**B** みんなが落ちついて ➡ みんなが満足のいく／みんなで一緒に楽しめる

---

エピソード❸ 休み時間

| 休み時間になると、いつも 遊びの中心になり、いろい ろな遊びに興じている。 | ● Point みんなの気持ちを理解し、楽しく遊ぼうとす る意欲を評価します。 |
|---|---|

**文例❶** 休み時間になると、○○さんを中心に、男女関係なく友だちが集 まってきます。**遊びを提案する**^Aだけでなく、みんなのやりたい遊びも聞き、 いろいろな遊びでみんなを楽しませ、信頼を集めています。

**文例❷** 休み時間の遊びの中心に、いつも○○さんの顔があります。自分 の希望の遊びをするだけでなく、男女問わずいろいろな友だちのやりた い遊びを聞き、それを心から楽しむ姿勢が、**友だちをひきつけている**^Bよ うです。

**文例❸** 休み時間になると、○○さんのまわりにはクラスのみんなの笑顔 が絶えません。「ボール遊びも鬼ごっこもなんでもやってみよう」と友だ ちと話し合って、すぐに遊びを展開しています。**みんなをまとめるリー ダー**^Cとして活躍しています。

**文例❹** 休み時間の遊びの中で、思い違いから言い合いが起きてしまった ときに、友だち同士の間に立ち、「どうしたの？ ○○してごめんね、っ

134

て言えば○○くんにもわかってもらえるよ」と仲介役として進んで**相談にのっていました**。○○さんのおかげで休み時間もみんなで楽しく過ごすことができます。

**言い換え 表現**

**A** **遊びを提案する** ➡ アイデアを発表する／自分がやりたいことを提案する

**B** **友だちをひきつけている** ➡ 友だちを集める理由となっている／みんなからの信頼を集めている

**C** **みんなをまとめるリーダー** ➡ クラスのムードメーカー

**D** **相談にのっていました** ➡ 意見を聞いていました／友だちの思いに寄り添っていました

---

**エピソード❹ 掃除**

自分のグループの掃除が終わると、まわりの様子を見て、他のグループを進んで手伝っていた。

● **Point**
自分の掃除分担が終わっても、まわりを見てクラス全体の掃除が終わるまで手伝おうとする行動力を評価する。

---

**文例❶** 掃除の時間、自分のグループの場所が終わると、「先に終わったので、手伝います」と、気持ちよく違う場所の掃除を手伝っています。**その気持ちが少しずつ友だちにも伝わり**、クラス全体の成長につながっています。

**文例❷** 清掃活動では、自分の担当している場所が終わっても他の箇所で終わっていないところがあると進んで手伝います。周囲の状況を見て、自分にできることはないか考え、実行することができる行動力が、**クラスのお手本になっています**。

**言い換え 表現**

**A** **その気持ちが少しずつ友だちにも伝わり** ➡ 友だちの立場に立って考えることができる○○くんの姿が伝わり

**B** **クラスのお手本になっています** ➡ クラスの成長につながっています

## エピソード 5 帰りの会

「みんなで楽しく」の時間 (学級の時間) にやりたい遊びをみんなにアンケートをとり、誰もが楽しめるように企画運営することができた。

**● POINT**
計画的に準備を進めて、クラスのみんなが楽しむことができるような時間を率先してつくっていたことを評価します。

**文例 ①** 　「みんなで楽しく」の時間のクラス遊びの内容について、帰りの会で意見を聞くなど**先頭に立って運営する**ことができました。○○さんのおかげで、毎回クラスみんなで楽しい時間を過ごすことができました。

**文例 ②** 　「みんなで楽しく」の時間で遊ぶクラス遊びについて、毎回帰りの会でアンケートを取り、**みんながやりたい遊び**を企画しました。クラスのみんなが満足できる時間になるように、よく**リードしてくれました**。

**文例 ③** 　クラス遊びの日には、「今日の遊びは何にしますか」と進んで話し合いを行いました。さまざまな意見が飛び交う中、**クラスのみんなが納得のいく**方法を考え、楽しい遊びにすることができました。

### 言い換え 表現

**A　先頭に立って運営する** ⇒ 計画的に準備を進める／全員が納得するかたちで進める／率先して企画を盛り上げる

**B　みんながやりたい遊び** ⇒ クラス全員が楽しめる遊び

**C　リードしてくれました** ⇒ まとめてくれました

**D　クラスのみんなが納得のいく** ⇒ クラスのみんなが喜ぶ／クラス全員が満足のいく

136

# Type 07 積極的に自己表現できる子
### 自分の思いは、堂々と伝えます！

## エピソード❶ 朝の会

朝の会で、体を揺らしながら、歌を楽しそうにうたっていた。その姿がきっかけとなり、朝の会が明るくなった。

**● POINT**
素直に表現する姿が友だちにもよい影響を与えていることを知らせることで、保護者の方にも嬉しい所見となります。

**文例❶** 朝の会の歌では、いつも曲に合わせて体を動かして踊り、うたっています。**楽しさを体いっぱいに表現する**[A]○○さんの姿を見て友だちも笑顔になり、今では学級みんなが体を揺らしながら朝の会を楽しむことができるようになりました。

**文例❷** 朝の会で、体を揺らしながらうたう○○さんの姿は本当に楽しそうで、みんなが笑顔になります。**うたう楽しさを素直に表現する**[B]姿が友だちにも刺激を与え、笑顔があふれる時間をつくっています。

### 言い換え 表現

**A** 楽しさを体いっぱいに表現する ➡ のびのびとうたう
**B** うたう楽しさを素直に表現する ➡ 元気よくうたう

## エピソード❷ 掃除（反省会）

掃除の時間を自分たちで振り返った。その後、みんなで真面目に掃除に取り組むようになった。

**● POINT**
清掃活動を滞りなく進めることができるかどうかは、子どもたちの自主性次第です。毎日掃除を続けていく中で、反省したことを次に生かそうとする向上心と行動力を評価します。

**文例❶** 掃除が時間内に終わらないことが何度かあり、掃除の仕方についてグループで話し合いをしました。「おしゃべりをしないでやろう」「最後にみんなで点検しよう」と○○さんの前向きな意見にみんなも賛同して掃

除に取り組むようになり、今では**掃除のお手本となるほどのグループ**<sup>A</sup>になりました。

**文例❷** 掃除についてグループで話し合ってから、担当の場所がきれいになるまでみんなで熱心に掃除に取り組むようになりました。○○さんの意見は、**任された仕事に最後まで取り組む**<sup>B</sup>ことの大切さをみんなで考えるきっかけになりました。

### 言い換え 表現

**A** **掃除のお手本となるほどのグループ** ➡ 見習うべき掃除のお手本

**B** **任された仕事に最後まで取り組む** ➡ 責任をもって仕事に取り組む

---

### エピソード❸ 帰りの会

| 一日の出来事から、嬉しかったことを迷わずに話し、友だちやクラスのよかったことを的確に表現することができた。 | ● **POINT**<br>友だちやクラスのよいところを、しっかりと感じ取り、よりよいクラスにしていきたいという願いを行動に移すことができる態度を評価します。 |
| --- | --- |

**文例❶** 帰りの会では、友だちやクラスのいいところを見つけて、笑顔で発表します。友だちの何気ない行動や小さなつぶやきからでも、その人の**よさを感じ取り**<sup>A</sup>、表現することができます。

**文例❷** 帰りの会には、今日のよかったことを発表しました。長なわとびのクラス記録が出せなかったときも、全員で取り組めたことを喜び、たとえうまくいかなかったことでも、前向きにとらえて、一日を終えようとする姿勢が、**クラスの仲間にも認められています**<sup>B</sup>。

### 言い換え 表現

**A** **よさを感じ取り** ➡ よいところを見つけて

**B** **クラスの仲間にも認められています** ➡ クラスで信頼されています

## エピソード ④ あいさつ

校舎内では、どんな人にも大きな声と明るい笑顔であいさつをすることができた。

**● POINT**

あいさつは相手の目を見て、大きな声で明るく行うという姿勢をもったこと、特定の人に対してではなく、どんな人に対してもあいさつできたこと、あいさつの気持ちよさへの気づきができたことを伝えます。

**文例①** あいさつ月間では、校門に立ち、クラスの誰よりも大きな声で朝のあいさつ活動に取り組みました。相手の目を見て、大きな声と明るい笑顔であいさつする姿は、全校児童の**模範となりました**。[A]

**文例②** 「あいさつすると心がほかほか温まる。あいさつは魔法の言葉だね」とあいさつの気持ちよさに気づき、友だちと自分の思いを言葉で**伝え合う力を伸ばしました**。[B]

### 言い換え 表現

**A** **模範となりました** ➡ お手本になりました／誰よりも正確に誠実に取り組んでいました

**B** **伝え合う力を伸ばしました** ➡ 伝え合う力を身につけました／思いを共有する力を身につけました

## エピソード ⑤ 手伝い

放課後に友だちを誘い合わせて、担任の手伝いや教室の整理整頓などを進んで行うことができた。

**● POINT**

自分が思いついたことを積極的に先生や友だちに伝えることができることを評価します。言葉にして伝える表現力だけでなく、物おじせず行動に移す勇気も評価します。

**文例①** 転校生から手紙が届いたときに、誰よりも早く「先生、みんなでお返事を書きましょう。私は、折り紙で花束をつくります」と提案し、すぐに行動に移すことができました。**有言実行の姿勢**[A]は友だちにも広がっていき、クラスの雰囲気を明るく、前向きにしています。

生活

Type **07**

積極的に自己表現できる子

139

**文例❷**　みんなが帰ったあとの床に落ちているゴミを見て、「私たちで『きれいきれい隊』をやります。○○ちゃんはほうきをやってね。私はちりとりをやるよ」と友だちを誘い合わせて、教室の掃除を行いました。みんなが使う**教室をきれいにすることで達成感**を味わっていました。

**言い換え 表現**

**A** **有言実行の姿勢** ➡ 一度決めたことを最後まで取り組む姿勢／さまざまなことにチャレンジする積極性

**B** **教室をきれいにすることで達成感** ➡ 教室をきれいにする喜び／教室をきれいにする満足感

---

**エピソード❻ 生活態度**

自らがリーダーとなって「やってみせる」ことで周囲の仲間にも影響を与えた。

**● POINT**

人に指示するだけではなく、自分がやってみせることで、まわりを納得させたその行動を評価します。また、それが学級に浸透したことを伝えると、さらに自信をもつようになります。

**文例❶**　けじめのあるクラスを実現するために、自らが率先して楽しいときには大いに笑い、学習には集中して取り組むという「○○くんスタイル」がクラス全体にも**浸透してきました**。

**文例❷**　率先してメリハリのある生活をみせることで、周囲も○○くんの行動に納得しました。広い視野で学級のことを見たり考えたりすることでき、**友だちからも一目置かれる存在です**。

**言い換え 表現**

**A** **浸透してきました** ➡ 広がってきました／見られるようになっています

**B** **友だちからも一目置かれる存在です** ➡ クラスのみんなから信頼される存在です／多くの友だちに慕われる存在です

## Type 08 友だちとのかかわりがよくできる子
誰とでも仲よくでき、ほかのクラスにも友だちが多い！

### エピソード❶ 給食

給食が苦手な友だちに、思いやりあふれる声かけをすることができた。

**● POINT**
友だち思いで、一人ひとりの悩みに寄り添うことができるやさしさを評価します。友だちが苦手としていることを理解し、克服できるように、一緒に応援する姿勢の素晴らしさを伝えます。

**文例❶** 給食の時間に、給食に対して苦手意識をもつ友だちへやさしく声をかけることができました。「どうしたの？ ○○はこうやって食べるとおいしく感じるよ」と友だちの好き嫌いの悩みに寄り添い、一緒に苦手意識を克服しようと取り組む姿に**頼もしさを感じました**[A]。

**文例❷** 給食に対して苦手意識をもっていた友だちが、いつもよりも頑張って最後まで残さず食べ終わったときに、「すごい！ よく頑張って食べたね！」と温かい言葉をかけることができました。**友だちの頑張りを認め、ほめる力**[B]が育ってきています。

#### 言い換え 表現

**A 頼もしさを感じました** ➡ 心強さを感じました／信頼感が高まりました／成長を感じました

**B 友だちの頑張りを認め、ほめる力** ➡ 友だちとともに頑張り、励まし合う力

### エピソード❷ 休み時間

休み時間は、誰とでも仲よく過ごし、友だちにやさしい言葉かけをすることができた。

**● POINT**
誰とでも仲よく過ごすことができる協調性を評価します。また、友だちに、やさしい言葉かけができることも保護者に伝えます。

**文例 ①**　休み時間には、○○さんのまわりには笑顔が絶えません。元気に外遊びをする中で、「ドンマイ！」「ありがとう！」と友だちを励ましたり、感謝の気持ちを伝えたりと、○○さんのやさしい言葉かけが**クラスを明るくしています**。[A]

**文例 ②**　休み時間中、次の学習の準備を忘れている友だちに対して、時計を見て準備をするとよいことをやさしくアドバイスすることができました。まわりに目を向け、さりげなく手助けをする姿に**友だち思いのやさしさ**[B]を感じます。

**言い換え 表現**

**A** **クラスを明るくしています** ➡ クラスの雰囲気を変えています

**B** **友だち思いのやさしさ** ➡ 友だちのために動くことができる思いやり／まわりによく目を向けることができる心配り

---

**エピソード ❸ 休み時間**

休み時間にけがをした友だちに付き添い、保健室まで連れて行った。その後、友だちの様子を教室で報告した。

● **POINT**

けがをした友だちを労るやさしい気持ちと、自分ができることをやろうとする自立した姿勢を評価します。「友だちのために」という自覚ある行動を伝えます。

**文例 ①**　休み時間にけがをした友だちを気づかい、保健室まで付き添ってあげました。教室に戻ると、すぐに担任にけがをした状況を**的確に説明する**[A]ことができました。

**文例 ②**　○○さんは、けがをした友だちに保健室まで付き添いました。友だちが保健室から帰ってくると、そっと「大丈夫？」と言って、気づかうことができました。友だちが元気な様子を確認できると安心して**にっこりと笑顔を交わしていました**。[B]

**言い換え 表現**

**A** **的確に説明する** ➡ 順を追って説明する

**B** **にっこりと笑顔を交わしていました** ➡ ほっとした表情を見せていました

## エピソード❹ 掃除

掃除の時間に、友だちと協力して、自分たちにできる仕事を進んで行うことで、より早く、よりきれいに終えることができた。

**● POINT**

きれいに掃除ができたことはもちろん、友だちと声をかけ合い協力し合った姿を評価し、今後もよりよいかかわり合いをしていけるようにします。

生活

Type
**08**

友だちとのかかわりがよくできる子

**文例❶** 自分にできる仕事を自分から見つけて、進んで掃除に取り組んでいます。友だちと声をかけ合い、**協力し合いながら**[A]、より素早くきれいに終えようとする姿勢が際立っていました。

**文例❷** 掃除の時間には、友だちに声をかけながら協力して動くことで、効率よく仕事を終えることができます。自分のやるべきことはしっかりやる姿勢も立派です。友だちと力を合わせて**仕事をやり遂げる**[B]姿に、成長を感じます。

### 言い換え 表現

**A** **協力し合いながら** ➡ 力を合わせながら/手分けをして

**B** **仕事をやり遂げる** ➡ 仕事を終える

## エピソード❺ 帰りの会

頑張ったり、よいことをした友だちを発表する「きらりコーナー」で、いろいろな友だちの頑張りを見つけて話すことができた。

**● POINT**

友だちのよさを見つけようとすると、仲のよい友だちや目立っている友だちに偏ってしまうことがあります。そんな中で、男女関係なくいろいろな友だちのよさを見つけることができる視野の広さと公平さを評価します。

**文例❶** 帰りの会で聞かれる「今日のきらりコーナー」では、いつも真っ先に手を挙げて、いろいろな友だちの頑張ったことやよいところを発表しています。男女関係なく誰とでも仲よく遊ぶことができ、**友だちの気持ちに共感することのできる**[A]○○さんの大らかな性格は、きらりと光る宝物ですね。

**文例②**　帰りの会「今日のきらりコーナー」では、積極的に手を挙げて発言しています。休み時間や学習中など、さまざまな場面で友だちのよさを見つけることができる視野の広さと**素直な感性**<sup>B</sup>が育っています。

**言い換え表現**

**A** 友だちの気持ちに共感することのできる ➡ 素直な感性をもつ

**B** 素直な感性 ➡ 豊かな心

---

**エピソード❻ 放課後**

> 友だちの九九の練習を、親身になって聞いてあげることができた。

● **POINT**
間違いを探すのではなく、一緒に上手になろうとしているやさしい気持ちを評価します。お互いが楽しんで練習している様子を伝えます。

**文例①**　放課後には、まだ九九がうまく唱えることができない友だちの練習に協力し、聞いてあげることができました。一つひとつ「うん、うん」と確認しながら聞き、段の最後まで言えた友だちと**ハイタッチをして**<sup>A</sup>喜び合いました。

**文例②**　友だちが九九を上手に暗唱することができなかったときでも、笑顔で「あとちょっと！」と**励まし**<sup>B</sup>、一緒に唱えていました。友だちの練習に親身になって協力することができました。

**言い換え表現**

**A** ハイタッチをして ➡ ガッツポーズをして／手を取り合って

**B** 励まし ➡ 心を配り／勇気づけ

---

**エピソード❼ 生活態度**

> 日常生活において、誰に対してもやさしく接したり、注意したりすることができる。

● **POINT**
男女関係なくやさしく公平に接することができ、友だちから信頼されていることを伝えます。

**文例①** 休んでいた友だちが登校したときには、体調を気づかったり、休み中の活動などを詳しく教えてあげたりしていました。男女関係なく誰に対してもやさしく接することができるので、クラスの友だちから**信頼されています**[A]。

**文例②** クラスのルールを守れない友だちがいると、その子にそっと注意することができます。**相手の気持ちを考えながら**[B]ルールの大切さを伝えられるやさしさと誠実さを、これからももち続けてほしいと思います。

#### 言い換え表現

**A** **信頼されています** ➡ 頼られています

**B** **相手の気持ちを考えながら** ➡ 誰に対しても公平で／相手の立場に立って

---

#### エピソード❽ 生活態度

| | |
|---|---|
| 多くの友だちに積極的に自分から話しかけ、友だちとの輪を広げていくことができた。 | **● POINT**<br>自分から積極的に人とつながっていこうすることができる子どものよさを保護者に伝えます。 |

**文例①** **多くの人に自分から声をかけ**[A]、友だちの輪を広げていきました。ムードメーカー的な存在として、学級や学年を盛り上げることができます。人とつながるための非常に重要な力が、○○さんには備わっていると感じます。

**文例②** 仲のよい友だちに**固執する**[B]のではなく、**たくさんの友だちに**[C]積極的に声をかけ友だちの輪を広げていきました。そんな○○くんに、クラスだけでなく学年のみんなが信頼を寄せています。

#### 言い換え表現

**A** **多くの人に自分から声をかけ** ➡ 積極的にたくさんの友だちとかかわろうとして

**B** **固執する** ➡ 縛られる

**C** **たくさんの友だちに** ➡ 分け隔てなく／多くの友だちに

# さまざまな場面でよさを発揮する子

テストの成績に表れない頑張りや努力ができる

## エピソード ❶ 給食

給食当番活動では、手際よく盛りつけをしたり、片づけをしたりと責任感を高めることができた。

### ● POINT

家庭でのお手伝いの経験を生かし、率先して当番活動で活躍していることを保護者に伝えます。クラスの模範になるほどの手際のよさや責任感の強さが、学級の当番活動の価値を高めていることを評価します。

**文例 ❶** 　給食当番では、すばやく白衣に着替え、準備に進んで取り組むことができました。まわりの友だちが苦手とする熱いスープの盛りつけも効率よく行うことができました。学級のみんなのために**自分の役割をしっかりと果たしました**。

**文例 ❷** 　給食当番では、**準備から片づけまでしっかりと仕事をやり通す**ことができます。食器の取り扱いも丁寧にするようにみんなに声をかけたり、盛りつけの工夫をアドバイスしたり、責任をもって取り組む姿が立派です。

### 言い換え 表現

**A　自分の役割をしっかりと果たしました** ➡ 責任をもって自分の仕事を行いました／自分の仕事を最後まで行いました

**B　準備から片づけまでしっかりと仕事をやり通す** ➡ 仕事を最後まで一生懸命に取り組む

## エピソード ❷ 給食

給食の時間に、みんなが納得のいくおかわりを決める方法を提案した。

### ● POINT

みんなが納得していたことを評価し、友だちとよいかかわりができていることを伝えます。

**文例①** 給食になると、おかわりをじゃんけんで決めるか、話し合いにするかなどをみんなと決めています。公平性やそのメニューの人気度、いつもの順番まで考慮に入れての意見は**説得力が高く**、その判断にみんなが一目置いています。

**文例②** 給食のおかわり決めでは、いつも大活躍です。それぞれのおかわり回数から、残った量、メニューの人気度までを考慮に入れてアイデアを出します。その説得力に**友だちからの信頼も厚く**、みんなが納得をしています。

**言い換え 表現**

**A** 説得力が高く ⮕ 誰もが納得することができ

**B** 友だちからの信頼も厚く ⮕ 友だちから頼りにされており

---

**エピソード❸ 休み時間**

> ドッジボールで、体の大きな相手が投げた強いボールでも、果敢にキャッチしようと飛びついていた。

**● POINT**
強いボールをキャッチしたときの喜びを、具体的な場面で表現して伝えます。果敢なチャレンジがクラスによい影響を与えていることを評価します。

**文例①** 休み時間には、**男子、女子で分かれることなく**、クラスの仲間とドッジボールで汗を流しています。強いボールでも**果敢に**向かって飛びつきます。ガッチリとキャッチすることができたときには、輝く笑顔を見せました。

**文例②** 強いボールに対しても避けずに取りに行く頼もしさを見て、クラスの仲間にも「よし！ ぼくも」と覚悟を決めてプレイする姿勢が広がりました。以前とは違った**力あふれる**ゲームになりました。

**言い換え 表現**

**A** 男子、女子で分かれることなく ⮕ 男女、分け隔てなく

**B** 果敢に ⮕ 怖がらずに／積極的に

**C** 力あふれる ⮕ 力強い／迫力がある

生活

## エピソード❹ 休み時間

クラスの友だちに明る
く声をかけ、男女関係
なく大勢の友だちと一
緒に遊ぶことができた。

● **POINT**

自分の子どもがどのように友だちとかかわってい
るのかは、保護者にとって気がかりなことの一つ
です。誰にでも「遊ぼう」と声をかけることのでき
る明朗な性格が、仲のよいクラスづくりに大き
く貢献していることを伝えます。

**文例①** 　休み時間になると、大きな声でみんなに声をかけ、校庭で元気よ
く遊んでいます。**誰とでも仲よく遊ぶ**ことができるので、○○さんを中
心に、男女関係なく仲よく遊ぶことができるクラスになっています。

**文例②** 　休み時間になると「みんなで遊ぼう！」と呼びかけ、たくさんの友
だちと一緒に元気よく遊んでいます。みんなと仲よく遊ぶことができ、誰
に対してもやさしく穏やかに接することができる○○さんの朗らかな性
格が、自然と**友だち同士のつながり**を強めてくれています。

**言い換え 表現**

**A 誰とでも仲よく遊ぶ** ➡ みんなに公平に接する／誰とでもすぐうちとける
**B 友だち同士のつながり** ➡ クラス全体の絆／クラス全体の団結力

## エピソード❺ 休み時間

自分のクラスだけでは
なく、異学年の誰とで
もかかわりをもつこと
ができた。

● **POINT**

休み時間には、6年生とも遊ぶなど、進んで異学
年の友だちともかかわることができる積極性や適
応力を評価します。ものおじせず果敢に声をかけ
る様子を伝えます。

**文例①** 　休み時間には、なわとび検定に挑戦しました。運動委員のお兄さ
んに「○○はどんな技ですか？　どうやってやるのですか？」と**ものおじ
せずに**質問をしていました。教えてもらった技を習得し、自分の技能も
高めることができました。

**文例②** 　休み時間には、図書室に行き、興味のある分野の知識を積極的に

深めていました。また、他学年の友だちが読んでいる本にも興味を示し、声をかけていました。どんな人に対しても**積極的にかかわろうとする**<sup>B</sup>ことができます。

**文例③** 休み時間は、6年生の教室に出向き、一緒に遊ぶことができます。**好奇心旺盛なので**<sup>C</sup>、高学年の友だちの会話にもついていきたいようで、高学年のお兄さん、お姉さんからかわいがられています。

**言い換え表現**

A **ものおじせずに** ⇒ 勇気をもって／堂々と

B **積極的にかかわろうとする** ⇒ 明るくかかわる

C **好奇心旺盛なので** ⇒ 誰とでもかかわることができるので

**エピソード❻ 掃除**

学校をきれいにしてくれている主事さんに感謝の気持ちをもつことができた。

**●POINT**
自分たちのために頑張ってくれている人に対して、感謝の気持ちをもち、自分の身のまわりをきれいに保とうとする姿勢を評価します。

**文例①** 「学校がピカピカなのは、主事さんたちのおかげです。ありがとうを伝えなくちゃ」と**感謝の気持ちをいつも口にしています**<sup>A</sup>。掃除の時間には、燃えるゴミと燃えないゴミの分別をしっかりすることをクラスのみんなに伝え、リサイクルの意識も高めていました。

**文例②** 「教室をきれいにするぞ！ 次の1年生が入ってきたときに、きれいな教室だと気持ちがいいから」とみんなが使うもの**を大切にしようとする姿勢**<sup>B</sup>が育っています。そして、積極的にほうきや雑巾の正しく上手な使い方を担任に聞きに来ては実践をくり返し、掃除道具の上手な扱い方を身につけました。

**言い換え表現**

A **感謝の気持ちをいつも口にしています** ⇒ ありがたみを感じています

B **〜を大切にしようとする姿勢** ⇒ 〜を丁寧に扱おうという姿勢／〜に感謝の気持ちをもつ姿勢

生活 Type 09 さまざまな場面でよさを発揮する子

## エピソード **7** 生活態度

人のために役立つ大切さを
理解して、学校生活全般に
おいてまわりのために動こ
うとする姿勢を習慣化する
ことができた。

● **POINT**

学校生活全般において、まわりに目を向け、
どうしたら自分も友だちも過ごしやすくなる
かを考えて、行動することができていること
を評価し、保護者に伝えます。

**文例①** 　学級では、「人のために役に立つ」を呼びかけていますが、いちば
ん実践しているのが○○くんです。給食の片づけがしやすいようにお椀
を毎回整えたり、人が話そうとしていると**いち早く気づいて視線を向け**、
話を聞くようにみんなに呼びかけることができます。その行動にまわりの
友だちも信頼を深めています。

**文例②** 　自分も友だちも気持ちよく学校生活を送れるようにするために、
日常生活の**ちょっとした心配り**ができます。教室にゴミが落ちていると
ほうきを持ちだして掃除をしたり、ゴミ箱がいっぱいになっているとさり
げなくゴミ捨てに行ったりしていました。

**文例③** 　人のために役立つことをしようという気持ちが強く、自分にでき
ることを見つけて進んで行動することができます。下駄箱が汚れている
ことに気づいたときは、自分の場所だけでなく、クラスの友だちの場所
もきれいに掃除することができました。○○さんの**人のために役立とう
という姿勢**が、クラスのよい**お手本**になっています。

---

**言い換え** **表現**

**A いち早く気づいて視線を向け** ➡ 雰囲気を
　察して目を向け／すぐに状況を把握して姿
　勢を整え

**B ちょっとした心配り** ➡ さりげない気配り

**C 人のために役立とうという姿勢** ➡ まわり
　のことを考えながら行動しようという態度

**D お手本** ➡ 模範

150

## Type 10 人望がある子
友だちからの信頼度が高い！ 縁の下の力持ち！

### エピソード❶ 朝の会

毎日、気持ちのよいあいさつから始めることができる。出席の確認で名前を呼ばれた友だちも、自然と笑顔で応えている。

● **POINT**
いつも、笑顔を絶やさず、周囲に明るい気持ちを分けてあげられるような、前向きな姿勢を評価します。一人の明るさが、クラスのよさにつながっていることを伝えます。

**文例❶** 日直で前に立つと、元気なあいさつでクラスを明るい雰囲気に包んでくれます。出席確認で名前を呼ばれた友だちも、**元気をもらって**思わず笑顔で「ハイ！」と大きな声で応えています。

**文例❷** 日直の出席確認では、元気で明るい気持ちが名前を呼ばれる友だちにも伝わり、朝の教室に**さわやかな笑顔**が次々と広がっていきます。

#### 言い換え 表現

**A** 元気をもらって ➡ 元気が伝わり
**B** さわやかな笑顔 ➡ 楽しい一日が始まる予感

### エピソード❷ 給食

友だちが牛乳をこぼしてしまったときに、さっとかけ寄って片づけを手伝うことができた。こぼしてしまった友だちにも、やさしい声をかけていた。

● **POINT**
周囲のことによく気がついて、自然と行動に移すことができるフットワークの軽さを評価します。友だちのためになっていることを実感している様子を具体的な様子で伝えます。

**文例❶** 給食の時間に、牛乳をこぼしてしまった友だちのもとに、雑巾を手に**さっとかけ寄り**、「平気、平気。気にしない」と声をかけ励ましながら、手早く片づけを手伝ってくれました。

**文例 ②**　友だちがこぼしてしまった牛乳でも、自分の雑巾をさっと用意して、片づけを手伝うことができます。「ごめんね」と肩を落とす友だちに、にっこりと**笑顔で励ますことができる**<sup>B</sup>やさしさがあります。

**文例 ③**　給食で、友だちが牛乳をこぼしてしまったとき、誰よりも早く雑巾を取りに行き、きれいに拭くことができました。まわりの友だちが面倒に思うことも嫌がらずに行動に移せるので、**友だちから信頼される存在**<sup>C</sup>になっています。

**言い換え 表現**

**A** **さっとかけ寄り** ➡ すぐに走り寄り

**B** **笑顔で励ますことができる** ➡ 「大丈夫だよ。すぐきれいになるよ」と声をかける

**C** **友だちから信頼される存在** ➡ 友だちから尊敬される存在／まわりから慕われる存在

---

**エピソード ❸ 休み時間**

| クラス以外にも多くの友だちをもち、いつも遊びの中心にいた。 | **● POINT**<br>休み時間になると、「ドッジボールしよう」などと声をかける行動力を評価します。たくさんの友だちが集まって遊ぶことができる人望の厚さを伝えます。 |

**文例 ①**　休み時間になるとたくさんの友だちと一緒に校庭に飛び出します。○○さんはいつもその中心にいて、楽しそうに遊んでいます。友だちの気持ちを考えた行動が、みんなに**信頼されています**<sup>A</sup>。

**文例 ②**　「一緒に遊ぼう！」という○○さんの声かけで、クラスメイトだけでなく、他クラスの友だちも一緒に校庭へ飛び出していきます。トラブルも上手に解決できるので、クラスの中心的な存在です。**人の気持ちを大事にできるところが信頼を得る**<sup>B</sup>ことにつながっています。

**言い換え 表現**

**A** **信頼されています** ➡ 一目置かれています

152

**B** 人の気持ちを大事にできるところが信頼を得る ➡ 相手の立場に立てることが友だちをひきつける

---

### エピソード❹ 手伝い

いつもまわりの友だちの分まで、アサガオの水やりをやっていた。

● **POINT**
目立たなくても思いやりのある行動を続けていることを評価します。やさしい行動には、やさしさが戻ってくることを伝えます。

---

**文例❶**　自分の鉢はもちろん、隣の友だちの鉢にもアサガオの水やりをしています。○○さんが欠席したときには「いつもやってくれているから」と、友だちが水をやっていました。○○さんのおかげで、**やさしさが友だちに伝わっています**。<sup>A</sup>

**文例❷**　友だちのアサガオの鉢にも水やりを**そっとしています**。<sup>B</sup>みんな○○さんを見習って、欠席している人に代わって水やりをしていました。○○さんのやさしさが今では学級全体に広がっています。

---

**言い換え 表現**

**A** やさしさが友だちに伝わっています ➡ おかげで、クラスにやさしさが広がっています

**B** そっとしています ➡ 誰にも言わずに行っています

---

### エピソード❺ 生活態度

一人でいる友だちがいると、必ず声をかけている。休み時間には、大勢の仲間とにぎやかに過ごしている。

● **POINT**
まわりの仲間にも、自然と気を配り、みんなで一緒に楽しもうする、おおらかさを評価します。いろいろな仲間がいた方が、楽しさが広がることをわかっている様子を伝えます。

---

**文例❶**　休み時間になると、一人で過ごしている子はいないか教室を見渡し、「一緒に行こう」と声をかけ、みんなで校庭に向かいます。たくさんの仲間と、**声を弾ませながら**、<sup>A</sup>校庭で元気よく跳びまわっています。

**文例 ②**　休み時間が終わると、息を弾ませて教室に戻ってきます。「○○くん、ずっと隠れていたね」「○○さん、すぐつかまってたよ」と、遊んだ様子を**にぎやかに話して**、**みんなを笑顔にしてくれます**。

**言い換え 表現**

**A** **声を弾ませながら** ➡ 声をかけ合いながら

**B** **にぎやかに話して** ➡ 楽しそうに振りかえって

**C** **みんなを笑顔にしてくれます** ➡ みんなと充実した時間を過ごしています

---

**エピソード ❻ 生活態度**

クラスの代表を決めるときには、必ず選ばれている。男女ともに人望が厚い。

**● POINT**

いろいろな場面において、クラスの代表を決めるときには必ず名前が挙がっていることから、人望の厚さが伝わってくることを伝えます。

**文例 ①**　いつも笑顔で、友だちのよいところを見つけるのが得意な○○さん。自分のためだけではなく、クラスとして成長したいという思いや責任感を感じます。**クラスになくてはならない存在です**。

**文例 ②**　クラスの代表を決めるときには、必ず○○さんの名前が挙がります。普段の何気ないやさしい行いが代表に選ばれる理由です。**○○さんの人望の厚さを物語っています**。

**言い換え 表現**

**A** **クラスになくてはならない存在です** ➡ クラスの中で大きな存在となっています

**B** **○○さんの人望の厚さを物語っています** ➡ 友だちの確かな目から、信頼されていることが伝わってきます

# Type 11 特別な支援で力を発揮できる子
サポートがあれば、前向きに取り組むことができる

## エピソード❶ 朝の会　帰りの会

みんなが聞こえるような大きな声で朝の会や帰りの会の司会をすることができる。

**POINT**
当たり前のことを当たり前にすることの大切さを評価する。

**文例❶**　日直のときには、大きな声で朝の会や帰りの会の司会をしたり、あいさつの号令をかけたりすることができました。自分の役割をしっかり果たすことができるところが、○○くんの素敵なところです<sup>A</sup>。

**文例❷**　日直としてみんなの前に立ってあいさつをするときには、自分も姿勢を正し、みんなの方を見て大きな声であいさつをすることができます。**当たり前のことを当たり前にすること**<sup>B</sup>の大切さが伝わってきます。

### 言い換え表現

**A** ～が、○○くんの素敵なところです ➡ ～を、自信につなげてほしいと思います

**B** 当たり前のことを当たり前にすること ➡ 当たり前と誰もが思う基本的なこと

## エピソード❷ 給食

給食の配膳を誰かにやってもらったことに気づき、素直にありがとうを伝えることができた。

**POINT**
友だちのやさしさに気づけるようになったことを友だちの声を借りて評価します。自分のためにやってもらっていることが、たくさんあることに気づくことは、大きな成長です。

**文例❶**　給食の準備中、給食当番の友だちに感謝の気持ちを伝えていた○○さん。クラスの友だちが、「○○さんがありがとうっていってくれたよ」と自分のことのように、**満面の笑みで**<sup>A</sup>報告してくれました。

155

**文例②**　給食の当番のとき、ごはんの配膳を友だちに助けてもらいました。配膳が終わったあと、手伝ってくれた友だちに「ありがとう」と伝えていました。**相手のやさしい気持ちに感謝できる**ことは素晴らしいです。

**言い換え 表現**

**A** 満面の笑みで ➡ 明るく嬉しそうに

**B** 相手のやさしい気持ちに感謝できる ➡ 相手のやさしい気持ちに気づける

---

**エピソード❸ 休み時間**

休み時間には、一輪車に乗り、何度転んでも諦めずに練習に励むことができた。

●**POINT**
何をするにも基礎・基本の練習が必要です。一輪車の操作に関しても、毎日欠かさず練習することで感覚が身につきます。根気強く練習に取り組んだ姿勢を評価します。

**文例①**　休み時間には、一輪車の練習に励むことができました。何度も何度も転び、痛い思いをしても諦めずに練習に取り組んだことで、「何事も諦めなければ、大丈夫」と**自信をつける**ことができました。

**文例②**　友だちが一輪車に乗る様子をじっと見て、「やってみる！」と意欲的に練習を始め、最後には友だちと笑顔で手を取り合って一輪車に乗ることができました。みんなで**楽しさを共有する**よさを実感していました。

**言い換え 表現**

**A** 自信をつける ➡ できる喜びを味わう

**B** 楽しさを共有する ➡ 一緒に楽しむ／一緒に練習する

---

**エピソード❹ 掃除**

取りかかるまでに時間がかかっていたが、友だちの励ましを受けて頑張るようになった。

●**POINT**
苦手なことも頑張ってやり遂げた姿を評価します。日常生活でできるようになったことを保護者に伝えます。

**文例①**　掃除の時間になると、効率よく行動し、一生懸命に行いました。汗をかきながら頑張る姿を見た同じ班の友だちに、「○○さんって掃除が上手だね」とほめられています。掃除に遅れないように、給食を時間内にしっかり食べようとするなど、**成長が見られました**<sup>A</sup>。

**文例②**　担当の清掃場所を隅々まで気を配りながら、きれいに掃除ができるようになりました。自分でできることを自然と行動に移せる心が**素晴らしいです**<sup>B</sup>。

---

**言い換え 表現**

**A　成長が見られました** ➡ 一学期に比べて取り組みが速くなりました

**B　〜が素晴らしいです** ➡ 〜をもち続けてほしいと思います

---

### エピソード❺ 生活態度

| | |
|---|---|
| 身のまわりの整頓に支援を要する子が、自分で角を合わせることに留意し、配布物のプリントを嬉しそうにたたんでいた。 | **●POINT**<br>できるようになってきたことと自分でポイントを確認して行っていることを評価します。保護者の方に子どもの成長が具体的に伝わる所見となるようにします。 |

**文例①**　手紙が配布されると、「角と角を合わせて」と、揃えるポイントを意識しながら、丁寧にたたむ姿が見られます。きれいにたためた紙を見て、とても嬉しそうです。**自分のできることを確実に行う習慣**<sup>A</sup>がついてきています。

**文例②**　きれいにたためた手紙を、ニコニコしながら見せにくるようになりました。角を合わせたことを説明する姿から、**自信が伝わってきます**<sup>B</sup>。一つひとつ意識してできたことを認め、さらなる意欲にしていきます。

---

**言い換え 表現**

**A　自分のできることを確実に行う習慣** ➡ 当たり前のことができる習慣

**B　自信が伝わってきます** ➡ 自分ができるようになったことを実感しているようです

困っている友だちがいると、やさしく声をかけることができる。

**● POINT**
クラスの友だちという意識が高くなり、自分はこのクラスのメンバーなのだという気持ちをもっていることを評価して伝えます。

**文例 ❶**　困っている友だちには「ぼくが、話を聞いてあげる」と言って寄り添う姿にやさしさを感じます。友だちはクラスの大切な仲間ということを**しっかり認識し、行動に移しています**。<sup>A</sup>

**文例 ❷**　「ありがとう」「ごめんなさい」と言うことがしっかり身についてきました。そのため**大きなトラブルに発展することがなく**、<sup>B</sup>友だちと仲よく過ごせるようになりました。

**言い換え 表現**

**A しっかり認識し、行動に移しています** ⇒ 感じ取っているからこその行動です

**B 大きなトラブルに発展することがなく** ⇒ 揉めるようなことがなく／問題が起こることがないので

声をかけると、身のまわりの様子に気づき、順番に片づけることができるようになった。

**● POINT**
言葉かけをすることで、自分で片づけをすることができるようになったことを評価します。まだ、十分ではないことでも、子どもの成長の方向がわかるように伝えます。

**文例 ❶**　身のまわりが散らかっていても、声をかけることで、自分から片づけることができるようになりました。決められた場所に一つずつ戻し、**整理することができるようなってきました**。<sup>A</sup>

**文例 ❷**　使い終わったものを片づけてから、次の活動に移ることができるようになりました。片づけをうながす隣席の友だちの声かけにも、「ありがとう」と、**素直に言っていました**。<sup>B</sup>

**言い換え 表現**

**A** 整理することができるようになってきました ➡ 整理する力がついてきました

**B** 素直に言っていました ➡ 感謝の気持ちを伝えることができるようになりました

---

**エピソード❽ 生活態度**

好奇心旺盛でさまざまなことに興味をもつが、今は何をする時間か考えながら行動できるようになった。

● **POINT**

好奇心旺盛でどんなことにも興味を示すことを認めます。そのうえで、その場に応じて適した行動ができるようになったことを評価します。

**文例❶** 入学当初から、休み時間はアサガオの水やりを欠かしたことはありません。**決められた時間になると、きちんと仕事をする**[A]姿が立派です。ぐんぐんのびるつるや花びらをじっと観察し、**花を育てる楽しさ**[B]を味わっていました。

**文例❷** 好奇心旺盛で、さまざまなことに興味を示すことができます。「今は、話を聞くとき」「今は、遊ぶとき」と、何度もくり返したことで、授業中に離席することもなくなり、**落ち着いて話を聞く**[C]ことができるようになってきました。

---

**言い換え 表現**

**A** 決められた時間になると、きちんと仕事をする ➡ 自分の仕事を忘れずに行う／自分の役割をしっかりと果たす

**B** 花を育てる楽しさ ➡ お世話することの喜び

**C** 落ち着いて話を聞く ➡ 人の目を見て話を聞く／姿勢を正して話を聞く／興奮しないで授業を受ける

# 所見を書きにくい子
その子なりの頑張りや努力が見えにくい

## エピソード ❶ 掃除

口数や自己表現は少な
いが、掃除の時間は無
駄なおしゃべりをする
ことなく、黙々と取り
組んでいる。

### ● POINT

学校でも家庭でも自己表現の少ない子どもの保
護者は、子どもが学校でどのように生活してい
るのか、認めてもらえているのか不安に思って
います。保護者に安心感を与えるためにも誠実
に取り組んでいる様子を伝えます。

**文例 ❶** 　清掃活動では、いつも真っ先にほうきや雑巾を手にとって掃除に
取り組みます。無駄なおしゃべりをすることがないので、誰よりも多く机
を運び、教室の隅のゴミにもよく気がつきます。誠実に掃除に**取り組む
姿は、クラスのお手本です**[A]。

**文例 ❷** 　掃除の時間は、最初から最後まで任された仕事に一生懸命取り組
んでいます。机運びのときは、誰よりも多く机を運んでいます。○○**さ
んの労を惜しまず掃除に取り組む様子を見て**[B]、真剣に取り組む子どもが
自然と増えてきました。

### 言い換え 表現

**A 取り組む姿は、クラスのお手本です** ➡ 取り組む姿に感心しています

**B ○○さんの労を惜しまず掃除に取り組む様子を見て** ➡ ○○さんの姿勢が
クラス全体にも広がり

## エピソード ❷ 生活態度

忘れ物が多く、整理整頓が
苦手だったが、だんだんで
きるようになってきた。

### ● POINT

基本的生活習慣の一つである整理整頓や忘れ
物をしない習慣がだんだんと身についてきた
ことを評価します。その子の中での確実な成
長の様子を具体的な姿で伝えます。

**文例 ❶** 机の上に学習道具以外のものが出ていると学習に取り組みにくいことに気づきました。今では、休み時間のうちに机の上と道具箱の整理整頓を行うようになり、**すっきりとした気持ちで**<sup>A</sup>学習に取り組むことができるようになりました。

**文例 ❷** 家に帰ったらすぐに次の日の準備と宿題に取り組むという目標を立ててからは、忘れ物がなくなってきました。今後も継続した指導を通して、**基本的生活習慣の確立**<sup>B</sup>を目指していきます。

**文例 ❸** 2学期になって、「忘れ物をしないようにしよう」という約束をしてから、忘れ物がぐんと減りました。宿題も頑張って出そうという気持ちが強まりました。**自分がやらなければいけないことをやろうとする気持ち**<sup>C</sup>が育ったことが素晴らしいです。

**言い換え 表現**

**A** **すっきりとした気持ちで** ➡ 身のまわりの片づけを心がけて／気持ちよく

**B** **基本的生活習慣の確立** ➡ 規則正しい生活をすること／決まりを守って気持ちよく生活をすること

**C** **自分がやらなければいけないことをやろうとする気持ち** ➡ 目の前の課題を克服しようとする意欲

**エピソード ❸ 生活態度**

まわりに対して自己表現をすることは少ないが、見通しを立てた生活を送ることができるようになった。

● **POINT**
目立たなくても、日常の生活場面から、確実にできていることを見つけて評価します。担任がしっかりとその子のことを見ているということが伝わるようにします。

**文例 ❶** 空いている時間に連絡帳を書いたり、途中の課題を進めたりするなど、自分のやるべきことを見つけて動いていることが何度もありました。**計画的に物事を進める**<sup>A</sup>ことができるようになってきています。

**文例 ❷** スキマ時間ができると、自分のやるべきことを見つけて取り組んでいます。連絡帳記入や授業の準備、教室移動など、**見通しをもって取り組む習慣が身についてきています**<sup>B</sup>。

生活 Type **12** 所見を書きにくい子

161

**A** 計画的に物事を進める ➡ 自分のすべきことをこなす／見通しをもって取り組む

**B** 見通しをもって取り組む習慣が身についてきています ➡ 物事を順序だてて確実にこなすことができるようになっています。／先を見通す力がついています

## エピソード **4** 生活態度

昼夜逆転の生活になっていて、朝起きられないことが多い。欠席や遅刻が多く、授業にも支障をきたしている。

● **POINT**
保護者の方にも気をつけてもらいたい生活習慣や課題は、きちんと伝えると同時に、遅れても登校することができたことなどを評価して伝えます。

**文例 ①**　水泳に興味をもち、水泳の授業があるときは朝から張り切って登校することができます。生活リズムをつけて、朝すっきり起きられるように声をかけていきます。[A]

**文例 ②**　学校からの電話に応対できるようになりました。登校しなければという意識はありますので、遅れても登校することを目標に励ましていきます。[B]

言い換え 表現

**A** 声をかけていきます ➡ ゲームの時間などルールを決め、就寝時間を見直していきましょう

**B** 励ましていきます ➡ ご家庭と協力して生活リズムを整えていきましょう

## エピソード **5** 生活態度

引っ込み思案でなかなか自信をもてない子が、こつこつと取り組むようになった。

● **POINT**
その子なりの学び方で学んでいることを念頭におき、その子のよさや頑張り、得意なことを認め、自信につなげていきます。

**文例 ❶** 　毎日音読の練習を続けたところ、みんなの前でもリラックスしてすらすらと読めるようになりました。こうした姿勢がクラスのお手本となり、**友だちにもよい影響を与えました**<sup>A</sup>。

**文例 ❷** 　自分の考えを発表することは少なかったですが、ノートにはしっかりと書けています。今後は自分の考えを言葉に出して、**周囲に発信できるように**<sup>B</sup>励ましていきます。

**言い換え 表現**

**A　友だちにもよい影響を与えました** ➡ まわりの友だちも〇〇くんの姿に触発されていました

**B　周囲に発信できるように** ➡ みんなの前で表現できるように／友だちに伝えることができるように

---

**エピソード ❻ 生活態度**

感情のコントロールができるようになり、落ち着いて生活することができるようになった。

● **POINT**

自分の感情の自制ができるようになったことで、何事にも動揺することなく生活できるようになったことを保護者に伝えます。

**文例 ❶** 　**学校生活のさまざまな場面**<sup>A</sup>で落ち着いて学校生活を送れるようになりました。**感情のコントロールが上手にできるようになり**<sup>B</sup>、成長を感じます。

**文例 ❷** 　嬉しいときや悲しいときの感情を上手に抑えることができるようになりました。おかげで、**学校生活全般を**<sup>C</sup>おだやかに過ごすことができました。

**言い換え 表現**

**A　学校生活のさまざまな場面** ➡ 学校生活全般

**B　感情のコントロールが上手にできるようになり** ➡ きちんと考えてから行動することができるようになり／行動が気分に左右されなくなり

**C　学校生活全般を** ➡ 学校生活のさまざまな場面でも

生活

Type **12**

所見を書きにくい子

163

# 行 事 に関する所見文例

## Type 01 こつこつ頑張る子
自分の目標に向かって、努力することが得意！

### エピソード ① 運動会

運動会の練習に向けて、授業中だけではなく、休み時間や放課後、家でも練習をくり返し行うことができた。

● **POINT**

運動会に向けて、こつこつ練習をくり返す姿勢を伝えます。いつでもどこでもダンスの練習をくり返し、本番で絶対成功させようとする強い熱意を評価します。

**文例①** ダンス曲のダンスマスターになるために、人一倍練習に励みました。曲が流れると体が自然に動いてしまうほど、ダンスの動きを身につけることができました。本番でもリズムよく踊り、**達成感を味わう**[A]ことができました。

**文例②** かけっこで1位になるために、朝早くに起きて練習をしたり、休み時間に友だちと走り込んだりと、授業の時間以外にもこつこつと体力づくりに励みました。意志が強く、**自分の目標の実現に向けて努力する**[B]姿勢が立派でした。

---

**言い換え 表現**

**A 達成感を味わう** ➡ できる喜びを味わう／充実感を得る

**B 自分の目標の実現に向けて努力する** ➡ 自分のめあてに向けて最後まで諦めずに取り組む

### エピソード ② 学芸会

学芸会に向けて、進んで練習に取り組み、希望の役につき、劇を成功させることができた。

● **POINT**

オーディションや本番の成功に向けた過程の姿を評価することで、粘り強く取り組むことの大切さを感じ取らせ、さらなる意欲につなげていけるようにします。

**文例❶** 学芸会では、一生懸命、抑揚や間のとり方に気をつけて台詞の練習に取り組みました。オーディションでは練習の成果を発揮し、希望の役につくことができました。役が決まったあとも友だちのアドバイスをよく聞き、練習をさらに重ね、**大きく成長する**<sup>A</sup>ことができました。

**文例❷** 学芸会では、本番に向けて練習に取り組みました。大きな声で台詞を言う姿から、○○さんの「学芸会を成功させるんだ」という気持ちが伝わり、**成長を感じました**<sup>B</sup>。

**言い換え 表現**

**A 大きく成長する** ➡ ひと回りもふた回りも成長する／ひと回り大きく成長する／ぐんと成長する

**B 成長を感じました** ➡ やる気を感じました／意欲が感じられました

---

**エピソード❸ 展覧会**

課題に対して、素直に向き合うことができた。自分の納得がいくまで作品づくりに取り組むことができた。

**● POINT**
まわりの子どもたちのペースに左右されることなく、最後まで自分のペースで、納得がいくまで努力する姿に、本人の強い意志を見出すことができます。

**文例❶** 展覧会の立体作品「カラフルな鳥」の制作では、何百枚もの和紙を**根気強く**<sup>A</sup>貼り続けました。「穴があったら、あとで色を塗るときに大変だから、きっちり貼りつけるよ」と言いながら一つの穴も許さない完璧な作品に仕立て、達成感を味わいました。**観点❸**

**文例❷** 「オリジナルケーキ」では、図鑑で見つけた苺の写真と作品を見比べながら制作を進めました。さまざまな工夫を施した苺のつぶつぶ模様はまるで本物のようで、観察力の高さが生かされていました。作品が仕上がったときには、**嬉しそうにいろいろな角度からケーキを眺め、達成感を味わっていました**<sup>B</sup>。**観点❸**

**言い換え 表現**

**A 根気強く** ➡ 最後まで諦めることなく／最後まで丁寧に

行事

Type
**01**

こつこつ頑張る子

**B** 嬉しそうにいろいろな角度からケーキを眺め、達成感を味わっていました

　➡ 愛おしそうに、何度もケーキを眺めていました

---

エピソード **4** マラソン大会

マラソン大会に向けて練習を重ね、強い意志をもち目標を達成することができた。

● **POINT**
自分で決めた目標に取り組む実行力と、意志の強さを評価します。

---

**文例 ①**　持久走では、フルマラソンカードの目標距離を完走しました。自分で目標を決めて早朝に登校し、毎日こつこつと**走り続ける姿に強い意志と向上心を感じます**。[A]

**文例 ②**　持久走では、毎日時間を見つけては校庭に出て、走っていました。フルマラソンカードの目標距離を完走することで、達成感を味わうとともに、**自信につなげる**[B]ことができました。

**文例 ③**　フルマラソンカードで設定した目標距離をクリアするために、休み時間も走り込む姿が見られました。達成に向けて**全力で取り組む**[C]、たくましい精神力が育っています。

---

言い換え 表現

**A** **走り続ける姿に強い意志と向上心を感じます** ➡ 走り続け、努力を続けることができる意志の強さを感じます

**B** **自信につなげる** ➡ 自信をもつ

**C** **全力で取り組む** ➡ 果敢にチャレンジする／挑み続ける

## Type 02 一芸に秀でた子
こだわりが強く、自分の得意分野はとことん極めます！

### エピソード❶ 運動会

> 「絶対に1位になりたい！」と強い気持ちをもち、練習でも本番でも力を出し切った。

**● POINT**

負けず嫌いで、常に強気でいられる意志の強さを評価します。また、足が速いという特性を自己肯定感として感じている子どもの頑張りを認め、より意欲を高めるのがねらいです。

**文例❶** 　運動会のかけっこでは、「絶対に1位になるぞ」と強い思いをもって、練習でも本番でも全力を出し切りました。歯をくいしばり、腕を大きく振り、まっすぐ前を見て走ることで1位になり、**大きな自信となった**[A]ことでしょう。

**文例❷** 　運動会の棒引きでは、足の速さを生かし、先陣を切って、走り込む姿には素晴らしいものがあり、**チームみんなの意欲も高める**[B]ことができました。

#### 言い換え 表現

**A 大きな自信となった** ➡ 達成感を味わった／勝つ喜びを味わった／自信を深めることになった

**B チームみんなの意欲も高める** ➡ 友だちとの結束力を高める／友だちを奮い立たせる

### エピソード❷ 学芸会

> 学芸会では、持ち前の発想力を生かしてたくさんのアイデアを出し、学芸会を楽しむことができた。

**● POINT**

学芸会では、声の出し方や動作、しぐさにこだわりをもって、練習に取り組む姿勢を評価します。また、「さらによい劇にしたい！」という意欲を日に日に高めることができたことも認め、評価します。

行事

Type 02

一芸に秀でた子

**文例❶**　学芸会の練習では、声の出し方や動作、しぐさにこだわりをもって取り組むことができました。役の魔法使いになりきるために、休み時間にも、黒いマントをつけて**イメージを膨らませながら**[A]役づくりに励むことができました。

**文例❷**　学芸会では、場面のグループごとに集まって**自主的に**[B]声出し練習を行いました。おなかから声を出したり、動きをつけながら台詞を言ったりする方法を堂々と友だちに示すことができました。劇の練習を通して、日に日に自信をつけていきました。

**言い換え表現**

**A** **イメージを膨らませながら** ➡ 発想豊かに取り組みながら

**B** **自主的に** ➡ 自分から積極的に／進んで

---

**エピソード❸ 学芸会**

練習から本番まで真剣に臨み、本番も堂々と演じていた。また、自分の台詞以外の場面もよく見て、劇を成功させようとしていた。

**● POINT**

本番のことだけでなく、役に自ら立候補した積極性や、練習にも真剣に取り組んで劇を成功させようとしていた様子を伝えます。

**文例❶**　立候補した劇のオープニング役の練習では、台詞の行間を意識しながら、自分で動きを考えていました。大きな声で張りのある堂々とした台詞まわしは、劇の幕開けにふさわしく、**観客の気持ちを一気にひきつけました**[A]。

**文例❷**　学芸会では自分の台詞がない場面でも、友だちと動きをよく見て劇全体をとらえようとしていました。本番では自信をもって演技することができ、真剣に**練習を積み重ねた**[B]成果が表れていました。

**言い換え表現**

**A** **観客の気持ちを一気にひきつけました** ➡ 観客を魅了しました／みんなの注目を集めました

**B** **練習を積み重ねた** ➡ 努力した／取り組んだ／力を注いだ

## エピソード **4** 展覧会

自分を被写体にした紙版画で、細部まで注意を払いながら、最後まで作品づくりに取り組むことができた。

● **POINT**

版画は、印刷したときの仕上がりを考えながら取り組むことが大切です。仕上がりを予想して作品づくりに取り組むことのできる想像力の高さや、観察力を評価します。

**文例❶** 展覧会の作品「紙版画」では、本を持つ自分の手がどのような向きになっているのかを何度も見たり、鏡に映して確認したりしながら制作に取り組みました。印刷する前から版画に見られる画の反転や凹凸にも気を配り、**満足できる作品に仕上げる**ことができました。 **観点❸**

**文例❷** 紙版画をつくるときには、画や凹凸が反転して写ることを常に考えながら制作を進めることができました。本を持つ自分の右手を表すにはどのようにすればよいのか、手の向きを鏡に映しながら注意深く観察し、**動きのある**版画を仕上げることができました。 **観点❸**

### 言い換え 表現

**A 満足できる作品に仕上げる** ⇒ 想像通りの紙版画を完成させる／完成度の高い作品をつくる

**B 動きのある** ⇒ 躍動感のある／ダイナミックな

## エピソード **5** 展覧会

絵筆の特徴を生かしながら、大きな曲線を描いた。いつも使っているクレヨンや色鉛筆との違いを味わうことができた。

● **POINT**

いつも描き慣れている道具とは異なる、新しい感覚を初めて体験した喜びが伝わるように、具体的な様子を伝えます。自分が描いた作品を見て、自分の成長を実感している様子も評価します。

**文例❶** お気に入りの黄緑色の絵の具を筆にとって、大きな画用紙にすーっと一本、大きな曲線を描きました。自分が描いた力強く、ゆったりとした線の出来映えに**眼を輝かせていました**。

行事

Type **02**

一芸に秀でた子

**文例②** 広い体育館に飾られた、自分の作品をすぐに見つけることができました。最初に絵の具を使って描いたときの感動を思い出し、友だちに工夫したところを話しながら**満足そうに見つめていました**[B]。

**文例③** 勢いのある筆づかいで絵を完成させました。**作品の前で足を止めた友だち**[C]から驚きの声があがるほど、迫力のある作品となりました。自分の作品を見て、**完成の達成感を味わっていました**[D]。

---

**言い換え 表現**

**A** 眼を輝かせていました ➡ 喜びの表情を見せていました

**B** 満足そうに見つめていました ➡ 満面の笑みで見上げていました

**C** 作品の前で足を止めた友だち ➡ 作品に注目する人たち

**D** 完成の達成感を味わっていました ➡ 仕上げた手応えを感じていました

---

**エピソード⑥ ふれあい給食**

会の招待状やお礼状づくりで、得意の絵を添えて、丁寧に仕上げることができた。

● **POINT**

得意なことで感謝の気持ちを伝えようとする態度を認め、評価します。得意なことをさらに伸ばしていこうとする意欲につなげます。

**文例①** ふれあい給食の招待状やお礼状など、イラストとともに**心が温まる**[A]文を添えて仕上げ、地域の方々にまごころを届けることができました。コラージュのように画用紙をちぎって貼り合わせるなど、アイデアにあふれ、**センスのよさ**[B]が光りました。

**文例②** ふれあい給食の招待状を準備するとき、「どんなイラストを描くと喜んでくれるかな」「楽しみにしてくれるかな」と相手の気持ちを考えてつくることができました。得意の絵の表現力を生かし、地域の人への**やさしい気持ち**[C]がつまった招待状になりました。

---

**言い換え 表現**

**A** 心が温まる ➡ 愛情のこもった／相手を思いやる／胸が温かくなる

**B** センスのよさ ➡ 個性／独創性／オリジナリティ

**C** やさしい気持ち ➡ 思いやり

## Type 03 知識が豊富な子
知識が豊富！ アイデアマン！

### エピソード ❶ 遠足

遠足に行った公園で、ドングリの種類の違いを友だちに説明していた。

**● POINT**
自分で調べたり日常生活で得た知識を生かしたりして、学習活動に取り組んでいることを評価します。

**文例 ❶** 公園では、たくさんのドングリを見つけました。大きさや形からドングリの違いに気づき、「このドングリは、カブトムシが好きな種類のドングリ」「これは、食べられるドングリ」などと話していました。日頃から**興味があることのアンテナを広げながら体験したことを**[A]学習に生かしています。

**文例 ❷** 遠足の休憩時間にたくさん見つけたドングリを種類ごとに分け、カブトムシが好きなクヌギや食べられるしいの実など、ドングリの特性を説明していました。日頃から**興味や関心をもって**[B]調べていることが、学習に生かされています。

#### 言い換え 表現

**A** **興味があることのアンテナを広げながら体験したことを** ➡ 体験や興味・関心から得た知識を

**B** **興味や関心をもって** ➡ 知的欲求をもって／好奇心旺盛に／知的探究心をもって

### エピソード ❷ 子ども祭り

「どうしたらお客さまが喜ぶか」を考えながら、お店を運営することができた。

**● POINT**
子ども祭りでは、お客さまが喜ぶお店を運営することが大切になります。自分たちだけが楽しむのではなく、いかに相手意識をもって取り組んだかを評価します。

171

**文例 ①**　子ども祭りでは、「おしゃれな小物屋さん」を開きました。お客さまが来たときに、「かわいい飾りがいっぱいあると喜んでくれるだろうな」「受付をつくるとお客さまが何人来たかがわかるだろうな」と**生活経験を生かして**、お店を運営することができました。

**文例 ②**　子ども祭りでは、時間を前半と後半に分けて店番をすれば、みんなで買い物を楽しむことができることを思いつきました。「前半と後半で、お客さまが喜ぶお店にしようね」と今まで経験してきた**買い物の知識**を子ども祭りにも生かすことができました。

**言い換え 表現**

**A** **生活経験を生かして** ➡ 生活場面で学んだことを生かして／これまでの経験に当てはめて

**B** **買い物の知識** ➡ もち前の知識／知識の豊かさ

---

**エピソード ③ 子ども祭り**

折り紙のお店を担当して、いろいろな折り方を仲間に紹介した。お店にやってきた1年生にも、一つひとつ丁寧に教えてあげることができた。

● **POINT**
自分が得意なことが、みんなに広がっていく喜びを感じている様子を伝えます。自分の知識が他学年の子どもを喜ばせることができたと実感している姿を評価します。

**文例 ①**　子ども祭りでは、**得意な**折り紙をみんなに教えるお店を担当しました。お客さまの隣に座って、1回ずつ「次はこう折って」と丁寧に折り方を教えてあげることができました。

**文例 ②**　折り紙のお店にやって来る小さなお客さまにも、笑顔でわかりやすく折り方を教えてあげることができました。「上手に折れた」と喜ぶ小さな子を見て、**自分の妹のように**感じているかのようでした。

**言い換え 表現**

**A** **得意な** ➡ 自信をもっている

**B** **自分の妹のように** ➡ 他人事とは思えないように

## エピソード ❹ 学芸会

声質、表情、身振りにこだわり、練習に取り組むことができた。

**● POINT**

学芸会の結果のみを評価するのではなく、練習過程を評価します。役に合わせて創意工夫した子どもの姿を保護者が具体的にイメージできるよう伝えるとよいでしょう。

**文例 ❶** 学芸会の練習では、おばあさんになりきるために、声のトーンを変えたり、表情や身振りを何パターンもやってみたりと**試行錯誤しながら**[A]劇を仕上げました。

**文例 ❷** 学芸会の練習では、友だちの演技の「よいところ見つけ」を進んで行いました。「○○さんの動きは～なのでよかったと思います」と具体的に根拠をもって発言し、グループの仲間同士でまねし合うことで、**お互いに高め合う**[B]ことができました。

**文例 ❸** 学芸会では第○場面の「○○」の役に挑戦しました。早口言葉やゆっくり話す練習などを加え、くり返し真剣に練習していました。体育館の後ろの人にまではっきりと聞こえるように、**大きな声で**[C]台詞を言うことができました。

**文例 ❹** ○○さんは、友だちが演じているときも、その台詞に合わせて、表情をくるくると変えて練習を楽しんでいました。にこにこと**笑顔で練習する**[D]ので、とてもよい雰囲気で練習が進みました。

**行事**

**Type 03**

**知識が豊富な子**

### 言い換え 表現

**A 試行錯誤しながら** ➡ いろいろなやり方で挑戦して／諦めずに試しながら

**B お互いに高め合う** ➡ 友だちのよさを認め合う／ほめ合う

**C 大きな声で** ➡ 口を大きく開けて／おなかから声を出して

**D 笑顔で練習する** ➡ 自ら意欲的に練習する／練習を心から楽しむ

中・高学年の作品を見て、材料やつくり方を想像して楽しむことができた。

● **POINT**

作品を見て楽しむだけでなく、どうやってつくったのかを考えながら、鑑賞することができたことを評価します。自分も早くあんな作品をつくってみたいという期待をもっている姿を伝えます。

**文例 ①**　5年生のランプシェードの作品を見て、作り方に興味をもちました。[A]「裏から貼ったのかな」「きっと針金を使うんだよ」と、制作の過程も想像しながら、展覧会を楽しむことができました。

**文例 ②**　高学年の作品をじっと見つめ、[B]「これつくりたい」とつぶやいていました。「早く大きくなって、いろいろな作品に挑戦したい」と、次の展覧会を楽しみにしていました。

**文例 ③**　○学年が取り組んだ立体作品「お面」に魅了され、制作したお兄さんから制作過程を一つひとつを教えてもらっていました。○**年生になる楽しみ**[C]ができたようです。

**文例 ④**　展覧会では、友だちと一緒に上級生がつくった作品をじっくり鑑賞していました。**どのようにつくったのか話し合ったり**[D]、自分だったらこんな作品にしたいと語ったりして盛り上がっていました。充実した展覧会を過ごせたようです。

**言い換え 表現**

**A ～を見て、作り方に興味をもちました** ➡ ～の作り方を想像して鑑賞を楽しみました

**B じっと見つめ** ➡ くまなく観察して／熱心に鑑賞して

**C ○年生になる楽しみ** ➡ 成長することへの期待

**D どのようにつくったのか話し合ったり** ➡ 作品をもとにイメージを膨らませたり

174

## Type 04 発想が豊かな子
ひらめき力があり、違う視点で発想できる!

### エピソード ① 1年生を迎える会

出し物の替え歌をつくる際に、1年生らしく、入学当初のわくわく、どきどきした気持ちを歌詞に表すことができた。

**POINT**

入学当初のわくわく、どきどきした気持ちを言葉にして表現できたことを評価します。自分の思いを堂々と伝える姿勢も評価します。

**文例 ①** 1年生を迎える会での歌の出し物では、「ぼくたちの気持ちを歌にしたらどうですか?」と新たな意見を提案しました<sup>A</sup>。入学当初のわくわく、どきどきした気持ちを表す言葉をクラスで出し合いながら歌詞をつくる<sup>B</sup>ことができました。

**文例 ②** 1年生を迎える会では、歌に合わせて、動きもつけるとよいのではないかと提案しました。練習では、歌詞のイメージに合わせた振りつけを考え出し<sup>C</sup>、楽しい歌をつくることができました。

#### 言い換え 表現

**A** 意見を提案しました ➡ 思いや考えを伝えました/考えを発表しました

**B** 入学当初のわくわく、どきどきした気持ちを表す言葉をクラスで出し合いながら歌詞をつくる ➡ 自分が入学した頃の気持ちを思い出しながら、ユニークな歌詞を発表する

**C** イメージに合わせた振りつけを考え出し ➡ イメージを膨らませて

### エピソード ② 校外学習

イモ掘りでの体験を自分の言葉で表現することができた。

**POINT**

体験したことを、自分の言葉で素直に表現できる子どもらしさと、感受性の豊かさを伝えます。子どもが話した言葉を引用すると、保護者に子どもの様子がよく伝わります。

行事

Type 04

発想が豊かな子

**文例❶**　イモ掘りでは「土の上は温かかったけど、掘ってみたら土が冷たかった」、アサガオの観察では「つぼみは、ソフトクリームのうずまきみたい」と楽しそうに話していました。**表現力が豊かで、素直な感受性が伝わってきます。**[A]

**文例❷**　イモ掘りでは、「イモは1個ずつできるんじゃなくて、何個もつながっているんだね」と、予想していたでき方との違いから**イモの生育の様子を学ぶことができました。**[B]

**言い換え 表現**

**A** **表現力が豊かで、素直な感受性が伝わってきます** ➡ 見たことや感じたことを素直に自分の言葉で話すことができ、豊かな表現力が育まれていることがわかります

**B** **イモの生育の様子を学ぶことができました** ➡ イモのでき方をよく観察することができました／イモの特徴に気づき、植物の生育に興味をもっている様子でした

**エピソード❸ 子ども祭り**

今までの形態にとらわれることなく、新しい遊びのお店を考え、計画・実行することができた。

**● POINT**
新しいお店や遊びを考えることは、あまり多くの経験をもたない低学年では難しいことですが、みんなが楽しめる遊びを考えようとする、柔軟な発想や豊かな想像力を評価します。

**文例❶**　子ども祭りでは、自分の似顔絵を描く遊びを考えました。昔遊びで経験した福笑い遊びから、口や目などの部位の形をなぞり書きできるような型紙をいくつも用意しました。みんなが楽しみながら絵を描くことができるように工夫されたお店は、○○さんの**柔軟な**[A]発想が生かされていました。

**文例❷**　子ども祭りでは「似顔絵屋さん」のお店を提案し、「こんな形にしたら、描きやすいと思うよ」と率先して意見を出しながら口や目などをなぞることのできる型紙を用意しました。○○さんの豊かな発想で、**誰もが楽しむことのできるお店を開く**[B]ことができました。

**言い換え 表現**

**A** 柔軟な ➡ 豊かな／オリジナリティーあふれる

**B** 誰もが楽しむことのできるお店を開く ➡ 新しいお店をつくり出す

---

**エピソード ④ 子ども祭り**

お店を出すための準備をするときに、同じ大きさの箱を集めればよいことに気づき、見通しをもって活動することができた。

**● POINT**
その子のアイデアによって、活動が効率的になったことを伝え、これからも自分の発想をみんなの活動に役立てようという意欲をもたせます。

**文例 ①** 子ども祭りの準備では、段ボールの大きさを揃えるとお店がつくりやすいことに気づき、同じサイズの段ボールを集めました。○○くんの気づきにより、**見通しをもった**[A]活動をすることができました。

**文例 ②** 子ども祭りの準備では、同じ大きさの箱を集めれば、お店づくりがやりやすいことに気づきました。目的意識をもって箱を集めることができ、学級全体の準備が**スムーズに**[B]進みました。

---

**言い換え 表現**

**A** 見通しをもった ➡ 計画的な／目的意識をもった

**B** スムーズに ➡ 効率よく

---

**エピソード ⑤ 子ども祭り**

独創的なゲームを編み出し、多くの人に楽しんでもらう方法を考えた。

**● POINT**
ゲームの仕組みがオリジナリティにあふれ、1年生から6年生までを考慮してルールを考えることができた点を評価して伝えます。

**文例 ①** 子ども祭りでは、「ジャンピング・キャッチ」というゲーム屋さんを提案し、綿密な計画のもと全校児童を楽しませることができました。豊かな発想で、次々にアイデアを提案し意欲的に活動することができました。[A]

行事

Type
04

発想が豊かな子

**文例②** 子ども祭りでは、「木の実屋さん」をつくり、ドングリや木の実で遊べるおもちゃ屋さんをつくりました。おもしろいアイデアをいくつも提案し、**お客さまを楽しませることができました**。<sup>B</sup>

---

**言い換え** **表現**

**A** **意欲的に活動することができました** → 楽しみながら活動できました／盛り上げに貢献しました

**B** **〜を楽しませることができました** → 〜の人気の的となりました／〜から大盛況のお店になりました

---

### エピソード⑥ 子ども祭り

| たくさんのお客さまが来ることを予想して、工作の材料や遊び方を工夫することができた。 | ● **POINT**　お店を開いたときのことを想像して、いろいろな工夫を提案する発想の豊かさを評価します。お客さまに楽しんでもらいたいと願いながら、準備を進める具体的な様子を表現します。 |
|---|---|

**文例①** たくさんのお客さまが来てくれることを予想して、待ってもらう椅子を準備したり、ゲームを早く進めたりするやり方を、**次々と提案することができました**。<sup>A</sup>

**文例②** 小さなお客さまもやって来ることがわかると、わかりやすく説明するやり方を考えたり、作品の途中までできたものを用意したりするなど、**相手を考えた**準備を進めることができました。<sup>B</sup>

**文例③** 下級生のお客さまのために、ゲームのルールをやさしくアレンジしたり、ゲームの前に練習できるようにしたりと、誰もが楽しめるように準備をしていました。**心に浮かんだこと**を実行に移す行動力が素晴らしいです。<sup>C</sup>

**文例④** お店にお客さまが来たことを想定し、お客さま役になったり、お店やさん役になったりして、友だち同士でゲームのルールを説明する練習をしていました。工夫を重ねて、わかりやすい説明方法が見つかると、みんなで共有し、よりお客さまに楽しんでもらえる**お店づくりを目指しました**。<sup>D</sup>

**A** **次々と提案する** ➡ 発想豊かにアイデアを出す／友だちと相談しながら考える

**B** **相手を考えた** ➡ 相手意識をもって

**C** **心に浮かんだこと** ➡ 思いついたこと／考えついたこと

**D** **お店づくりを目指しました** ➡ ための工夫が光りました／ように試行錯誤していました

---

**エピソード 7 展覧会**

友だちの作品の素晴らしいところに気づき、相手に伝えることができた。

● **POINT**

人や物に対していいところを見つけられることは、発想力が豊かな子どもならではです。よく気づいていること、よく見ていることなどを評価します。

行事

Type
**04**

発想が豊かな子

**文例 ①** 展覧会で友だちやパートナーにいいところを伝える「いいねカード」の活動では、友だちの作品の素晴らしいところを**どんどん見つけることができました。** **色づかいや形などをよく見てほめること**ができるので、カードを渡した相手にとても喜ばれていました。友だちや作品のよさに**気づく**ことができるのも○○さんのよさの一つです。

**文例 ②** 展覧会で、友だちの作品の色や形のよさに気づき、友だちに伝えました。それを聞いた友だちも笑顔を見せていました。**友だちの作品のよさをみつけることができる**のも○○さんの才能です。

言い換え表現

**A** **どんどん見つけることができました** ➡ たくさん書き留めました／わかりやすくメモしていました

**B** **色づかいや形などをよく見てほめること** ➡ 友だちの長所を見いだすこと／友だちの工夫に気づくこと

**C** **気づく** ➡ 目を向ける

**D** **友だちの作品のよさをみつけることができる** ➡ 友だちのよさに気づき、ほめることができる

# まわりのために動ける子
みんなのために動きます！　友だち思いのやさしい子！

**エピソード❶** 学校探検

1年生の手を引き、気を配りながら探検することができた。1年生は、嬉しそうにしていた。

● **POINT**

子どもの行動が、1年生に安心感を与えていた姿を書き、これからも思いやりの気持ちを大切にしようとする意欲を高めます。そして、相手を思うやさしい気持ちが育っていることも伝えます。

**文例❶**　学校探検では、トイレを確認したり、どこに行きたいかを聞いたり、1年生が安心してまわれるように常に気を配っていました。**下級生の立場に立って**[A]行動する姿にやさしさが感じられました。

**文例❷**　学校探検では、ルートをまわりきることよりも1年生の気持ちを優先し、歩くペースを合わせたり、行ってみたいところを尋ねたりと相手を思いながら、活動しました。○○さんがやさしい言葉をかけるたびに、**1年生は嬉しそうな表情を浮かべていました**[B]。

**文例❸**　学校探検では、緊張をしている1年生のことを思いやり、「最初はどこに行きたい？」と積極的に話しかけていました。ルートをまわりながら、「廊下は静かに歩くんだよ」と学校のルールをやさしく伝える○○くんは、**立派な上級生でした**[C]。

**言い換え 表現**

**A 下級生の立場に立って** ➡ 1年生のことを考えて／相手を思いやって

**B 嬉しそうな表情を浮かべていました** ➡ 喜んでいました／楽しそうにしていました

**C 立派な上級生でした** ➡ お兄さんとしての気持ちが芽生えてきました

## エピソード ❷ 運動会

運動会での話し合い活動では、できるだけ多くの友だちの意見を聞こうとすることができた。

● POINT

話し合い活動では、自分の意見を主張するよりも、クラスのできるだけ多くの友だちの意見を聞く、難しい司会者役を務めたことを評価します。

**文例 ①** 運動会に向けての話し合い活動では、「どうしたら成功するか」「守らなければいけないルール」について、できるだけ多くの友だちの意見を聞こうと、気を配りながら**司会進行をすることができました**。^A

**文例 ②** 賛成意見、反対意見が出て、混乱しやすい話し合い活動でも、**落ち着いて司会をする**^B ことができました。みんなの意見を聞くことができる頼りになる存在です。

### 言い換え 表現

**A** **司会進行をすることができました** ➡ 積極的に話し合いを取りまとめていました

**B** **落ち着いて司会をする** ➡ みんなの思いに目を向ける／全ての意見に耳をかたむける

## エピソード ❸ 学芸会

なかなか台詞を覚えられない友だちと一緒に、台本を読み合わせる練習をくり返した。

● POINT

友だちを助けながら、自分も楽しむことができる朗らかな様子を評価します。友だちのことを気づかいながら、楽しそうに練習する具体的な場面を通して伝えます。

**文例 ①** 長い台詞がなかなか覚えられない友だちを手伝って、一緒に台本の読み合わせをしました。友だちのひと言ずつに、**笑顔でうなずきながら見守る様子**^A **にあたたかい心を感じました**。^B

**文例 ②** 台詞が覚えられない友だちと一緒になって、劇の練習をくり返しました。○○さんの楽しそうな姿に魅せられて、休み時間には**自主的な**

練習仲間がどんどん増えていきました<sup>C</sup>。苦手だった子も「全部、覚えちゃった」と言って、**にこやかに**演技を見せてくれました。

言い換え 表現

**A** **笑顔でうなずきながら** ➡ 自分の台詞のように／小さく口ずさみながら

**B** **〜にあたたかい心を感じました** ➡ 〜から相手を思いやる気持ちが感じ取れました

**C** **自主的な練習仲間がどんどん増えていきました** ➡ 多くの友だちと練習に励みました

**D** **にこやかに** ➡ 自信たっぷりに

---

### エピソード ❹ 展覧会

展覧会の準備をしている担任の手伝いをしてくれた。

● **POINT**
みんなのために進んで手伝う姿勢を伝え、自分の得意分野を十分に発揮することができたことを評価します。

**文例 ❶** 展覧会直前に、作品の題字づくりを手伝ってくれました。発想の豊かさや手の器用さを生かし、物づくりに励む姿勢が立派でした。題字を完成させ、よい展覧会にしようとする**意識を高める**ことができました。

**文例 ❷** 展覧会直前には、会場の展示台づくりを手伝ってくれました。作業をしながら、「この布の上に、作品を置くのはどうですか」とさまざまなアイデアを提案しました。自分のアイデアを言葉にして、**相手に伝える力**が身についています。

**文例 ❸** 展覧会の準備では、作品並べの手助けをしてくれました。自発的に並び順や位置を工夫して、作品の特徴を生かした展示にすることができ、**満足した様子で**展示台を眺めていました。

言い換え 表現

**A** **意識を高める** ➡ 思いを高める

**B** **相手に伝える力** ➡ 友だちとかかわる力

**C** **満足した様子で** ➡ 嬉しそうに／得意気に

## Type 06 クラスをまとめる子

段取りがよく、リーダーシップを発揮します！

### エピソード ❶ 運動会

グループリーダーとして、ダンスの練習で活躍した。

**● POINT**

リーダーとしてグループをまとめて練習に取り組んでいたことや、クラスのムードメーカーとして友だちに接している様子を評価します。

**文例 ❶** 運動会では、○○リーダーとして練習をしました。練習中にトラブルがあったときには、友だちをなぐさめたり、励ましたり、**誰に対しても平等に**、責任感をもって行動することができます。

**文例 ❷** 運動会では、○○リーダーに立候補しました。休み時間や放課後は「みんなで練習しようよ！」と明るく声をかけて、楽しく練習していました。**元気いっぱいの笑顔で明るい○○さん**はクラスの前向きな雰囲気をつくることができます。

#### 言い換え 表現

**A** 誰に対しても平等に ➡ 誰に対してもやさしく／公平な態度で

**B** 元気いっぱいの笑顔で明るい○○さん ➡ 誰に対してもやさしく明るい○○さん

### エピソード ❷ 子ども祭り

子ども祭りでは、小さな子どもにも楽しんでもらおうと、ルールをやさしく説明することができた。

**● POINT**

小さな子どもに合わせてゆっくりと話し、待ってあげられるやさしさを評価します。小さな子どもの笑顔を自分の喜びととらえられたことを伝えます。

**文例 ❶** 子ども祭りでは、お客さまに合わせて臨機応変に遊びのルールを変える対応ができました。ゲームを楽しんでいる小さなお客さまが帰るときには、とても**満足そうな**笑顔で手を振っていました。

行事

Type 06

クラスをまとめる子

183

**文例 ②**　小さな1年生にも楽しんでもらえるように、ゲームのスタート位置をこっそりと移動してあげました。うまくできたと喜ぶ1年生に「よかったね」と言って、笑顔で**ハイタッチを交わしました**。<sup>B</sup>

**文例 ③**　小さな1年生にゲームを楽しんで帰ってもらえるように「もう1回やってみよう」とチャンスをあげていました。機転を利かせた対応で、1年生もまわりの人たちも**温かい雰囲気に包まれました**。<sup>C</sup>

### 言い換え 表現

**A** 満足そうな ➡ 役に立てた喜びが表れた

**B** ハイタッチを交わしました ➡ 喜びをともにしました

**C** 温かい雰囲気に包まれました ➡ 笑顔になりました

---

### エピソード ③ なわとび大会

| 長なわ大会に向けた練習でみんなをひっぱり、クラスの記録更新に貢献した。 | ●POINT 子どもの具体的な姿で描くことで、そのときの様子をいきいきと伝えることができます。 |
| --- | --- |

**文例 ①**　なわとび大会に向けての練習では、**みんなをまとめていました**。<sup>A</sup> 跳ぶコツをみんなに伝えたり、跳ぶのが苦手な友だちと一緒に跳んだりと、新記録に大きく貢献しました。

**文例 ②**　なわとび大会の練習では、誰かが跳ぶ度に「ナイス！」「惜しいよ！」と、一人ひとりに声をかけて**応援していました**。<sup>B</sup> ○○さんの献身的な姿に、次第に練習への参加者が増えました。クラスの新記録が出たときの顔は、**誰よりも輝いていました**。<sup>C</sup>

**文例 ③**　なわとび大会の練習では、タイミングよくなわを跳ぶことができない友だちのために、なわをゆっくりと回して練習することを提案しました。友だちがなわを跳べると、**自分のことのように**喜んでいました。<sup>D</sup>

### 言い換え 表現

**A** みんなをまとめていました ➡ 団結力を高めることができました／一体感を生むきっかけをつくってくれました

**B 応援していました** ➡ 鼓舞していました／励ましていました

**C 誰よりも輝いていました** ➡ 喜びにあふれていました

**D 自分のことのように** ➡ 友だちと一緒になって

---

### エピソード❹ 地域交流

地域の方とのふれあいの中で相手のことを大切にして活動することができた。

● **POINT**
自分のペースではなく、相手やまわりの友だちのペースに合わせて交流会を進行したことを認め、評価します。

---

**行事**

**Type 06**

クラスをまとめる子

**文例❶** 高齢者の方々をお招きしての「ふれあい給食」では、手作りのランチマットやネームプレートを用意するなど随所に温かなおもてなしの心がこもっていました。当日はたくさんの方々からお礼の言葉をいただき、その表情から**達成感を感じている**ことが伝わってきました。

**文例❷** 「ふれあい給食」の準備では、まずお客さまの名札をつくることから始めました。一人ひとりフルネームで丁寧に仕上げる姿から、○○さんの**やさしさを感じました**。

**文例❸** 地域の方との交流会「ふれあい給食」では、会の流れを間違えないように友だちに声をかけたり、自分から声をかけて話をしたりするなど、**リーダーシップを発揮し**成功に導きました。

**文例❹** 保育園での読み聞かせでは、相手のことを考えながら、**はっきりした声**でゆっくりと話すことができました。相手の立場を考えて行動する姿勢が身についています。

---

### 言い換え 表現

**A 達成感を感じている** ➡ 嬉しさをかみしめている／充実感を味わっている

**B やさしさを感じました** ➡ 人を思いやる気持ちが伝わってきました／気づかいが感じられました

**C リーダーシップを発揮し** ➡ スムーズに進むよう配慮して

**D はっきりした声** ➡ 相手が聞き取りやすい声

# 積極的に自己表現できる子
自分の思いは、堂々と伝えます！

## エピソード ❶ 校外学習

校外学習でお世話になった方へ、心をこめて手紙を書くことができた。

● **POINT**
心をこめた手紙を書けたことはもちろんのこと、受け取った相手の気持ちを考えて工夫することができる思いやりの気持ちを評価します。

**文例 ①**　お世話になった方にお礼状を書くときは、受け取る相手のことを考えながら、表紙を細かな貼り絵で飾ったり、似顔絵を描いたりしながら仕上げました。ひと手間かかることへの労力を惜しまず、楽しんで活動に**取り組むことができました**。

**文例 ②**　校外学習でお世話になった地域の方へ、お礼の手紙を書く係に立候補しました。一緒に過ごした時間のエピソードやそのときの気持ちを織り交ぜて書かれた手紙は、**受け取る相手の気持ちを思いやるやさしさにあふれていました**。

### 言い換え 表現

**A** **取り組むことができました** ➡ 取り組み、温かみのある手紙を届けることができました

**B** **受け取る相手の気持ちを思いやるやさしさにあふれていました** ➡ 一緒に過ごした時間の楽しさを、もう一度共有したいという素直でやさしい思いが表れていました

## エピソード ❷ 運動会

運動会のダンスでリズムにのって元気よく踊りました。手先の伸ばし方などはみんなの手本になりました。

● **POINT**
恥ずかしがらず自分の最高の演技を見せようとする態度を、具体的な児童の様子や変化を見取って表現します。

**文例①** 手を伸ばすところ、ピタッと止まるところなど、細かな部分まで意識したダンスができました。○○さんの明るい笑顔と元気な踊りは、見る人の**心に感動をよびました**。[A]

**文例②** 伸ばした手先や先を見据える視線など、いつでも最高の演技をみせようとした○○さん。その強い思いはダンスにも表れ、見ている人たちの**胸を打ちました**。[B]

---

**言い換え表現**

**A** **心に感動をよびました** ➡ 心を動かしました

**B** **胸を打ちました** ➡ 心を揺さぶりました

---

**エピソード③ 子ども祭り**

カード屋さんを担当して、お客さまが楽しめるようなアイデアをたくさん出した。

**● Point**
実際に自分たちで実現できることを考えて提案する、自立した姿勢を評価します。自己主張をしながらも、仲間の考えを受け止めることができる柔軟さを伝えます。

**行事**

Type **07**

積極的に自己表現できる子

**文例①** 子ども祭りでは、友だちと協力して取り組みました。同じグループの子と意見が合わないときも諦めず、最後までよいお店にするために話し合いを重ねました。当日は、たくさんのお客さまが来店し、**達成感を味わう**ことができました。[A]

**文例②** 子ども祭りのカード屋さんのお店では、お客さまが楽しめるように、星やハートの形を用意したり、自宅にあるシールを持ち寄ったりするなど、たくさんのアイデアを**提案しました**。[B]

**文例③** 友だちが出したアイデアにも「いいね、それやろう」と言って**共感しながら**、お店づくりの準備を楽しみました。[C]本番では、みんなで協力しながら考えたアイデアのおかげで、大評判のシール屋さんになりました。

**A** 達成感を味わう ➡ 充実感を得る

**B** 提案しました ➡ 出し合いました

**C** 共感しながら ➡ 笑顔を交わしながら


### エピソード ④ 学芸会

学芸会の劇で、役になりきって表現した。心のこもった演技を披露し、お客さまから注目を浴びた。

● **POINT**
進んで役に挑戦し、大変な練習に耐えて成功させたことを評価します。

**文例 ①** たくさんの台詞と歌がある○○の役に挑戦し、大変な練習を乗り越えました。声はもちろん、表情から動きまで心がこもっており、舞台で演じる姿は、**輝いて見えました。**[A]

**文例 ②** 持ち前の積極性で難しい役に立候補し、見事主役に選ばれました。主役の座に恥じない堂々とした演技をする○○さんの姿は、たくさんの人の**感動をよびました。**[B]

**A** 輝いて見えました ➡ 堂々としていて立派でした

**B** ～の感動をよびました ➡ ～の涙を誘いました／～を物語の世界に引き込みました


### エピソード ⑤ 展覧会

設計図づくりから作品完成まで、自分の構想を大切にしながら取り組むことができた。

● **POINT**
自分の中の構想を常に意識して、思いを絵や形にして表現できたことを評価します。最後まで根気強く、作品づくりに取り組んだ様子を伝えます。

**文例 ①** 展覧会に出品する「おめでとうケーキ」の制作では、設計図づくりから完成するまで自分の構想を大切にした、いちごやキャンドルで飾っ

たかわいいケーキをつくることができました。粘土を練ったり、伸ばしたり、色づけをしたりして、頭でイメージしていたことを**形にして表現する**[A]力を伸ばしました。 観点 **2**

文例 **2** 展覧会に出品する「うつしてみつけて」の制作では、自分の好きな「海」の世界を、色を使って美しく表現することができました。水色のローラーで波を表したり、緑色のローラーで水草を表したりと、生き物だけではなく、背景にも工夫を凝らすことで、**積極的に表現活動を楽しむ**[B]ことができました。 観点 **2**

文例 **3** 作品「オリジナルケーキ」では、設計図を描いてから作品づくりを始めました。自分のイメージに近づくまで何度も作り直しをしました。最後には、設計図で考えた7色のバラを散りばめ「大変だったけど、私の宝物になった」と満面の笑みで**眺めていました**[C]。

### 言い換え 表現

**A** **形にして表現する** ➡ 作品として創り上げる

**B** **積極的に表現活動を楽しむ** ➡ 進んで物づくりを楽しむ

**C** **眺めていました** ➡ 達成感を味わっていました

---

### エピソード **6** 展覧会

貼り絵の作品づくりで、色紙の大きさや配色に気を配りながら、自分が思い描いた絵を丁寧に仕上げることができた。

● **POINT**

展覧会の作品を制作する過程で、子どもたちが想像力を膨らませて自分の描きたいイメージをつくり出し、細部まで注意を払いながら作品づくりに臨んでいる様子を評価します。

---

文例 **1** 展覧会の貼り絵の作品「遊びに行ってみたい夢の中」では、細かな濃淡まで表現できるように、色紙をできるだけ小さくちぎりました。紙を貼るときには、**自分のイメージした絵をつくる**[A]ことができるように何度も色紙を置き換えて配色を考えながら作業をしていました。広々とした草原で楽しそうに遊んでいる様子がのびのびと表現された作品**に仕上げる**[B]ことができました。 観点 **3**

行事

Type **07**

積極的に自己表現できる子

**文例 ②**　貼り絵「遊びに行きたいな」では夢の世界をはっきりとイメージして、制作に取り組みました。「色紙を小さくちぎった方が、細かい絵も描けるから」と話しながら時間をかけて紙を小さくちぎり、手先を器用に動かして貼り合わせることで、草原の濃淡や楽しく遊んでいる様子が**のびのびと**[C]表現された作品をつくることができました。**観点 ③**

**言い換え 表現**

A **自分のイメージした絵をつくる** ➡ 心にイメージした風景を表す
B **〜に仕上げることができました** ➡ 〜を完成させることができました
C **のびのびと** ➡ いきいきと

---

**エピソード ❼ 交流会**

自分よりも年下の子どもたちとかかわる際、相手が喜ぶことを考え、相手の思いに耳をかたむけることができた。

**● POINT**
自分よりも年下の子どもたちへのまなざしの温かさや相手意識をもった対応の素晴らしさを伝えます。相手の思いに寄り添い、支えてあげる根気強い姿勢も評価します。

---

**文例 ①**　お正月交流会では、「どの遊びがしたい？　こまは右回しでひもを巻きつけてね」と年下の子どもたちに進んで声をかけることができました。**相手の表情を読み、困ったことを聞いてあげる**[A]など、不安を取り除いてあげるやさしさをもっています。

**文例 ②**　読み聞かせ発表会では、保育園や幼稚園の子どもたちが好きな本を選べば、喜んでくれるだろうというアイデアをクラスのみんなに提案しました。**自分の思いを堂々とみんなに伝え、行動に移す**[B]ことができます。

**言い換え 表現**

A **相手の表情を読み、困ったことを聞いてあげる** ➡ まわりに目を向けて声をかける
B **自分の思いを堂々とみんなに伝え、行動に移す** ➡ 気持ちをまっすぐに伝えて、すぐに行動に移す

**Type 08 友だちとのかかわりがよくできる子**
誰とでも仲よくでき、ほかのクラスにも友だちが多い！

### エピソード❶ クラス替え

クラス替えのあと、自分から友だちをつくろうと積極的に話しかけ、新しい友だちをたくさんつくった。

**● POINT**

その子自身がもっているよさと実際の行動を伝えることで、具体性がぐっと増します。休み時間にどんなことをして遊んでいるかなどを詳しく書くと、さらにわかりやすい所見となります。

**文例❶** 明るい性格とこだわらない人柄で、男女問わず自分から積極的に声をかける姿が印象的です。新しいクラスにもすぐに溶け込み、休み時間は大勢で遊び、新しい**友だちの輪を広げました**。

**文例❷** クラス替え直後から、鬼ごっこなどを通して、みんなと分け隔てなく遊んでいます。誰とでも平等にかかわっており、クラスの**中心的な存在**となっています。

### 言い換え 表現

**A 友だちの輪を広げました** ➡ 友だちと仲よく過ごしました
**B 中心的な存在** ➡ 司令塔／リーダー

### エピソード❷ 1年生を迎える会

1年生を迎える会で、1年生と手をつないで堂々と入場することができた。

**● POINT**

どのような気持ちで1年生とかかわろうとしているのか、1年生の世話を通して、何を学んでいるのかを観察して書きます。

**文例❶** 1年生を迎える会で、パートナーの1年生と手をつないで花のアーチをくぐったときに、改めて2年生として自覚した○○さん。1年生にやさしく話しかけたり、ほほえみかけたりする姿に上級生としての**自信があふれていました**。

行事

Type 08

友だちとのかかわりがよくできる子

**文例②**　1年生を迎える会を通して、パートナーから「このお姉さんとまた遊びたい、と思ってもらえるように考えて行動していきたい」と発言した○○さん。いろいろな場面で積極的に1年生**とかかわる姿が頼もしい限り**です。^B

**言い換え表現**

**A** **自信があふれていました** ➡ 意気込みがあふれていました

**B** **〜とかかわる姿勢が頼もしい限りです** ➡ 〜とかかわる姿勢は、1年生の担任からも感謝されています

---

### エピソード❸ 遠足

| 普段、かかわりの少ない友だちに対しても、進んで声をかけ、みんなで楽しもうとする姿勢で取り組むことができた。 | ● **POINT**<br>かかわりの少ない友だちに対しても、臆することなく、声かけをするなど、進んでみんなでかかわろうとする姿勢を評価します。 |
| --- | --- |

**文例①**　遠足では、普段かかわりの少ない友だちに対しても「一緒にお弁当を食べようよ、だって遠足だもん。楽しい思い出をつくらなくちゃね」と声をかけることができました。**みんなで楽しもうという○○くんらしい強い気持ち**を感じました。^A

**文例②**　遠足では、「次はどこで遊ぶ？　ブランコがすいているから、すぐ乗れそうだよ」とまわりに目を向けながら、**相手の思いを尊重して**遊ぶ^Bことができました。上級生としての責任感を高めることができました。

**言い換え表現**

**A** **みんなで楽しもうという○○くんらしい強い気持ち** ➡ 一度決めた思いを貫こうとする○○くんの根気強さ

**B** **相手の思いを尊重して** ➡ 相手の気持ちを丁寧に聞いて／相手の考えを大切にして

## エピソード❹ 遠足

自分の思いだけを話すのではなく、下学年であるパートナーの希望も聞きながら、楽しく過ごすことができた。

● **POINT**
かかわりの中でも特に、相手の思いを尊重していたことを評価することで、よりよいかかわりをしていこうとする意欲をもたせます。

**文例①** 遠足では、一緒に過ごす1年生に進んで声をかけていました。自分のことを話すだけではなく、遊びや昼食の場所の希望を聞くなど、**1年生の気持ちに寄り添って**接する態度に上級生らしさが感じ取れました。

**文例②** 遠足では、「お弁当を一緒に食べたい友だちはいる?」などと下学年のパートナーに話しかけていました。相手の思いを尊重し、よい思い出をつくろうとする**上級生らしいやさしさ**が伝わってきました。

**言い換え 表現**

**A** **1年生の気持ちに寄り添って** ➡ 1年生にやさしく／相手の思いを尊重して
**B** **上級生らしいやさしさ** ➡ 2年生としての配慮

## エピソード❺ 運動会

休み時間に友だちを集めてダンスの練習を始めた。リズミカルな踊りにぴったりのかけ声をつくり、仲間にも広がっていった。

● **POINT**
練習を自分から楽しみ、友だちにも広げていこうとする姿勢を評価します。休み時間の楽しい様子を具体的に伝えます。

**文例①** 休み時間になると、「ダンスやる人!」とクラスのみんなに声をかけ、**仲間をたくさん集めて**、運動会のダンスの練習を始めました。「パッと開いて、トントントン」など、元気なかけ声が自然と生まれ、みんなの団結力が高まりました。

**文例②** 運動会の自主練習では、CDを用意して、ダンスの練習をしていました。ワークスペースから響く、元気なかけ声とリズムに、クラスを越えてたくさんの仲間が集まり、**楽しい練習になりました**。

行事

Type
**08**

友だちとのかかわりがよくできる子

193

**A** 仲間をたくさん集めて ➡ 大勢の仲間を誘って

**B** 楽しい練習になりました ➡ 自分たちの力で楽しむことができました／みんなのやる気をおこすことができました

---

### エピソード ❻ 学芸会

学芸会の小道具や衣装づくり、グループ練習では、困っている友だちの手伝いをするなどして、みんなと一緒によい劇をつくり上げることができた。

**● POINT**

困っている友だちがいると、すぐに声をかけてあげるやさしさをもっていることを評価します。誰に対してもやさしく対応できる様子を伝えます。

**文例 ❶** 　学芸会の劇では、さまざまな小道具の準備をしました。段ボールの切り方や色づけの仕方がわからない友だちに一緒に寄り添い、励ましながら作業を進めることができ、**友だちから感謝される喜び**を味わっていました。

**文例 ❷** 　学芸会の劇「3つの魔法」では、グループごとに分かれて練習を進めました。「まずは、声出しだよ！」「次は、動きをつけてみよう！」などと、活動の流れを予測しながら順序よく練習を進めることができ、**頼もしさを感じました**。

---

**言い換え 表現**

**A** 友だちから感謝される喜び ➡ みんなのために動く喜び／みんなの役に立つ喜び

**B** 頼もしさを感じました ➡ リーダーシップを発揮しました／責任をもって取り組みました／友だちからも頼りにされていました

# Type 09 さまざまな場面でよさを発揮する子
テストの成績に表れない頑張りや努力ができる

## エピソード❶ 入学式

新1年生を迎える会に向けて、合奏や呼びかけなどの練習に熱心に取り組み、本番では自信をもって参加することができた。

**● Point**

新1年生の気持ちを考えて練習に取り組み、自信をもって当日に望むことができたことを伝えます。

**文例❶** 　入学式に向けての練習では、鍵盤ハーモニカの練習に熱心に取り組みました。また、呼びかけでは口を大きく開けて**はっきりと台詞が言えるように**[A]練習し、堂々とした態度で本番に臨むことができました。

**文例❷** 　1年生を迎える会の練習では、1年生に聞こえやすいように、ゆっくりと口を大きく開けて話すことに気をつけながら呼びかけの練習をしました。鍵盤ハーモニカの練習も人一倍頑張り、**自信をもって**[B]演奏することができました。

### 言い換え 表現

**A** **はっきりと台詞が言えるように** ➡ 1年生が聞き取りやすいように

**B** **自信をもって** ➡ 堂々とした態度で

## エピソード❷ 運動会

困っている友だちがいると、声をかけて、寄り添うことができた。

**● Point**

困っている友だちがいると、すぐに駆けつけ、声をかけて助けてあげることができるやさしい一面を評価します。

**文例❶** 　運動会のかけっこのあと、ひざをすりむいてしまった友だちに対して、「大丈夫？　あのテントのところに行って、消毒しよう」とやさしく声をかけて付き添ってあげることができました。困っている友だちがいると、誰よりも早く**手助けしよう**[A]とする姿勢が育っています。

**文例②** 　運動会の応援中にトイレに行きたくなった友だちがいると、「一緒に行こう！　今行かないとプログラムに間に合わなくなってしまうよ」と、**先を予測して**、行動に移すことができました。

**文例③** 　運動会で列からはぐれてしまった1年生に「一緒に列に戻ろうね」と、手を引いて誘導してあげていました。困っている人に寄り添う、**やさしい気持ち**がは育まれています。

**言い換え 表現**

**A 手助けしよう** ➡ 寄り添おう／励まそう

**B 先を予測して** ➡ 見通しをもって／時間を意識して

**C やさしい気持ち** ➡ 献身的な姿勢／思いやりの心

**エピソード❸ 運動会**

運動会では、短距離走で1位になることを目標にして、積極的に練習に取り組んでいた。

**● POINT**

低学年の短距離走では、自分のコースを真っすぐに走ることだけでも大きな課題です。自分で目標を決めて、進んで練習に取り組んでいた様子を評価します。

**文例①** 　短距離走では、「1位になりたい」という目標に向けて練習に取り組みました。他学年が練習している様子を見て「手を大きく振って、足が前に出ているね」と話し、**速く走るコツを自ら学んでいました**。本番では目標の1位になることができ、**来年への意欲にもつながりました**。

**文例②** 　短距離走で1位になることを目標に、休み時間などには進んで走る練習を行いました。異学年の走る姿を見て、手の振り方や歩幅を広くすると速く走れることに気づき、走り方を工夫しながら練習に取り組みました。本番で1位になったときには飛び上がって喜び、**練習の成果を実感することができました**。

**言い換え 表現**

**A 速く走るコツを自ら学んでいました** ➡ 走る動きを友だちとよく観察していました

**B** 来年への意欲にもつながりました ➡ 新たな目標につながりました

**C** 練習の成果を実感することができました ➡ 練習の成果を発揮することが

できました／真剣に練習を積み重ねた成果が表れていました。

---

### エピソード❹ 学芸会

ユーモラスな役を、恥ずかし
がらずに堂々と演じることが
できた。本番の劇では、大き
な笑いをとることができた。

**● POINT**

自分の「よさ」を恥ずかしがらずに表現で
きる素直さを評価します。学芸会を通し
て、自分の「よさ」に自信がもてるように
なったことを伝えます。

**文例❶** 学芸会では、ユーモラスな和尚さんの役を、誰にもまねのできない
ような演技で表現することができました。少しとぼけた台詞まわしに、
練習のたびにみんなから笑い声があがるほどでした。

**文例❷** 少しとぼけた和尚さんの役を熱演し、その役づくりのうまさに学
芸会本番でもたくさんの拍手をもらうことができました。舞台裏に帰って
きたときの満面の笑顔が、大きな成長を物語っています。

**言い換え 表現**

**A** 誰にもまねのできないような演技 ➡ 堂に入った演技

**B** 満面の笑顔 ➡ 満足そうな表情

---

### エピソード❺ なわとび大会

なわとび大会で、得意分
野を生かし、目標に向か
ってみんなと心を一つに
することができた。

**● POINT**

学習では苦手意識をもっているが、行事に対し
て非常に熱い気持ちをもつことができることを
評価するとよいでしょう。クラスの雰囲気をよ
い方向へと導いていることを伝えましょう。

**文例❶** なわとび大会では、「いつでも本気で頑張るぞ。めざせ200回！」
とクラスみんなの意識を高める声かけをすることができました。苦手意
識をもつ友だちには、やさしく励ましの言葉をかけることもできました。

行事

Type
**09**

さまざまな場面でよさを発揮する子

197

**文例 ②**　なわとび大会の練習では、大きな声で数をかぞえたり、タイミングをよく見て跳んだりと、目標回数に向かって努力していました。本番では、最高記録を出し、**努力の成果を味わうことができました。**[B]

**文例 ③**　なわとび大会では、クラスの代表として演技を行うことになり、早朝、休み時間、放課後と練習に励みました。当日はみんなの前で「はやぶさ跳び」や「後ろ二重跳び」を華麗に披露しました。軽快な技の連続に、全児童から**大きな拍手が起こりました。**[C]

**文例 ④**　難しい技であっても、くり返し練習すれば必ずできるようになると信じて跳ぶ姿が、クラスの仲間を「やってみよう」という気持ちにさせています。一緒に練習した仲間が、新しい技を成功させると、**自分のことのように**[D]喜んでいました。

---

**言い換え 表現**

**A** **クラスみんなの意識を高める** ➡ クラスの雰囲気を高める／クラスを向上させる

**B** **努力の成果を味わうことができました** ➡ 目標達成の喜びを分かち合いました／これまでの頑張りが結果に結びつきました

**C** **大きな拍手が起こりました** ➡ 驚きの声があがりました

**D** **自分のことのように** ➡ 手を取り合って

---

**エピソード ❻ ふれあい給食**

高齢者とのふれあい給食で、司会を任された。丁寧な言葉づかいや気持ちのいいあいさつで、お客さまに喜んでもらうことができた。

**● POINT**
クラスの代表として、お客さまに立派な態度を見せたいと頑張る姿を伝えます。お客さまに気持ちよく過ごしてもらおうとする姿勢を評価します。

---

**文例 ①**　高齢者とのふれあい給食では、クラスの代表として**お客さまをお迎えしたり、発表の司会を務めたり**することができました。[A]クラスのよいところを見ていただきたいと、会の趣旨を**堂々と話す態度**[B]に、お客さまから大きな拍手をいただきました。

**文例②** ふれあい給食では、お客さまに気持ちよく過ごしてもらいたいと思い、明るく元気なあいさつと、丁寧な言葉づかいに気をつけて活動することができました。クラスの代表として会の司会を**立派に務め**、役割を果たすことができました。

**言い換え 表現**

**A お客さまをお迎えしたり、発表の司会を努めたりすることができました**
➡ 司会を担当しました。お客さまに対して尊敬の気持ちをこめた、丁寧で礼儀正しいあいさつをすることができました

**B 堂々と話す態度** ➡ 胸をはって話す姿

**C 立派に務め** ➡ 堂々とやり遂げ

**エピソード❼ ふれあい給食**

どのようにしたらお客さまが楽しんでくれるかを考えて、ふれあい給食の準備をすることができた。

**●POINT**
ふれあい給食では、いかにお客さまに楽しんでもらうかという、相手意識をもつことが大切になります。友だちと協力して準備をする協調性や相手を喜ばせるために努力する姿勢を評価します。

**文例①** ふれあい給食では、「お客さまのために招待状やネームカードをつくろう。お客さまが読んだときに喜ぶように、わかりやすく丁寧な字で書こう」と進んで発言し、みんなに呼びかけることができました。**相手の立場に立って**考えたことを表現することができます。

**文例②** ふれあい給食の準備では、グループごとに役割分担をして作業を進めました。時間を意識しながら友だちに装飾づくりやプログラムづくりなどの指示をして、手際よく作業を進めることができました。**先を予測して行動する**ことができました。

**言い換え 表現**

**A 相手の立場に立って** ➡ 相手のことを思いやって／相手意識をもって

**B 先を予測して行動する** ➡ 計画的に行動する／慎重に行動する

199

### エピソード **1** 運動会

低学年のリレーの選手に選ばれ、休み時間にはチームリーダーとして練習することができた。

● **POINT**
自分だけうまくなろうとするのではなく、仲間と一緒に上達しようとする姿を評価します。自分たちが力をつけたことを感じている様子を、具体的な場面で表現して伝えます。

**文例1** 運動会のリレー選手に選ばれ、クラス代表として、朝の時間や休み時間にも、**仲間を誘って**^A バトンパスの練習を何度もくり返していました。本番では練習の成果が表れ、バトンをスムーズに相手に渡すことができました。

**文例2** はじめはうまくつながらなかったバトンパスでしたが、いちばん大きな声を出しながら、練習をくり返しました。本番では、一緒に走った仲間たちとガッツポーズで**笑顔を交わしていました**^B。

**言い換え 表現**

**A** 仲間を誘って ➡ 仲間に声をかけて
**B** 笑顔を交わしていました ➡ 満足そうに笑っていました

### エピソード **2** 運動会

毎日の努力の成果が実り、運動会の表現活動で活躍することができた。

● **POINT**
日々の努力によって人望を集めていったことを明らかにし、その子のよさが保護者の方にも伝わるようにします。

**文例1** 運動会の練習では、しっかり体重移動をしながら**大きく踊る**^A ことができました。普段から体を動かすことが大好きな○○さんですが、教えられたことをしっかり聞いて、細かいところの動きにも気をつけて踊ることができたのは、毎日復習した努力の成果です。

**文例②** 運動会のダンスの練習では、友だち同士でダンスを見せ合い、「もっと腕を上げるといいよ」などと、**気づきにくい小さな動き**<sup>B</sup>にも注意を払い、練習を重ねました。

**言い換え表現**

**A 大きく踊る** ➡ 手足をしっかりと伸ばして踊る／全身を使って表現豊かに踊る

**B 気づきにくい小さな動き** ➡ 細かい振りつけ

---

**エピソード③ 子ども祭り**

| | |
|---|---|
| 準備から当日まで、お店の仲間をまとめる役割を担当し、責任を果たすことができた。 | **● POINT**<br>難しいことがあっても、諦めずに一つずつ改善していく着実さを評価します。みんなでつくり上げた達成感が伝わるように、具体的な場面を伝えます。 |

行事

Type 10

人望がある子

**文例①** 子ども祭りでは、友だちと相談して人形劇のお店をつくりました。ストーリーがなかなか決まらないときには、昔話や道徳の教科書を参考にしてつくることを提案し、最後には「よしやろう！」と**自ら筆をとって**<sup>A</sup>創作することができました。

**文例②** 本番の合間にも、直したほうがいい部分を見つけると仲間とすぐに相談していました。次の回には早速その話し合いを取り入れた人形劇を演じ、お客さまを**楽しませる**<sup>B</sup>ことができました。

**文例③** 話し合いのときに話題がずれてしまいそうになると「今は、準備の相談をしよう」と声をかけ、決められた時間の中でスムーズに準備を進められるように、気をつけていました。常に先の見通しをもって行動することができるので、**安心して見ていられました**<sup>C</sup>。

**言い換え表現**

**A 自ら筆をとって** ➡ 覚悟を決めて

**B 楽しませる** ➡ 楽しい劇で魅了する

**C 安心して見ていられました** ➡ その姿が頼もしく映りました

## エピソード❹ 学芸会

堂々とした台詞の言い方や演技をし、学年の模範として活躍することができた。

● POINT

学芸会直前の話し合い活動で、みんなの意欲を高めるために進んで自分の考えを発言したことを評価します。行事への取り組み方が常に意欲的で、クラスの中心的存在になっていることを伝えます。

**文例❶** 学芸会を直前に控えた話し合い活動では、「台詞を言うときは役になりきって、おなかから声を出すこと！ いつでも本気で取り組むこと！」など、進んで意見を出し、劇に対する**みんなの意欲を高める**<sup>A</sup>ことができました。

**文例❷** 学芸会の通し練習では、台詞をわかりやすく大きな声で言うことができ、学年の模範となりました。「○○くんのように私も堂々と台詞を言うぞ！」と**まわりからも一目置かれる**<sup>B</sup>存在となり、自信をつけました。

### 言い換え 表現

**A** みんなの意欲を高める ➡ 意欲づけをする

**B** まわりからも一目置かれる ➡ みんなに尊敬される／みんなの誇りになる

## エピソード❺ 6年生を送る会

一生懸命、練習に取り組んでいた。その努力を知っているので、友だちの信頼を集めている。

● POINT

その子の意見の影響力があるのは、地道な努力によるものであることを伝えます。本人の一つひとつのことを丁寧に行う姿勢をより効果的に評価します。

**文例❶** 6年生を送る会の練習では、開始前から一人で呼びかけの練習に取り組んでいました。その姿を見ているので、○○さんが意見を発表するときには、みんなが**真剣な表情で聞き入ります**<sup>A</sup>。努力する姿勢がみんなの信頼を得ています。

**文例❷** 6年生を送る会の呼びかけ練習では、みんなが○○さんを推薦しました。練習開始前から、一人で**ひたむきに練習する**<sup>B</sup>姿を見ているから

です。クラスのみんなに対して行動で示せる○○さんの芯の強さを感じました。

**言い換え 表現**

A **真剣な表情で聞き入ります** ➡ 意見に従います／異を唱えることなく聞きます

B **ひたむきに練習する** ➡ 一生懸命努力する／身を入れて取り組む

## エピソード ❻ 代表の言葉

全校児童の前で、代表の言葉を言う際に、まわりの子からの応援の力もあって、大成功させることができた。

**● POINT**
○○さんの日頃からの努力は、友だちからも人太鼓判を押されるほどです。さまざまな場面で応援してもらえる存在になっていることを評価します。

**行事**

**Type 10**

人望がある子

**文例 ①** 「6年生を送る会」の在校生代表の言葉では、最初は自信をなくし、「自分は緊張してできないかもしれない」と弱音を吐きました。しかし、クラスの友だちからの励ましの言葉をもらい、自分の力以上のものを出し切り**達成感を味わいました**。

**文例 ②** 給食の放送で、プールで頑張りたいことを発表する際、何度も何度も事前にスピーチの練習をしました。この努力の姿勢が**クラスのみんなの意欲も高める**ことにつながりました。

**言い換え 表現**

A **達成感を味わいました** ➡ できた喜びを味わいました

B **クラスのみんなの意欲も高める** ➡ クラスのみんなによい影響を与える／クラスの意識を高めさせる

## Type 11 特別な支援で力を発揮できる子
サポートがあれば、前向きに取り組むことができる

### エピソード ❶ 遠足

遠足のグループ行動で、自分の思いにこだわりがちな子が、友だちの意見も聞きながらルート決めに参加していた。

**● POINT**

自分の思いを言うばかりでなく、友だちの発言に耳をかたむけていたことを評価し、かかわる力が育ってきていることが伝わるようにします。

**文例❶** グループ行動では、**自分の行きたいルートを主張する**[A]だけでなく、友だちの提案をうなずきながら聞き、みんなが楽しめるルートを選択することができました。相手の思いも大切にする姿勢が身についています。

**文例❷** 遠足では、グループの友だちが行きたいルートをよく聞いていました。そして、順番が回ってくるのを待ってから、自分の希望を発言していました。相手の気持ちを思いやり、**みんなで楽しい遠足にしようとする協調性**[B]が感じられました。

### 言い換え 表現

**A 自分の行きたいルートを主張する** ➡ 自分の意見のよさをアピールする／自分の考えを強調する

**B みんなで楽しい遠足にしようとする協調性** ➡ 協力的な姿勢／友だちの言うことに合わせようとするやさしさ

### エピソード ❷ 遠足

生活の流れや活動の場所が変わると協調性が保ちにくくなるが、同じグループの友だちと仲よく活動し、遠足を楽しむことができた。

**● POINT**

教室から離れての行動は、環境の変化に敏感な子どもにとっては楽しみよりも不安の方が大きいこともあります。そのような状況で、協調性を保ちながら友だちとの活動を楽しむことができた経験は、その子にとっての生きる力につながっていくことを伝えます。

**文例❶** 　遠足では、グループに分かれてスタンプラリーに参加しました。グループからはぐれないように友だちと手をつないだり、お弁当を食べるときの敷物を広げたりすると笑顔で「ありがとう」と話していました。友だちと楽しく活動することができた経験は、これからの**学校生活の中で**必ず生かされると思います。

**文例❷** 　遠足ではグループでスタンプラリーをしたり、お弁当を食べたりしました。自分の行きたいコースがあってもみんなで話し合った意見に合わせて歩いたり、友だちの敷物を一緒に押さえてお弁当の準備をしたりするなどグループでの活動を楽しむことができ、**協調性が育まれている**ことがわかりました。

#### 言い換え 表現

**A　学校生活の中で** ➡ 友だちとのかかわり合いの中で

**B　協調性が育まれている** ➡ 友だちと協力しようとしている

#### エピソード❸ 運動会

| 集団行動に苦手意識をもっていたが、運動会のダンスでは、力いっぱい踊りきることができた。 | ● POINT 一人で行動することが好きでも、運動会では、学年全員でのダンスに参加し、みんなで心をひとつにして楽しく踊りきることができたことを評価します。 |
| --- | --- |

**文例❶** 　運動会の練習を続けるにつれて、「みんなと踊ることは楽しいな」という言葉が増え、**楽しく踊りきりました**。

**文例❷** 　運動会の練習では、暑さと疲れでくじけそうになりながらも、ダンスをくり返し行いました。その中で、**集団行動のルール**を学んだり、達成感を味わったりしながら、笑顔で運動会を終えることができました。

#### 言い換え 表現

**A　楽しく踊りきりました** ➡ 最後まで笑顔で踊りきりました／根気強く最後まで踊りました

**B　集団行動のルール** ➡ 友だちと協力する大切さ／友だちと助け合う大切さ

行事

Type
**11**

特別な支援で力を発揮できる子

友だちのアドバイスを素直に聞き、本番は場面に合った楽しい雰囲気をつくり出すことができた。

● POINT

友だちからのアドバイスをしっかりと心に留め、素直に聞いて次に生かそうとしていたことを評価します。

**文例①** ○○屋さんの台詞を「楽しそうな動きをつけてみたら？」とアドバイスしたところ、**素直に聞き入れ**、練習を重ねました。本番では大きな動きを入れることで、パーティーが始まるという楽しい雰囲気を見事つくり上げることができました。

**文例②** 学芸会の練習では、友だちからのサポートを得ながら、練習を重ねていきました。本番では、**楽しい場面の雰囲気をみんなでつくり上げる**ことができました。○○くんの台詞を言うタイミングもバッチリでした。

**言い換え 表現**

**A** 素直に聞き入れ ➡ 素直な心をもって／アドバイスを心に留めて

**B** 楽しい場面の雰囲気をみんなでつくり上げる ➡ うきうきする場面を演出する

まわりと協調性をもって活動したり、一つのことに取り組んだりすることが苦手だが、クラスの練習に一生懸命取り組んでいた。

● POINT

仲間とともに一つのことに取り組むことで達成感を味わったり、仲間との協調性が育ったりしたことを評価します。

**文例①** なわとび大会で記録が出たときには、みんなと一緒に喜び、つらくても練習を頑張ってきた達成感を味わうことができました。苦手なことにも一生懸命取り組んできた成果です。これからもいろいろなことにチャレンジする気持ちを**もち続けてほしい**と思います。

**文例②**　なわとび大会に向けて、クラスで決めた目標を意識しながら、練習に取り組んでいました。失敗しても、友だちからの励ましやアドバイスに素直に「ありがとう」と応えていました。大会当日にクラスの好記録が出たときには、**みんなと一緒に喜び**、達成感を味わうことができました。

**言い換え表現**

**A** もち続けてほしい ➡ 大切にしてほしい

**B** みんなと一緒に喜び ➡ 友だちと喜びをわかち合い

**エピソード❻ ふれあい給食**

お世話になっている方々に楽しく過ごしてほしいという気持ちをもち、共通の話題を見つけて話そうとしていた。

**● POINT**
慣れない状況でも、初めて会う方たちに進んであいさつをしたり話しかけたりしながら、人とのかかわりを楽しむことができた様子を伝えます。

行事

Type
**11**

特別な支援で力を発揮できる子

**文例①**　初めて会う地域の方々に「こんにちは」と大きな声であいさつをしたり、食事中もお客さまの話を聞いたり質問したりしながら、**和やかな時間を過ごすことができました**。帰りの会では「緊張したけど、喜んでもらえて嬉しい」と話し、地域の方とのふれあいを楽しむことができた様子がわかりました。

**文例②**　ふれあい給食では、お客さまをお迎えする準備からお見送りまで積極的に活動することができました。食事のときには自己紹介をしたり質問したりしながら楽しく会話をすることができ、お見送りのときにお客さまから「ありがとう」と言われると**嬉しそうな笑顔でずっと手を振っていました**。

**言い換え表現**

**A** 和やかな時間を過ごすことができました ➡ 人とのかかわりの楽しさを学ぶことができました

**B** 嬉しそうな笑顔でずっと手を振っていました ➡ 名残惜しそうに見送っていました

# 所見を書きにくい子
その子なりの頑張りや努力が見えにくい

## エピソード ① 運動会

何事にも主体的に取り組も
うとしなかったが、運動会
でやる気を見せるようにな
った。

● POINT

運動会の徒競争にやる気を見せ、タイムを意
識したり、練習を始めたりと、主体的に取り
組もうとしている様子を伝えます。

**文例 ①**　「リレーの選手にはどうしたらなれるのか」という疑問をもち、選
手になることを目標にして走る練習から始めました。運動会当日は、見
事1位でゴールしました。**やる気になればできる**[A]ということが大きな自信
につながりました。

**文例 ②**　どうしても1位になりたい一心で、朝練習を始めました。運動会
当日は見事1位でゴールすることができました。努力の大切さを身をもっ
て体験し、**大きな自信になりました**[B]。

### 言い換え 表現

**A** **やる気になればできる** ➡ 頑張れば結果がついてくる

**B** **大きな自信になりました** ➡ これからのやる気につながりました

## エピソード ② 子ども祭り

普段は意欲的に取り組むこと
は少ないが、下級生に対して
やさしく接することができた。

● POINT

自分より小さい相手のことを思い、やさ
しく声をかけていたことを評価します。

**文例 ①**　子ども祭りでは射的のグループで活動しました。「いろいろな射
的をつくり、当たるようにしよう」と1年生が楽しく参加できるように工
夫することができました。当日は、お店にやってきた1年生に**やさしくや
り方を教えてあげる**[A]ことができました。

**文例②**　お店の準備のとき「1年生も遊べるように、射的の距離を短くしよう」と自分から提案することができました。1年生用のルールを前もって決めていたおかげで、人気のゲームになりました。**相手のことを思う**<sup>B</sup>やさしい気持ちが育まれています。

**言い換え表現**

A **やさしくやり方を教えてあげる** ➡ 丁寧に説明する

B **相手のことを思う** ➡ 相手の立場に立つ

---

**エピソード❸ 学芸会**

自分の台詞をなかなか大きな声で表現できずにいたが、友だちと一緒に楽しく練習をすることで、緊張がほぐれて、学芸会を楽しむことができた。

● **Point**

小さな変化でも、子どもにとっては大きな成長につながる一歩として大切に評価します。まわりの仲間とともに成長している姿を伝えます。

**文例①**　学芸会では、仲間と一緒に大きな声で台詞を言う練習をくり返しました。元気な友だちとともに台詞を言う練習を続けたことで、笑顔で**はっきりとした演技**<sup>A</sup>ができるようになりました。

**文例②**　学芸会本番を終えた舞台裏で、ほっとした笑顔で友だちと劇を振り返りながら話している様子から、一つ**課題を乗り越えて**<sup>B</sup>自信を深めたことが伝わってきました。

**文例③**　学芸会の練習では、友だちと一緒に台詞の練習をしました。「もっと大きい声で言ってみよう」と声をかける友だちと練習をくり返すうちに、自然と**大きく、はっきりとした声**<sup>C</sup>で台詞を言えるようになりました。クラスの友だちと一緒に作品をつくり上げる喜びを味わいました。

**言い換え表現**

A **はっきりとした演技** ➡ 人に伝わる演技

B **課題を乗り越えて** ➡ ステップを上がって

C **大きく、はっきりとした声** ➡ 聞き取りやすい声

行事

Type **12**

所見を書きにくい子

## エピソード ❹ 展覧会

友だちのアイデアやアドバイスを参考にしながら、最後まで諦めずに作品づくりをすることができた。

**● POINT**

苦手意識をもつ教科でも、諦めずに取り組んだことを評価します。また、友だちからのアドバイスを素直に受け入れる姿勢が育ってきていることも合わせて評価します。

**文例❶** 展覧会の作品「おめでとうケーキ」の制作では、友だちのアドバイスを受け入れて、いちごやキャンドル、マカロンなどでかわいく飾り、豪華なケーキを完成させることができました。この制作を通して、工作に対する**苦手意識を克服する**ことにつながりました。

**文例❷** 展覧会の作品「でこぼこ星人をつくろう」では、ペットボトルのキャップでくぼみをつけて顔をつくるという友だちのアイデアを参考にして、諦めずに最後まで作品づくりに取り組みました。班の**友だちのよいところをすぐに見つけ出し**、自分の活動に生かすことができます。

**言い換え 表現**

**A** 苦手意識を克服する ➡ 自分にもできるという自信にする

**B** 友だちのよいところをすぐに見つけ出し ➡ 友だちのよさに気づき

## エピソード ❺ なわとび大会

活動に意欲的に取り組めないが、長なわが跳べるようになり、嬉しそうにしていた。

**● POINT**

喜んでいたことを伝えることで、保護者の方にとっても嬉しい所見となるようにします。これからの活動に取り組む意欲となるよう期待を込めて書きます。

**文例❶** なわとび大会に向けた練習では、友だちと一緒に練習に取り組むことで、リズミカルに長なわを跳ぶことができるようになりました。跳べたときの嬉しそうな表情から、**達成感が伝わってきました**。

**文例❷** クラスの友だちから励ましを受けながら、なわとび大会に向けての練習に取り組みました。本番で長なわを上手に跳べたときのみんなか

らの拍手に笑顔で応える姿から、**できる喜びを味わっていること**<sup>B</sup>がよくわかりました。

**文例❸** 休み時間には、友だちと一緒になわとび大会の練習に励んでいました。長なわを跳ぶタイミングを友だちに教えてもらい、テンポよく跳べるようになりました。上手に跳べるたびに、友だちと**手を取り合って喜んでいました**<sup>C</sup>。

**言い換え表現**

**A できる達成感が伝わってきました** ➡ 満足な様子が見てとれました／充実感を味わっているようでした

**B できる喜びを味わっていること** ➡ 充足感に満たされていること

**C 手を取り合って喜んでいました** ➡ できたことの喜びを共有していました

行事

Type
**12**

所見を書きにくい子

---

**エピソード❻ 地域交流**

地域の方を招いての活動で、人とふれあうことの楽しさや温かさを学んだ。

● **POINT**

初めて会う方とやさしい気持ちでふれあうことを通して、人とかかわる大切さを学べたことを評価します。

**文例❶** 地域の方との「ふれあい給食」では、**エスコート係**<sup>A</sup>になり、活動のあとで「笑顔で手をとってくれた」「見えなくなるまで手を振ってくれた」と嬉しそうに話していました。地域の方とふれあうことから、人とかかわることの大切さや喜びを自ら学ぶことができました。

**文例❷** 地域の方を招いての「○○交流」では、用意した紙芝居を披露したり、昔の学校の様子を聞いたりしながら楽しい時間を過ごしました。お客さまが「ありがとう。楽しかったよ」と声をかけてくれたことがとても嬉しかったと笑顔で話し、**人とふれあうことの大切さや楽しさ**<sup>B</sup>を自ら学ぶことができました。

---

**言い換え表現**

**A エスコート係** ➡ お客さまにつきそう係

**B 人とふれあうことの大切さや楽しさ** ➡ 人とかかわることの喜び

# 特別活動 に関する所見文例

**Type 01** こつこつ頑張る子

自分の目標に向かって、努力することが得意！

## エピソード ❶ 学級会

学級会で、クラスをよりよくする話し合いを終えたあと、自分で気がついて、干してある雑巾をきちんと並べ直すことができた。

● **POINT**

学級会で話し合ったことを人ごとにしないで、自分ができることを探して、すぐに行動に移せる自立した態度を評価します。小さな行動の積み重ねが、自分もクラスも変えていくことを伝えます。

**文例 ❶** 　学級会で、クラスをもっとよくするにはどうしたらよいかを話し合ったあと、雑巾の干し方が乱雑なことに気づいて、**黙々と**[A]かけ直していました。クラスをよくするには、一人ひとりが行動することが必要だと、自覚している表れです。

**文例 ❷** 　クラスの話し合いのあと、乱雑になっていた雑巾を**自分から気づいて**[B]干し直すことができました。小さな行いの積み重ねがクラスをよくすることだとよく理解しています。

### 言い換え 表現

**A** 黙々と ➡ 誰の助けも借りないで

**B** 自分から気づいて ➡ 自分にできることを考えて

## エピソード ❷ 学級活動

学級遊びをするときに、すばやく準備や片づけをすることができた。

● **POINT**

学級遊びをするときの準備や片づけを進んで行うことができます。みんなが面倒に思うことも自分から行うことができる姿勢を認め、評価します。

**文例 ❶** 　学級活動では、遊びの準備係として活動しました。誰かに言われ

てやるのではなく、自分から進んで机や椅子を移動させるなど、**みんなのためにできることを探して行う**[A]姿勢が育っています。

**文例②** ハンカチ落としで遊ぶ前、「ハンカチ落としは、みんなが床に座るんだから、床のゴミを拾っておいたほうがいいよ」と**みんなが気持ちよく遊びを楽しむ**[B]ことができるように、自分から掃除を行うことができました。

**文例③** 学級遊び「みんなでたのしく」では、時間になる前に、ライン引きやゼッケンを進んで準備しました。誰かに言われて行うのではなく、**自主的に行動に移す**[C]ことができる姿勢が育っています。

**文例④** 学級遊び「みんなでたのしく」では、遊びが終わったあとも最後まで先生の手伝いをしたり、ゼッケンやラインカーなどを片づけたりしてくれました。みんなが面倒に思う作業も快く引き受け、**責任をもって最後まで取り組む**[D]ことができました。

### 言い換え 表現

**A みんなのためにできることを探して行う** ➡ みんなの役に立つことをする／役割を全うしようとする

**B みんなが気持ちよく遊びを楽しむ** ➡ みんなが思いきり遊べる

**C 自主的に行動に移す** ➡ 自分で考え行動する

**D 責任をもって最後まで取り組む** ➡ 根気強く取り組む／諦めずに取り組む

#### エピソード❸ 係活動　〜お花係〜

学習面では、あまり目立つ行動はしないが、お花係の活動では、一日も忘れることなく、仕事に取り組んだ。

● **Point**
係活動は、毎日の本人の頑張りが重要です。クラスのみんなのためにしている本人の頑張りや友だちとのかかわりを伝えます。

**文例①** お花係では、毎日の朝と夕方、**責任をもって**[A]、花に水をあげました。その日の花の様子をよく観察し、朝の会や帰りの会でクラスのみんなにも注目してもらうように声をかけ、長期的に花の生長を見守ることができました。

特別活動

Type **01**

こつこつ頑張る子

**文例 ②**　「花が枯れそうだ」といち早く、花の具合の悪さに気がつきました。毎日丁寧に水やりや観察をしている○○**さんのおかげで**[B]、学級園の花もみるみるうちに元気になり、教室の雰囲気も明るくなりました。

**文例 ③**　自分の家から花の苗を持ってきて、ベランダで育てました。暑い日には、与える水の量を増やして日陰に置いたり、寒い日には、いちばん日当たりのよいところに置いたり気を配りながら植物を育てました。○○さんのおかげで**教室が明るい雰囲気になりました**[C]。

**言い換え 表現**

**A** **責任をもって** ➡ 忘れることなく

**B** **○○さんのおかげで** ➡ ○○さんの頑張りで

**C** **教室が明るい雰囲気になりました** ➡ 和やかな空気のクラスになりました

**エピソード ④ 係活動　～リサイクル係～**

係活動で日々確認していることを学級全体に広め、学級の意識を高めた。

**● POINT**

係活動で行っている仕事はもちろん、それを友だちに広める姿をほめることで、学級に貢献していることを評価します。

**文例 ①**　リサイクル係として、学級の回収箱の中をこまめに確認しました。声をかけ合うことで**その気づきを係の友だちにも広げ**[A]、教室の環境整備に貢献しました。

**文例 ②**　リサイクル係の活動では、日々チェックしている資源の回収量をみんなに発表することで、学級全体のリサイクルへの**意識を高める**[B]ことができました。また自分たちの身のまわりにあるリサイクルできるものを自主的に図書館で調べ、**知識を深めました**[C]。

**言い換え 表現**

**A** **その気づきを係の友だちにも広げ** ➡ 全体の意識を高め／係としての仕事をしっかりと共有し

**B** **意識を高める** ➡ 理解をうながす

**C** **知識を深めました** ➡ 心がけを高めていきました

## エピソード❺ 係活動　〜図書係〜

図書係としての立場を自覚して、責任感をもって仕事に取り組んでいる。

**POINT**

自分たちの生活をよりよくするために考えた活動を評価します。

**文例❶**　図書係となり、毎日進んで学級文庫の整理整頓をしていました。また、図書室の使い方をクラス全体に呼びかけるなど、みんなが快適に図書室を使うことができるように工夫をして、**係としての仕事を積極的に考える**ことができました。

**文例❷**　図書係となり、新しい本の紹介をしたり、クラスでアンケートをとって読み聞かせをしたりと、クラスのことを考えた活動ができました。係としてやるべき仕事を常に考え、**工夫して仕事に取り組んでいる**ことがわかります。

### 言い換え 表現

**A 係としての仕事を積極的に考える** ➡ 係としてできることを意欲的に取り組む

**B 工夫して仕事に取り組んでいる** ➡ 自主的に取り組む実行力がある

## エピソード❻ 係活動　〜学級遊び係〜

朝の学級遊びがあるときには、クラスの友だちがすぐに遊べるように進んで準備をしていた。

**POINT**

自分の係としての役割を意識していることを評価します。学級遊びのときにはこつこつと準備を進めることができる責任感の強さと自主性を伝えます。

**文例❶**　朝の学級遊びがあるときには、必ず早めに登校して準備をしていました。校庭にドッジボールのラインを引いたり、教室の机を遊びの形に並べ替えたりと、遊びの時間にみんなが思いっきり遊べるように気を配っていました。縁の下の力持ちのような仕事ですが、**気持ちよくこなす**ことができます。

特別活動

Type
**01**

こつこつ頑張る子

**文例②** 　学級遊びの係となり、朝の学級遊びの前日にはクラス全体に遊びの説明をしたり、当日の朝は早めに登校して校庭のラインを引いたりしていました。**担任に声をかけられなくても**[B]進んで準備を進めることができるので、安心して遊びの時間を任せることができました。

**言い換え 表現**

**A** **気持ちよくこなすことができます** ⇒ 責任感をもって取り組むことができます

**B** **担任に声をかけられなくても** ⇒ 担任に指示されなくても

**エピソード⑦ 係活動 　〜保健係〜**

ハンカチとティッシュを携帯するように、**毎日クラス全体に呼びかけた。クラスの衛生面の向上につながっていった。**

**● POINT**
保健係として自分にできることがないか考えた責任感と、毎朝率先してハンカチチェックを行っている行動力を評価します。

**文例①** 　保健係となり、みんながハンカチとティッシュを携帯するようにするにはどうしたらいいかを考え、持っている人のアンケートをとりました。その後、毎朝クラス全体に呼びかけを始め、多くの子どもたちがハンカチとティッシュを携帯するようになりました。○○さんの自主的な行動が**実を結びました**[A]。

**文例②** 　保健係として、朝の会でハンカチとティッシュチェックを始めました。毎朝継続してクラス全体に呼びかけることで衛生面への**意識が高まりました**[B]。今ではほとんどの子がハンカチを携帯しており、手を洗ったあとは、自分のハンカチで手を拭くようになりました。

**言い換え 表現**

**A** **実を結びました** ⇒ 成果を生みました／きっかけとなりました／まわりのみんなに影響を与えました

**B** **意識が高まりました** ⇒ 心がけが変わりました

## Type 02 一芸に秀でた子
こだわりが強く、自分の得意分野はとことん極めます！

### エピソード❶ 学級会

> 学級会の記録を担当して、みんなの意見を聞きもらさないように、ノートに書き残すことができた。

● **Point**

任された仕事の大切さをよく理解して、最後まで責任をもってやり通すことができたことを評価します。クラスの仲間も、記録する速さに合わせて発言する温かい雰囲気を伝えます。

**文例❶** 学級会の書記を担当して、発言を一つも聞きもらさないように、懸命に^Aノートに書き残しました。学級会を終えて、「疲れた」と言いながらも満面の笑顔を見せていました。

**文例❷** 発言がよく聞こえなかったときは、「もっと大きな声で言ってください」と相手に伝え、発言のすべてをノートに書きました。書記の役割を果たそうとする○○くんの誠実な姿に影響され、発言する友だちもゆっくりと話し、和やかに^B話し合いが進みました。

### 言い換え 表現

**A** 懸命に ➡ 意識を集中させて／ひた向きに

**B** 和やかに ➡ やさしさがあふれる中で

### エピソード❷ 係活動　～手紙係～

> 毎朝、手紙ボックスに手紙を取りに行くという仕事に取り組んだ。

● **Point**

自分の好きなことを係活動にしたことで日に日に意欲を高めることができたことを評価します。仕事がはっきりしていて習慣化しやすかったことも伝えるとよいでしょう。

**文例❶** 手紙係では、毎朝手紙ボックスに手紙を取りに行くという仕事を1回も忘れることなく取り組み、責任感を強めました。^Aクラスのみんなの役に立つ喜び^Bも日に日に味わうようになってきたようです。

特別活動

Type 02

一芸に秀でた子

**文例 ②**　一日の学校の生活スケジュールの中に、手紙係の仕事を組み込み、習慣化させていました。いきいきした笑顔で「先生、今日は3種類の手紙があるから、配るのを忘れずに」などと責任をもって伝えるなど、**やりがいを見出しているようでした**。[C]

**文例 ③**　手紙係として、毎朝忘れずに手紙ボックスに手紙を取りに行きました。手紙がたくさんある日は、友だちに「一緒に行ってくれる？」と頼み、落とさないように配慮するなど、**係の仕事に責任をもって取り組んでいます**。[D]

**文例 ④**　仕事が毎日ある手紙係として、期間中一度も**忘れずに取り組んでいました**。[E] 仕事をしていることを認められなくても、2学期という長期間に渡る活動に、責任をもって行おうという意欲的な姿勢が見られました。

---

**言い換え 表現**

**A　責任感を強めました** ➡ やり遂げる力をつけました

**B　クラスのみんなの役に立つ喜び** ➡ 所属意識を高める喜び

**C　やりがいを見出しているようでした** ➡ 仕事のおもしろさを発見していました

**D　係の仕事に責任をもって取り組んでいます** ➡ 係の重要性を認識し、その役割をしっかり果たしています

**E　忘れずに取り組んでいました** ➡ 休むことなく仕事に取り組んでいました

---

**エピソード ❸ 係活動　〜マンガ係〜**

| | |
|---|---|
| 得意な絵を生かして、マンガの係をつくり、学級のみんなを楽しませていた。 | ● **POINT**<br>ただ絵がうまいことではなく、学級のみんなが楽しめるような工夫をしていたことを評価することで、次学期以降の意欲につなげます。 |

**文例 ①**　得意な絵を生かして、マンガ係をつくりました。ストーリーを話し合ったり、分担を決めて定期的に発行したりするなどの工夫によって、クラス全員が楽しめるようになり、みんなが新刊の発行を**心待ちに**して[A]いました。

**文例 ②**　マンガ係を立ち上げ、定期的にマンガを発行しました。ただ得意

な絵を描くばかりではなく、ストーリーを工夫したり、アンケートをとったりするなど、みんなが**楽しめる工夫をする**姿勢が立派でした。<sup>B</sup>

---

**言い換え表現**

**A** 心待ちに ➡ 楽しみに／期待

**B** 楽しめる工夫をする ➡ 楽しめるように考える

---

**エピソード❹ 係活動 ～新聞係～**

| | |
|---|---|
| クラスの出来事や授業で学んだことを、文章とイラストで記事にすることができた。 | ● **POINT**<br>クラスの仲間たちを好意的にとらえて、楽しい記事にする心のもち方と、すぐに記事にしてしまうフットワークのよさを評価します。みんなが新聞を楽しみにしている様子も伝えます。 |

**文例❶** クラスで起きた楽しい出来事や、頑張っている仲間の様子を紹介する新聞係をつくりました。○○くん得意のイラストで鮮やかに彩られた記事には、仲間に対する**励ましの言葉**や、ともに学ぶ喜びがいっぱいにあふれていました。<sup>A</sup>

**文例❷** クラスの仲間のよいところをイラストに描いて、クラス新聞をつくる係を始めました。今では休み時間になると、「今度は誰のこと描いてくれるの?」と○○くんの机に仲間が集まり、最新号の完成をみんなが**楽しみにしています**。<sup>B</sup>

**文例❸** 新聞係として、定期的に新聞をつくることができました。毎号、クイズや算数の計算問題を紹介し、自分自身の得意分野である算数の知識を最大限に生かすことができました。**友だちに新聞記事を楽しんでもらおうという温かな姿勢**も育ってきています。<sup>C</sup>

---

**言い換え表現**

**A** 励ましの言葉 ➡ 温かい言葉

**B** 楽しみにしています ➡ 期待しています／待ち望んでいます

**C** 友だちに新聞記事を楽しんでもらおうという温かな姿勢 ➡ みんなのために仕事をする前向きな姿勢

特別活動

Type
**02**

一芸に秀でた子

## エピソード ❺ 学級遊び

今までにクラスで遊んだことのない新しい遊びを紹介し、楽しく遊ぶ時間を充実させていた。

● POINT

学級の遊びを決めようとすると、それまでに遊んだことのあるものから決めていくことが多いですが、新しい遊びを提案して遊びの幅を広げようとする発想力を評価し、伝えるようにします。

**文例 ①** 学級遊びについて話し合ったときには、オリジナルの新しい遊びを提案していました。全員で遊べるように工夫されていて、クラスで人気の遊びとなりました。新しい遊びを開拓することのできる豊かな発想力が**素晴らしいです**。
<sup>A</sup>

**文例 ②** 学級遊びの話し合いでは、クラスで初めての遊びを提案しました。大勢で遊ぶことが難しい点に気づくと、ルールを工夫してみんなで楽しめる遊びに改良することができました。○○さんの柔軟な発想で、学級遊びが**より楽しい時間**になりました。
<sup>B</sup>

**言い換え 表現**

**A 素晴らしいです** ➡ さまざまな場面で生かされています

**B より楽しい時間** ➡ さらに充実した時間

## エピソード ❻ 誕生日会

クラス全員の誕生日をお祝いするために誕生日会を企画し、バースデーカードを作ることができた。

● POINT

毎月決まった形のカードを作るのではなく、事前にリサーチして、もらって嬉しくなるようなカードを一人ひとりにつくった心配りを評価します。

220

**文例 ①**　月1回の誕生日会が近づくと、全員の好きな色や好きなものをリサーチして、もらった人に喜んでもらえるようなバースデーカードを作成しました。クラス全員の誕生日をお祝いしようとする気持ちが**何より素敵です**。

**文例 ②**　誕生日会では、全員分のバースデーカードを工夫して作成し、渡していました。カードをもらった友だちは、自分の好きな色の画用紙で好きなキャラクターが入っているカードを、いつまでも**嬉しそうに**眺めていました。

**言い換え 表現**

**A** **何より素敵です** ➡ 素晴らしいです

**B** **嬉しそうに** ➡ 感慨深そうに

## エピソード ❼ あいさつ週間

ひときわ元気な声であいさつをして、クラスをリードした。あいさつ週間が終わっても、かわらずにあいさつを続けている。

**● POINT**

あいさつをすることのよさに気づいて、自分からあいさつをするようになったことを評価します。元気にあいさつをする習慣が、クラスに広がっていることを伝えます。

特別活動

Type
**02**

一芸に秀でた子

**文例 ①**　あいさつ週間では、早くから校門に立って、はっきりとした大きな声を出して、**クラスをリードしました**。気持ちのよいあいさつを続けたことで、初めは元気のなかった友だちにも、笑顔が広がっていきました。

**文例 ②**　あいさつ週間が終わっても、気持ちのよいあいさつを続けました。立ち止まって、相手の目を見て交わすあいさつを、クラスの**みんなも見習っています**。おかげで毎日気持ちのいい声が、昇降口に響いています。

**言い換え 表現**

**A** **クラスをリードしました** ➡ クラスのみんなの手本となりました

**B** **みんなも見習っています** ➡ みんなが目標にしています

## エピソード ❶ 活動　〜植物係〜

植物が育ちやすい環境など、今まで学習した知識を生かして、自分の係の仕事を創意工夫することができた。

● **POINT**

今までの学習を生かして係の仕事に創意工夫を加えたことは、自分の仕事に誇りをもっていることの表れです。自分の頭で考えて工夫をしたことをほめます。

**文例 ❶**　植物係として、暑すぎる日にはプランターを日陰に移動させるなど、学習したことを生かし自分なりの工夫を加えながら仕事を行うことができました。**責任感の高まりはもとより**、創意工夫をして楽しみながら仕事に向かう姿勢が何より素敵でした。

**文例 ❷**　植物の生長に合わせて、土の様子から水の量を調節したり、植物の葉の様子を見て肥料を与えたりしていました。授業で学んだことを生かして**自分なりの工夫をしながら**係の仕事を行うことができました。

### 言い換え 表現

**A 責任感の高まりはもとより** ➡ 自分の仕事に誇りをもって行うだけでなく

**B 自分なりの工夫をしながら** ➡ 創意工夫をしながら／考えたアイデアを取り入れながら

## エピソード ❷ 係活動　〜なぞかけ係〜

語彙力を生かしたなぞかけ係を立ち上げた。学級の友だちは、いつも発表を楽しみにしていた。

● **POINT**

発想のよさはもちろん、学級の友だちをひきつける工夫をしていたところを評価することで、今後の活動の意欲とするのがねらいです。

**文例 ❶**　豊かな語彙を使って、なぞかけ係を立ち上げ、毎日発表しました。朝の会に問題を出して帰りの会に正解を発表したり、友だちからお題を

募集したりするなど、みんなが楽しめる工夫をして、盛り上げていました。

**文例❷** なぞかけ係では、豊富な語彙を使って、みんなを唸らせるなぞかけを発表することができました。クイズ形式にしたり、友だちからもらった言葉をもとに考えたりするなど、**思わずみんなが参加したくなる**[B]工夫が随所に見られました。

**言い換え 表現**

**A 豊富な語彙を使って** ➡ 豊かな語彙力で／言葉をよく知っていて

**B 思わずみんなが参加したくなる** ➡ クラス全体を巻き込む／みんなをひきつける

---

## エピソード❸ 係活動 〜生き物係〜

餌のやり方や水の替え方など、係の仲間に詳しく教えていた。

**● POINT**
豊富な知識を、仲間のために生かせたことを評価します。やさしい気持ちをもって、生き物に接している様子も伝えます。

**文例❶** カメを世話する**係を任されて**[A]、餌のやり方や水の替え方など、自分の豊富な経験を仲間に教えることができました。「甲羅干しをさせてあげると嬉しそうだよ」と言って、ベランダに出て、笑顔でカメを散歩させていました。

**文例❷** 生き物係になって、**愛情をもって**[B]カメの世話を続けました。「陸をつくるように水を入れるよ」「餌はこのくらいでいいよ」と自分で育てた経験と本から得た知識を、係の仲間に教えていました。

**言い換え 表現**

**A 係を任されて** ➡ 係を自分で始めて／役目を全うして／係としての責任感をもって

**B 愛情をもって** ➡ 友だちに接するように

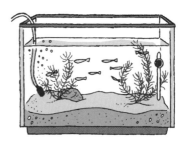

特別活動

Type
**03**

知識が豊富な子

223

## エピソード ❹ 係活動

自分の知識を生かして、係活動をより楽しく取り組めるように工夫することができた。

**● POINT**
自分の生活経験で得た知識を係活動にも生かすことができました。自分の仕事に責任をもって最後まで取り組むことができたことも評価します。

**文例 ❶**　登校すると植木鉢を日当たりのよい場所へ移動させるなど、もっている知識をお花係の活動に生かすことができました。毎日忘れずに仕事に取り組むことで**責任感も育っている**[A]のが伝わってきます。

**文例 ❷**　金魚係として、餌を与え過ぎないように気をつけたり、夜は水草の裏で金魚が寝ることを友だちに教えたりすることができました。金魚に関する本を読んで、**知識を増やす努力も惜しみませんでした**[B]。

**言い換え 表現**

**A 責任感も育っている** ➡ やり通す力がついている／自分の役割を自覚できるようになってきた

**B 知識を増やす努力も惜しみませんでした** ➡ 最後までこつこつ努力をして知識を増やしました

## エピソード ❺ 学級遊び

坊主めくりをするとき、百人一首の絵札の特徴について友だちに説明したり、ルールの決め方を提案したりした。

**● POINT**
遊びでも学習でも、さまざまな生活経験の積み重ねの中で身についていくものがあります。今まで百人一首に親しんできた経験や知識が、学校でも生かされていることを伝えます。

**文例 ❶**　学級で坊主めくり遊びをすることになりましたが、ルールが多くてなかなか理解することができませんでした。○○さんは、絵札に描かれている装飾品で分けられることを説明し、取れる札の数を決めることができました。日頃から百人一首に**親しんでいる**[A]ことがわかります。

**文例 ②** 　学級で坊主めくり遊びをしました。絵札に描かれている道具や装飾品について○○さんが詳しく説明してくれたことで取り札の数などのルールを決めることができ、みんなで楽しく遊ぶことができました。百人一首に慣れ親しんできた知識が、**学級の遊び**[B]でも生かされていました。

**言い換え 表現**

**A** 　～に親しんでいる ➡ ～の知識が積み重ねられている
**B** 　**学級の遊び** ➡ 友だちとの活動

---

### エピソード ⑥ お楽しみ会

自分でお話をつくり、ペープサート（紙人形劇）で楽しく演じることができた。

**● POINT**
既成のクイズや本を読むのではなく、オリジナルの作品を考え、必要なものを準備できたことに着目します。

**文例 ①** 　お楽しみ会では、ペープサートの劇を演じました。登場人物からストーリーまで自分たちで考え、割り箸や舞台にかける布もみんなで用意しました。企画から演出の仕方まで考え、成功させることができるアイデアの豊かさと実行力に**驚きました**[A]。

**文例 ②** 　お楽しみ会でペープサートの劇を演じたときは、お話づくりから道具の用意まで自分で考えて準備を進めました。計画から本番まで、**自分で考えて進めることができる**[B]アイデアと実行力が**素晴らしいです**[C]。

**言い換え 表現**

**A** 　**～に驚きました** ➡ ～に感心しました／～には光るものがありました

**B** 　**自分で考えて進めることができる** ➡ 自分のイメージに向かってものづくりができる

**C** 　**～が素晴らしいです** ➡ ～はまわりのお手本にもなっています

特別活動

Type
**03**

知識が豊富な子

効率的に掃除をする方法を
考え、友だちと協力して取
り組むことができた。

**● POINT**

グループ活動で、アイデアを友だちと共有し
ようとしている姿勢が素晴らしいです。自分
の思いを言葉で、友だちにわかりやすく丁寧
に伝えることができることを評価します。

**文例 ①** 　靴箱清掃では、もっと早く、もっときれいに掃除をするにはどう
したらよいか、班の友だちと相談して取り組むことができました。上の段
から下の段へ掃くなど、**さまざまなアイデアを出す**姿に知識の豊富さを
感じました。

**文例 ②** 　教室掃除の活動では、ほうきの使い方を自分なりに工夫していま
した。「ほうきの先を使うとゴミがこんなに取れたよ！　この向きがやり
やすいね！」などと試行錯誤する中で、ほうきの使い方を習得し、**達成感
を味わいました。**

**文例 ③** 　いち早く給食を食べ終えて掃除を始めています。いつも**全体を見
つめながら**物事を考えることができるので、机を運ぶ当番のときは友だ
ちにそっと「こうした方がいいよ」と伝えるなど、工夫して仕事を行うこ
とができました。

**言い換え 表現**

**A さまざまなアイデアを出す** ➡ 多角的に物事を考えて生かす／物事を柔軟
に考える

**B 達成感を味わいました** ➡ できた喜
びを感じました／満足感を味わい
ました／より効率的にゴミを集め
ていました

**C 全体を見つめながら** ➡ クラス全体
をよく見て／みんなの動きをよく
観察して／見通しを立てながら／
友だちのことを気にかけながら

226

## Type 04 発想が豊かな子
ひらめき力があり、違う視点で発想できる！

### エピソード❶ 係活動 ～生き物係～

金魚の餌やりや掃除以外にもやることを考え、学級の金魚への関心を高めた。

**● POINT**
自分の発想を仕事に生かしていることを評価し、子どもの主体的に取り組む意欲を高めていきます。

**文例①** 生き物係として、金魚に名前をつけたり、それぞれの特徴を紹介したりしています。より金魚に関心をもってもらうために、**意欲的に活動に取り組んでいました**。<sup>A</sup>

**文例②** 生き物係として、餌や掃除の世話はもちろん、それぞれの金魚に名前をつけて、みんなに関心をもってもらえるような工夫をしていました。自分からやることを探す姿勢に、**働くこと**<sup>B</sup>への前向きさが感じ取れます。

### 言い換え 表現

**A 意欲的に活動に取り組んでいました** ➡ 仕事をどんどんやっていました／前向きに取り組んでいました

**B 働くこと** ➡ 仕事／自分の役割

### エピソード❷ 係活動

係の仕事を、毎日主体的に取り組むことができた。

**● POINT**
決められた仕事以外にも、気づいたことは自ら進んで取り組もうとする意欲を具体的な活動を通して評価します。

**文例①** 掲示係として、教室の掲示物をきれいに揃えて貼ったり、外したりすることができました。「このプリントも壁に貼ったほうがいいでしょうか」と、自分に任されている仕事以外にもやることがないか探して活動していました。活動内容を工夫してよりよい学校生活をみんなが送れるよう**努力する姿**<sup>A</sup>が立派です。

特別活動

Type 04

発想が豊かな子

227

**文例②**　図書係となり、進んで学級文庫の整理整頓をしていました。また、図書室の使い方をクラス全体に呼びかけるなど、みんなが快適に図書室を使うことができるように、できる仕事を考えて活動することができました<sup>B</sup>。

**文例③**　図書係となり、自分が読んだ本の中からおもしろいシーンを紹介したり、本のあらすじを発表したりしました。できる仕事を考え、**自主的に取り組む力**<sup>C</sup>が身についています。

---

**言い換え 表現**

**A** **努力する姿** ➡ 頑張る姿／よく考える姿勢

**B** **考えて活動することができました** ➡ 自主的に考えて実行に移すことができました

**C** **自主的に取り組む力** ➡ 自分で考え行動する力

---

**エピソード③ 係活動**

| | |
|---|---|
| 新しいアイデアをどんどん出して、係活動をより充実させることができた。 | **● POINT**<br>新しいアイデアを考え、友だちに伝えることができます。思考力や表現力が豊かなことを保護者に伝えます。 |

**文例①**　みんなにわかりやすいように、タイトルをつけて掲示をすることを提案するなど、みんながより快適に過ごせるためのアイデアを数多く出すことができました。「○○くんはアイデア王だね！」と**友だちからも称賛の声があがりました**<sup>A</sup>。

**文例②**　係活動の話し合いでは、「教室をきれいにするために、新しい係をつくったらどうですか？　○○係があると便利だと思います」などと**みんなが思いつかないアイデアを発案し**<sup>B</sup>、その考えをみんなに伝えることができました。

**文例❸** 掲示係として、教室の掲示物をきれいに揃えて貼ることができました。最初に決めた係の活動内容を自分なりに工夫し、どうすれば掲示板がもっとよく見えるようになるか考えながら、みんなが**よりよい生活を送れるよう努力する姿勢**が立派です。

**言い換え 表現**

**A** **友だちからも称賛の声があがりました** ➡ 友だちから一目置かれる存在になりました

**B** **みんなが思いつかないアイデアを発案し** ➡ 柔軟に物事を考え

**C** **よりよい生活を送れるよう努力する姿勢** ➡ 快適に過ごせるよう試行錯誤する姿勢

### エピソード❹ 学級遊び

学級遊びで、罰ゲームの代わりになることを提案し、場の雰囲気を明るくした。

● **POINT**
遊びの中で、嫌な気持ちになることがないように、多くの子が楽しむことのできる代案を考え、場の雰囲気を明るくした発想の豊かさを評価します。

**文例❶** 学級でフルーツバスケットをしました。「3回鬼になったら罰ゲーム」というルールで始まりそうになりましたが、○○さんの「罰ゲームは嫌な人がいるかもしれないから、好きな動物を言うことにしよう」という案にみんなが賛成し、終始和やかな雰囲気で**遊ぶことができました**。

**文例❷** 学級でフルーツバスケットをしたときには、「罰ゲームをするのではなくて、最近楽しかったことを話すことにしよう」と提案し、クラスのみんなが賛成しました。友だちの楽しかった話を聞くと、笑顔が広がり、遊びも話も盛り上がりました。**○○さんのアイデアによって**、遊びの時間をより一層楽しい時間にすることができました。

**言い換え 表現**

**A** **遊ぶことができました** ➡ 誰もが安心して遊べる時間になりました

**B** **○○さんのアイデアによって** ➡ ○○さんの発想の豊かさで

## エピソード 5 お別れ会

友だちのお別れ会に向けて、送り出す相手の気持ちを考えて、計画や準備を進めることができた。

**● POINT**
相手の気持ちや、状況を考えてあげられるやさしさと実行力を伝えます。

**文例 ①** 　お別れ会では、計画から本番までしっかりと準備を進めることができました。転校する友だちとのエピソードを紙芝居にして、その友だちの歌をつくってうたうなど、**送り出す友だちのことを考えた出し物を提案し**[A]、クラスの心がひとつにまとまりました。

**文例 ②** 　転校する友だちを送るお別れ会では、「○○さんのエピソードを紙芝居にしよう」「○○さんの歌をつくってみんなでうたおう」などと、**送り出す相手が喜んでくれることをいちばんに考えて**[B]、出し物を提案していました。そのやさしさがクラス全体に広がり、**みんなの心に残る思い出深い会**[C]になりました。

### 言い換え 表現

**A** **送り出す友だちのことを考えた出し物を提案し** ➡ お別れ会の目的を理解したうえで、送り出す相手の気持ちを考えた企画をし

**B** **送り出す相手が喜んでくれることをいちばんに考えて** ➡ どんな会にすればみんなが楽しめるかを考えて／会が成功することをイメージしながら

**C** **みんなの心に残る思い出深い会** ➡ みんなの心がひとつになる温かい会／転校していく子の一生の思い出になる会

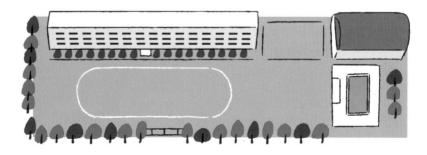

## Type 05 まわりのために動ける子
みんなのために動きます！ 友だち思いのやさしい子！

### エピソード❶ 学級会

学級会の話し合いで、副司会を務め、話し合いがスムーズに進むように司会を助けていた。

● **POINT**
副司会として、あくまでも司会を補佐するという役割を意識して、助言などができたことを評価します。

**文例❶** 「○○」について学級会で話し合ったときには、副司会になりました。意見がなかなかまとまらず司会者が進行に戸惑っているときに、横からそっと声をかけたり、話し合いの補足をしたり、国語で学習した「副司会の役割」をよく理解して進めていました。

**文例❷** 学級会で副司会を担当したときには、司会者の進行に補足したり、板書役の友だちに声をかけたりすることができました。国語で学習した「副司会」の役割を理解して、**考えながら進めている**ことがわかりました。

#### 言い換え 表現

**A** そっと声をかけたり ➡ 助け船を出したり／提案をしたり
**B** 考えながら進めている ➡ どのように動けばよいか考えて進めている

### エピソード❷ 話し合い活動

進んで記録係を引き受け、みんなのために振り返りがしやすいよう、わかりやすく丁寧にまとめることができた。

● **POINT**
進んで自分にできることを行い、やり遂げたということを評価します。まわりのために働ける子は、必ず友だちからも信頼されます。その子の頑張りがクラスにどう影響したのかを書くとわかりやすい所見になります。

**文例❶** 大きく読みやすい字で黒板に記録をし、みんなにわかりやすくまとめることができました。そのため話し合いが本題から逸れそうになったときも、黒板の記録に立ち返って話し合いを進めることができました。

**文例 ②**　話し合い活動の記録を、進んでノートに取りました。丁寧な字で記録を残すことができたので、あとで見直したときに、とてもわかりやすく、役に立ちました。まわりの友だちも「さすが、〇〇さん」と、**一目置く**ほどでした。
<sup>B</sup>

**文例 ③**　話し合い活動での意見交換の内容を記録する係を引き受けてくれました。〇〇さんが細かい部分もしっかり書き残していたことで、活動の最後にはみんなで内容を振り返ることができました。クラスの友だちから、**とても頼りにされています**。

---

### 言い換え 表現

**A** **〜が本題から逸れそうになった** ➡ 〜の論点がずれそうになった

**B** **一目置く** ➡ 賞賛する／厚い信頼を寄せる

**C** **とても頼りにされています** ➡ 尊敬のまなざしが向けられています／責任感のある行動が注目されています

---

## エピソード ③ 係活動　〜手紙係〜

| 毎朝、必ず配布する手紙類を教室に持ってくることができる。 | **● POINT**<br>手紙係として、一日も仕事を忘れたことがないことは素晴らしいことであることを伝え、その責任感を評価します。 |
| --- | --- |

**文例 ①**　手紙係として、毎朝必ず手紙を教室に届けることができました。これまでに一度も忘れたことがないということは素晴らしいことです。責任感が強いということは、**さまざまな場面において大切なことです**。
<sup>A</sup>

**文例 ②**　手紙係のリーダーとして、当番表を確認し、毎朝同じ係の友だちに仕事を忘れないように必ず声をかけていました。帰りの会の前には、自分から追加の手紙がないか確認するなど、**リーダーとして自覚をもった行動をしていました**。
<sup>B</sup>

---

### 言い換え 表現

**A** **さまざまな場面において大切なことです** ➡ いろいろな場面において役立ちます

**B** リーダーとして自覚をもった行動をしていました ➡ リーダーとしての役割を果たしました

---

### エピソード ❹ 係活動

自分の係だけでなく、友だちの係のことも気にかけることができた。

● **POINT**
まわりに目を向け、変化や困ったことによく気がつくことができます。日頃から冷静に物事を観察し、今、必要なことは何か、気を配ることができる行動力を評価します。

---

**文例 ①** クラスで飼っている金魚が弱ってきて、金魚係が困っていたとき、一緒に本で病気について調べたり、水を替えるのを手伝ったりしました。まわりをよく見て、困っている友だちに気づき、**一番に駆けつける**ことができます。

**文例 ②** 整列係がお休みをしていたとき、お休みの子の代わりに、堂々と号令をかけることができました。日頃から、違う係の**友だちの頑張りをよく見ている**ので、すぐに自分も挑戦してみようという気持ちになることができます。

**文例 ③** 帰り掃除係として、自分の当番の日には教室を整頓したり掃除したりと役割を果たしていました。
「先生、係を増やしてもいいですか」と、意見を提案し、給食当番を手伝う係が必要だと考えて自ら毎日活動するようになりました。自分のことだけでなく人のことを考えられる**力が育ってきています**。

---

### 言い換え 表現

**A** **一番に駆けつける** ➡ 進んで手伝う／率先して手伝う

**B** **友だちの頑張りをよく見ている** ➡ 友だちの頑張りを認めている／友だちのいいところ見つけができる

**C** **力が育ってきています** ➡ 気持ちが芽生えています

特別活動
Type **05**
まわりのために動ける子

みんなのために役立つこと
は何かと考えながら、係の
仕事を行うことができた。

● **POINT**

みんなのために、進んで仕事をする姿勢や、
視野を広げ、自分でできることはないか考え、
行動できることを評価します。

**文例 ①**　鍵盤ハーモニカ係として、音楽の時間が始まる前に、黒板に鍵盤
ハーモニカの見本を貼り、指使いの練習ができるように準備をしました。
「みんなが見てわかりやすい場所に貼りつけよう」とクラス全員のことを
考え、**責任をもって取り組む**<sup>A</sup>ことができました。

**文例 ②**　リサイクル係として、掃除用具入れの整理整頓を毎日行うことが
できました。みんなが掃除の時間に道具をさっと取り出せるように、種
類ごとにフックに掛けて整理するなど、**みんなのために工夫をする**<sup>B</sup>姿に
やさしさを感じました。

**文例 ③**　新聞係となり、毎週学級新聞を発行しました。その週の誕生日の
友だちにインタビューをしたり、係からのお知らせがないか取材をしたり
しながら記事の内容を考え、クラスの**みんなが楽しめる**<sup>C</sup>新聞を作ること
ができました。

**言い換え 表現**

**A** **責任をもって取り組む** ➡ 最後まで根気強く取り組む

**B** **みんなのために工夫をする** ➡ みんなの役に立つことを考える／クラスに
とってプラスになることを模索する

**C** **みんなが楽しめる** ➡ みんなが読みたくなる

仲間はずれが出たり、危険
なことが起こったりしない
ように声をかけ、楽しい学
級遊びを支えた。

● **POINT**

その子の行動や配慮が、楽しい時間をつくっ
ていることを評価します。本人にも保護者の
方にも励みになる所見にします。

**文例 ①** 　学級遊びの時間には、輪に入り遅れた友だちのことを仲間に入れたり、安全に遊べるように間隔を空けるよう呼びかけたりしています。**全体を見回し、声をかける**ことで、いつもみんなが笑顔で遊ぶことができました。

**文例 ②** 　学級遊びの時間には、自分が楽しむことはもちろん、みんなが楽しく遊べるための配慮も欠かしません。友だちを輪に入るよう呼んだり、安全への声かけをするなど、**思いやりの心**が素晴らしいです。

### 言い換え 表現

**A** **全体を見回し、声をかける** ➡ まわりに気配りをする

**B** **思いやりの心** ➡ みんなの気持ちを考える姿勢

---

### エピソード ❼ 学級遊び

クラス遊びの準備だけでなく、ルールの説明や審判などの役割も、自ら進んで取り組むことができた。

● **POINT**
前日から、自分の役割を意識して準備を進め、みんなのためになったことを喜びとして感じている様子を、具体的な場面から伝えます。

**特別活動**

Type
**05**

まわりのために動ける子

**文例 ①** 　前日に「明日は早く来ます」と言って、翌日、早くから校庭に出て、クラス遊びの準備をしました。ルールを説明する順番やゲームの進め方をあらかじめ考えて、クラスのみんなが**楽しめる時間**にしてくれました。

**文例 ②** 　クラス遊びの担当になったときには、朝早く学校に来て、着々と準備を進めました。ゲームの審判をやりながら、みんながにぎやかに楽しんでいる様子を、**はじける笑顔**で見守っていました。

### 言い換え 表現

**A** **楽しめる時間** ➡ 充実した時間

**B** **はじける笑顔で** ➡ 大きな笑顔で／にこやかな顔で／嬉しそうに

### エピソード **1** 学級会

クラスの様子を見ながら、話し合いを活発にするための提案をすることができた。

**● POINT**
学級会という、みんなで話し合う場面を大切にし、学級の様子を踏まえながら、議題を考え、アイデアを提案できる力を評価します。

**文例 ①** 　学級会に向けて、「誕生会」や「教室のルール」など、そのときに合った議題を提案することができます。**クラスの様子をよく見て**[A]発案したり、先を見通して考えたりする力が育まれていることがわかります。

**文例 ②** 　学級会に向けて、積極的に議題を提案することができました。みんなで話し合って考えていくことの大切さを理解し、行事や学級活動などを通して**みんなが楽しく過ごすことのできるクラス**[B]にしようと考えていることがわかります。

**文例 ③** 　学級会では、クラスをよくするためのたくさんの意見を、「遊び」「掃除」「勉強」に分けて話し合うことを提案し、**さらに活発な話し合い**[C]にすることができました。

**文例 ④** 　学級会では、クラスをよくするために出されたみんなの意見を見て、「同じようなことはまとめようよ」と言って、分類して話し合うことを提案しました。意見が一つずつまとまっていく様子に、クラスのみんなも**納得の笑顔**[D]を見せていました。

---

#### 言い換え 表現

**A クラスの様子をよく見て** ➡ クラスのことを考えながら／まわりの雰囲気をとらえて

**B みんなが楽しく過ごすことのできるクラス** ➡ みんなが仲よくなれるクラス

**C さらに活発な話し合い** ➡ みんなが納得できる話し合い／自由に意見交換ができる話し合い

**D 納得の笑顔** ➡ 喜びの表情

## エピソード ❷ 話し合い活動

常に前向きな発言をし、議題をまとめた。

● **POINT**
自分と違った意見についても尊重する姿勢を見せ、よりよい方向に解決しようと努力していることを評価します。

**文例 ①** 公園で遊ぶコースを決める話し合いでは、公園の地図を広げながらグループ全員の希望を入れることを提案し、計画を立てることができました。○○さんの意見は説得力があり、**友だちからの信頼も厚いです**[A]。

**文例 ②** 長なわとびの持ち手を決める話し合いのとき、どうしたらクラスの記録が伸びるかに着目し、意見を述べました。広い視野で物事を解決に導こうとする姿勢は**友だちからも認められています**[B]。

### 言い換え 表現

**A** **友だちからの信頼も厚いです** ➡ 友だちから大きな信頼を得ています

**B** **友だちからも認められています** ➡ クラスのけん引力となっています

## エピソード ❸ 学級活動

みんなが楽しめるアイデアを出し、率先して行動に移すことができた。

● **POINT**
自分だけではなく、みんなが楽しめるものについていつも考えています。自分の思いも友だちの思いも「よい」と思ったものは、しっかりと主張ができることを評価します。

**文例 ①** 学級会では、「転校する友だちのためのお楽しみ会をしよう」と誰よりも早く、議題を出しました。自分が思いついた意見を**ものおじせず**[A]友だちに伝えることができる○○さんの積極性と行動力はクラスの模範となっています。

**文例 ②** 帰りの会では、友だちの頑張りを振り返り、「どんな行動が、どうしてよかったか」を**堂々と発表する**[B]ことができました。友だちの頑張りを認め、ほめ合うことで、クラス全体の意識を高めようとする姿勢が立派でした。

特別活動

Type
06

クラスをまとめる子

237

**A** ものおじせず ➡ 堂々と／積極的に／勇気をもって

**B** 堂々と発表する ➡ 大きな声で発表する／胸を張って発表する

---

## エピソード ❹ 係活動　〜体育係〜

冬の寒い日も外で体を動か
そうとクラス全体に呼びか
けていた。

● **POINT**
体育の時間以外に自分たちの係にできること
はないかを考え、クラスの健康づくりを意識
した行動を認め、評価します。

**文例 ①**　体育係となり、体育の時間には大きな声で整列や準備運動の号令
をかけ、元気いっぱいに活動することができました。寒い日に教室に残
っている友だちがいると、「外に出て走ると、温かくなるよ」と声をかけて、
みんなが元気に**遊べるように呼びかけました**。[A]

**文例 ②**　体育係として準備運動の号令をかけたり整列をさせたりするな
ど、元気いっぱいです。体育の時間以外に係でできることを考え、寒い
日に教室に残っている子がいないように、休み時間になると「みんなで大
なわとびをしようよ」と呼びかけました。○○さんたち体育係が声をかけ
ることで、クラスのみんなが**外で一緒に仲よく遊ぶ機会が増えました**。[B]

---

言い換え 表現

**A** 遊べるように呼びかけました ➡ 遊べる機会を増やしてくれました

**B** 外で一緒に仲よく遊ぶ機会が増えました ➡ 元気に体を動かすことができ
ています

## エピソード❺ 係活動

係活動の話し合いでは、積極的に意見を出して話し合いを充実させ、よりよいクラスにしていこうとすることができた。

**● POINT**
話し合い活動では、進んで意見を出していました。思考力や表現力が身についてきていることに加え、ものおじせず堂々と意見を言う姿勢も評価します。

**文例❶** 係活動を決める際には、「○○係があるといいと思います。～だからです」と根拠をもって考えを発表することができました。積極的に意見を発言することで、話し合いを盛り立てました。**クラスのムードメーカーのような存在**になっています。

**文例❷** 係活動を振り返るときに、一人ひとりが意見を言えるように、手際よく指名したり、順番を決めたり、司会進行をすることができました。**ものおじせず、堂々と意見を言う**力を伸ばすことができました。

**言い換え 表現**

**A** クラスのムードメーカーのような存在 ➡ クラスの中心的存在
**B** ものおじせず、堂々と意見を言う ➡ 堂々と胸を張って意見を発表する

## エピソード❻ 学級遊び

お楽しみ会の鬼遊びの進行で、みんなが楽しく遊べるように、鬼を決めたり時間調整をしたりして、先頭に立って行動した。

**● POINT**
先頭に立って動いたことで、クラスみんなが楽しく遊べたことを認め、子どもも保護者の方も、嬉しい所見となるようにします。

**文例❶** 学級のお楽しみ会では、限られた時間内でみんなをまとめることができました。鬼をやる人を**手際よく**決めたり、時計を見ながら時間を調整したおかげで時間いっぱい遊べたので、**みんな満足した様子でした**。

**文例❷** お楽しみ会では、鬼遊びの係として、率先して鬼を決めたり時間の調整を行ったりすることができました。みんなの楽しい時間のために進んで動こうとする**姿勢**が立派でした。

特別活動 Type 06 クラスをまとめる子

**文例③** お楽しみ会では、鬼遊びの係として、わかりやすくルールを説明したり、遊ぶ時間を調整したりしました。**クラスのみんなが楽しめるように活動をしていた**○○さんの姿に関心しました。

**言い換え 表現**

**A** 手際よく ➡ てきぱきと／率先して

**B** みんな満足した様子でした ➡ 友だちも嬉しそうでした

**C** 姿勢 ➡ 気持ち／心構え／積極性

**D** クラスのみんなが楽しめるように活動をしていた ➡ 学級全員が仲よく過ごせるように配慮をしていた

## エピソード ❼ 異学年交流

1年生が楽しめるように、知恵をしぼって企画を考えたり、クラスの仲間に積極的に声をかけたりした。

**● POINT**

下級生とのかかわりの中でクラスをまとめたことを評価します。上級生として求められる力であるからです。その姿がどう映ったのかを書いてもよいでしょう。

**文例①** 1年生との異学年交流では、1年生が楽しめる遊びの提案をしたり、周囲の状況をよく見た臨機応変な行動をしたりするなど、係の仲間と協力して、**クラスの中心となって**交流を進めることができました。

**文例②** 異学年交流では、下級生に合わせて目線を下げて話を聞いてあげたり、スムーズに進行できるように時間を意識しながらみんなに声をかけたりする姿が**頼もしかったです**。

**言い換え 表現**

**A** クラスの中心となって ➡ みんなを引っ張って／リーダーとなって

**B** 頼もしかったです ➡ 心強かったです／輝いていました

## Type 07 積極的に自己表現できる子
自分の思いは、堂々と伝えます！

### エピソード ❶ 学級会

学級内でのトラブルに対して、勇気をもって「悪いことは悪い」と発言し、友だちにルールを守る大切さを伝えた。

**● POINT**

学校生活における「よい」「悪い」の判断がきちんとできることを伝えます。まわりの友だちが流されやすい場面でも、落ち着いて友だちに注意することができることを評価します。

**文例❶** 　学級会では、「それは○○だから、だめだよ」と友だち同士のトラブルに対して、根拠をもって、決まりを守る大切さについて発言することができました。**善悪の判断を行い**[A]、**自分の思いをみんなに伝える**[B]意志の強さを身につけました。

**文例❷** 　学校生活の決まりについて、新しいルールづくりをするなど、**まわりに目を向け**[C]、積極的に自分の意見を友だちに伝えることができました。クラスみんなでよい方向へと盛り上げていく姿に、頼もしさを感じました。

#### 言い換え表現

**A 善悪の判断を行い** ➡ よいことと悪いことの区別をして

**B 自分の思いをみんなに伝える** ➡ 思ったことを伝える／素直に伝える

**C まわりに目を向け** ➡ 視野が広く／よく気づいて

### エピソード ❷ 学級会

学級会で学校生活のルールについて話し合ったとき、根拠をはっきりさせながら自分の考えを積極的に発表していた。

**● POINT**

クラスの話し合いの場面で、学校生活をよくしたいという気持ちをもちながら、自分の意見をしっかりもって学級会に参加していたことを伝えます。

特別活動

Type 07

積極的に自己表現できる子

241

**文例 ①**　学級会で学校生活のルールについて話し合ったときには、**具体的な場面を想定しながら**<sup>A</sup>意見を発表することができ、一人ひとりが日常生活を振り返ることができました。

**文例 ②**　学級会では友だちの意見をよく聞いて、賛成や反対など理由をつけて発言することができます。**自分の意見をしっかりともっている**<sup>B</sup>ことがわかります。

**言い換え 表現**

**A** 具体的な場面を想定しなら ➡ エピソードを交えながら

**B** 自分の意見をしっかりともっている ➡ 学校やクラスの生活をよくするためにどうすればよいかを考えている

---

**エピソード ③ 学級会**

| お楽しみ会の計画の話し合いで、前向きな意見をたくさん提案することができた。 | **● POINT**<br>みんなが楽しめるようにするためには、どうしたらいいのかを意識して、自分の考えを提案することができたことを評価します。自分たちで楽しくしたいという願いも伝えます。 |
| --- | --- |

**文例 ①**　お楽しみ会の計画を話し合う場面では、クラスのみんなが活躍できるようなチームのつくり方や、会の進め方を提案しました。次々に出てくるアイデアに、お楽しみ会に対するみんなの**期待が高まりました**<sup>A</sup>。

**文例 ②**　「順番はその場で、くじで決めるとおもしろいよ」「一人のチームは一緒にやればいいよ」とクラスの**みんなが楽しめるように**<sup>B</sup>、たくさんの提案をすることができました。

**言い換え 表現**

**A** 期待が高まりました ➡ 楽しみがさらに増えました

**B** みんなが楽しめるように ➡ みんなのことを考えて

## エピソード ❹ 係活動

自分で思ったことを積極的に友だちに伝え、係活動の仕事を工夫することができた。

**● POINT**
友だちと協力しながら係活動を行えたことを評価します。自主的に行動に移すことができる点も伝えます。

**文例 ①** みんなで楽しく係として、係の友だちと話し合いをくり返し、学級遊びを決めることができました。学級遊びのねらいを理解しているので、みんなが喜ぶ遊びを考えることを意識して活動することができました。係活動を通して、自分の思いを**言葉にして伝える力を伸ばしました**。^A

**文例 ②** 新聞係では、同じグループの友だちと話し合い、よりおもしろい新聞をつくるための作戦を考え出しました。自分から友だちに「どんな新聞を読みたいですか？ 意見のある人はこのポストに入れてください」と声をかけるなど、**積極性も高めました**。^B

### 言い換え 表現

**A** 言葉にして伝える力を伸ばしました ➡ 表現する力を伸ばしました
**B** 積極性も高めました ➡ 積極的に取り組む姿を見せてくれました

## エピソード ❺ お楽しみ会

クラスのお笑い担当で、いつも周囲を笑顔にさせ、明るくにぎやかな雰囲気をつくることができた。

**● POINT**
ムードメーカーは、クラスに欠かせない存在です。恥ずかしがらず、いろいろなことにチャレンジする姿勢を評価することで、自信をもって活動できるようにします。

**文例 ①** ○○くんは、ものまねやちょっとした芝居、漫才など楽しいことを考え出すアイデアマンです。いつもクラスのムードメーカーとしてみんなを盛り上げ、**笑顔にしてくれました**。^A

**文例 ②** 人前に立っても物おじせず、堂々と自分を表現できることは、○○くんの**強みとなっていく**^Bはずです。今後も、明るくにぎやかなクラスの雰囲気をつくっていってほしいと願っています。

特別活動
Type **07**
積極的に自己表現できる子

**文例 ③** 　自分の明るさが、クラスの楽しさを引き出すきっかけになること を自覚していて、大事な場面では必ず自ら口火を切って、仲間の前に飛 び出していきます。進んで前に出て**みんなを引っ張る**ことができること は○○くんのよさです。

**言い換え表現**

**A** 笑顔にしてくれました ➡ 楽しませてくれました
**B** 強みとなっていく ➡ 持ち味になる／長所になる
**C** みんなを引っ張る ➡ クラスを盛り上げる

---

**エピソード ❻ 異学年交流**

| | |
|---|---|
| 上級生と会える嬉しさを表現し、有意義な交流活動ができた。 | **● POINT**<br>素直な表現を評価するとともに、嬉しそうにしている様子を書くことで、そのときの様子が保護者の方にも伝わるようにします。 |

**文例 ❶** 　異学年交流では、嬉しそうに手を振ってパートナーの上級生の所 に駆け寄って行きます。**喜びを素直に表現する**姿に、上級生もとても嬉 しそうです。まるできょうだいのように触れ合うことができています。
**文例 ❷** 　上級生との交流では、一緒にいられる**嬉しさを体いっぱいに表現 します**。その姿を見て、パートナーである上級生もいつも嬉しそうな笑 顔を浮かべています。

**言い換え表現**

**A** 喜びを素直に表現する姿 ➡ 楽しそうな笑顔
**B** 嬉しさを体いっぱいに表現します ➡ 喜びを全身で表します

## Type 08 友だちとのかかわりがよくできる子
誰とでも仲よくでき、ほかのクラスにも友だちが多い！

### エピソード ① 学級会

積極的に意見を発表したことから話し合いが進み、みんなの意見がまとまった。

**● POINT**
学級会で意見を発表することができる積極性はもちろんのこと、普段の誠実な行動で、友だちから信頼されていることも伝えます。

**文例 ①** 学級会で、始業の時間や教室のルールについて話し合ったときは、注意を促す意見を発表しました。みんなが素直な気持ちで出来事を振り返ることができたのは、○○くんへの信頼からだと思います。これからも、誰に対してもやさしく**誠実な心**を大切にしてください。

**文例 ②** 学級生活の課題に関心をもち、学級で起こっている問題について、自分の考えと友だちの考えを比べながら話し合うことができました。**友だちと協力して**課題を解決していこうとする態度が見られました。

**文例 ③** 学級を見直すための話し合い活動では、友だちの意見にしっかりと耳をかたむけて、学級の課題に向き合うことができました。友だちと話し合いながら課題を解決しようと努力したことで、学級の雰囲気が以前に増して明るくなり、○○くんの**影響力**の大きさを感じました。

**文例 ④** 学級会では、自分の意見をしっかり発表しました。友だちが発表している際も相手の方に体を向け、目を見て話を聞くことができました。友だちの発表が終わると、○○さんが真っ先に拍手をするので**みんなが発言しやすくなりました**。

### 言い換え 表現

**A 誠実な心** ➡ 公平な○○くんの姿勢

**B 友だちと協力して** ➡ 力を合わせて／友だちとともに

**C 影響力** ➡ 人をひきつける力／存在感

**D みんなが発言しやすくなりました** ➡ 誰もが積極的に意見を述べることができました／意見を発表しやすい学級になっています

特別活動

Type
08

友だちとのかかわりがよくできる子

245

学級会で自分の考えをうまく表現できない友だちの意見をうまく取り上げることができた。

● **POINT**

困っている友だちの気持ちを考えて、共感的に発言できたことを評価します。友だちの意見を大切にした話し合いにつながっていく様子を伝えます。

**文例 ①** 　学級会で、自分の意見をうまく説明できない友だちがいると、代わりに言葉を選んで説明してくれました。「～ということ？」という問い返しに、友だちも**力強くうなずいて**いました。

**文例 ②** 　学級会では、友だちの意見を真剣に聞いています。うまく言葉にできない友だちがいたときも、「最後まで聞こうよ」と友だちの意見を**大切にする姿勢**が、クラスの仲間にも広がっていきました。

**言い換え 表現**

**A 力強くうなずいて** ➡ 安心して笑顔になって

**B 大切にする姿勢** ➡ 認め合う雰囲気

図書係の活動で、仕事の時間と読書の時間が平等になるように、係の友だちと話し合い、仕事を効率よく進めた。

● **POINT**

話し合いで仕事の内容をよりよくしようとした姿勢を評価します。これからも、話し合いで解決していこうとする意欲につなげることがねらいです。

**文例 ①** 　図書係の活動では、係全員が仕事も読書もできるように、友だちと話し合いながら仕事の分担を決めていきました。仕事をよりよくするために、**意見を交わそうとする姿勢**が立派でした。

**文例②** みんなが仕事も読書もできた方がよいと考え、図書係の友だちと一人ひとりの役割について話し合っていました。結果、**平等に係の仕事が行き渡るようになり**、充実した仕事の時間も落ち着いた読書の時間も過ごすことができました。

**文例③** どんな係が必要なのか、長い時間をかけてまわりのみんなと話し合ってきました。クラスのためにリーダーシップをとっている○○さんに、**厚い信頼が寄せられています**。

#### 言い換え 表現

A **意見を交わそうとする** ➡ 話し合って決めようとする／友だちの意見をまとめる

B **平等に係の仕事が行き渡るようになり** ➡ みんなで仕事を分担することができ

C **厚い信頼が寄せられています** ➡ 安心して係を任せられます／いつも助けてもらっています

---

### エピソード❹ 係活動

| 新しく○○係を立ち上げ、そのリーダーとして活躍している。 | ●**POINT**<br>○○係を立ち上げるために、たくさんの賛同者を集め、設立に成功したコミュニケーション能力と行動力を評価します。 |
| --- | --- |

**文例①** ○○係を立ち上げるために、前年度から準備して賛同者を集め、実際につくることができました。その行動力とコミュニケーション能力**は素晴らしいです**。

**文例②** 新しい○○係をつくるため、みんなの意見をリサーチしたり、アンケートをとったりしました。○○が好きだという気持ちが**仲間を引っ張る原動力**になっています。

#### 言い換え 表現

A **〜は素晴らしいです** ➡ 〜には脱帽です

B **仲間を引っ張る原動力** ➡ 仲間に伝わり大きな力

特別活動

Type **08**

友だちとのかかわりがよくできる子

247

## エピソード ❺ 学級遊び

学級遊びでグループ分けをする
ときなど、一人になる子がいな
いように誰にでも声をかけて楽
しく遊ぶことができる。

● **POINT**

みんなで楽しく遊びたいという気持ち
をもち、誰にでも明るく声をかけて仲
よく遊ぶことのできる社交性を評価し
ます。

**文例 ①**　学級遊びでグループをつくるとき、クラス全員がグループに入っ
ているかどうか声をかけていました。誰とでも仲よく、相手の気持ちを考
えて行動する○○**さんがいると、みんながやさしい気持ちになります**。
<sup>A</sup>

**文例 ②**　学級遊びのグループづくりをしたときには、一人になってしまう
子がいないようにまわりの様子を見ながら、**友だちを誘う**<sup>B</sup>ことができまし
た。誰に対してもやさしく接することができ、クラスのみんなで楽しく過
ごしたいという気持ちを大切にしていることがわかります。

**文例 ③**　学級遊びでは、グループの中に入れず困っている友だちに対して、
「一緒に遊ぼうよ！　楽しいよ！」と明るく声をかけ、仲間に入れて楽しん
でいました。○○さんはクラスの雰囲気を明るくする**リーダー的存在**<sup>C</sup>に
なっています。

**文例 ④**　校庭で遊んでいるときに、一人で遊んでいる友だちに気づくと、
明るく「一緒にやろうよ」と声をかけます。仲間を大切にする**やさしい心
にあふれています**。
<sup>D</sup>

**文例 ⑤**　一人でいる友だちを見ると、すぐに「一緒に遊ぼう」と誘います。
また仲間と**喜びを分かち合う**<sup>E</sup>ことの大切さをよくわかっていて、みんなに
伝えてくれます。

### 言い換え 表現

**A** ○○**さんがいると、みんながやさしい気持ちになります** ➡ ○○さんのさ
りげないやさしさが教室の中で光っています

**B** **友だちを誘う** ➡ 友だちに声をかける

**C** **リーダー的存在** ➡ クラスをまとめる存在／ムードメーカーのような存在

**D** **やさしい心にあふれています** ➡ 誠実な心をもっています

**E** **喜びを分かち合う** ➡ 楽しい時間を過ごす

## Type 09 さまざまな場面でよさを発揮する子
テストの成績に表れない頑張りや努力ができる！

### エピソード❶ 学級活動

明るい性格で、クラスの雰囲気を明るくしていた。

**● POINT**
明朗快活でクラスのムードメーカーであり、また、礼儀正しく人に接することができるところも合わせて評価します。

**文例❶** クラスのみんなの元気がないとき、○○くんのひと言で、みんなの表情がパッと明るくなったことが何度もありました。**大切なときは礼儀正しく**、楽しむときは元気にはじける明るさを、これからも大切にしてほしいと思います。

**文例❷** いつも明るく朗らかで、**クラスのムードメーカーになっています**。来校者と廊下ですれ違うと「こんにちは」と元気にあいさつすることができる礼儀正しさも、クラスのお手本になっています。

#### 言い換え 表現

**A** **大切なときは礼儀正しく** ➡ お客さんには大きな声であいさつができて／真面目にするべきときはしっかり集中して

**B** **クラスのムードメーカーになっています** ➡ 教室を元気な雰囲気にしてくれます

### エピソード❷ 係活動 ～クイズ係～

毎日の帰りの会でクイズを出し、クラスを楽しませた。本人も嬉しそうで、よい活動となっている。

**● POINT**
その活動に取り組んでいる際の、まわりや本人の嬉しそうな様子を伝えることで、学校での様子がわかる所見となるようにします。

**文例❶** 得意な絵を生かして、クイズ係として帰りの会の度にイラストクイズを出しています。「今日は何が出るの？」と、友だちも楽しみにして

特別活動

Type 09

さまざまな場面でよさを発揮する子

います。大事そうに出題用紙を持ち運び、描き込んでいる姿から、**活動が充実している**[A]ことがわかります。

**文例②**　クイズ係として毎日出してくれるイラストクイズは、大人気です。休み時間に準備をしていると、**友だちが集まってきます**[B]。「今寄ってくると、楽しみがなくなっちゃうよ！」と、笑顔で応じる姿から、前向きに取り組んでいる様子が伝わってきます。

---

**言い換え　表現**

**A** 活動が充実している ➡ よい活動となっている

**B** 友だちが集まってきます ➡ 人だかりができています

---

**エピソード❸ 係活動　～お知らせ係～**

帰りの会で一日の出来事の中で心に残った出来事を話すことを考えた。話題が偏らないように、いろいろな出来事を取り上げて話すことができ、みんなが楽しく聞くことができた。

**● POINT**

自分で係の仕事を考えて始めた自主性を認め、みんなが楽しめるように工夫して話していることを伝えます。

**文例①**　お知らせ係となり、帰りの会で一日の出来事を話すことを考えました。「今日は、生きもの係が金魚の水を替えていて、金魚が嬉しそうでした」「ドッジボールで○○さんが最後まで当たらなくて、すごいと思いました」など、友だちが頑張っていたことや楽しかったことを発表するので、みんなが**楽しみにしていました**[A]。

**文例②**　お知らせ係として、毎日、帰りの会で心に残ったことを発表しました。友だちができるようになったことや、係の仕事で頑張っていたことなどをわかりやすく話してくれました。クラスのみんなで一日を楽しく振り返る**貴重な時間**[B]となりました。

---

**言い換え　表現**

**A** 楽しみにしていました ➡ 心待ちにしていました／喜んでいました

**B** 貴重な時間 ➡ かけがえのない時間

250

## エピソード ④ 昔遊び大会

昔遊び大会で、友だちに教えたり場所を譲り合ったりするなど、友だちとよりよいかかわりができた。

● POINT
けん玉やこま回しが得意なことはもちろん、それを通じて友だちとよいかかわりができたことを評価し、人とよりよくかかわろうとする意欲につなげます。

**文例①** 昔遊び大会のけん玉では、自分の得意な技を披露するだけでなく、友だちにやり方を教えてあげたり、順番を譲り合ったりしています。得意なことをきっかけに、**友だちとよりよくかかわる力をつける**ことができてきています。

**文例②** 昔遊び大会では、得意なこまを回す姿を見て、いつも友だちが集まってきます。ただ回すだけではなく、技のコツを教えたり、順番を決めてみんなでこまを回し合ったりする姿が見られ、**人間関係を築く力の高まり**を感じます。

### 言い換え 表現

**A** 友だちとよりよくかかわる力をつける ➡ 友だちとうまく話す
**B** 人間関係を築く力の高まり ➡ 友だちとのよりよいかかわり

## エピソード ⑤ 昔遊び大会

こま回しの名人になりたいという目標をもって、冬休みや休み時間などに継続して練習を続け、いろいろな技を習得することができた。

● POINT
目標をもってこま回しの練習に熱心に取り組み、失敗をくり返しながらも技を習得することができた努力する姿勢を伝えられるようにする。

**文例①** 自分で決めた「こま回しの名人になる」という目標に向かって、冬休みに教えてもらった技を確実にできるようになりたいという気持ちをもち続けました。失敗をくり返しながらも休み時間も熱心に練習を続けたおかげで、昔遊び大会ではこま名人としてさまざまな技を披露したり、年下の友だちに教えてあげたりと**大活躍でした**。

特別活動

Type **09**

さまざまな場面でよさを発揮する子

**文例 ②**　昔遊び大会では、こまのグループを担当することになりました。「こま名人」を目指して、冬休み前から熱心に技の練習を続け、いろいろな技を習得することができました。大会当日は、積み重ねた練習の成果を存分に発揮し、**自信をもってお客さんに技を披露したり、年長さんの子どもたちに教えてあげたりすることができました**<sup>B</sup>。

**言い換え 表現**

**A** **大活躍でした** ➡ 自信をもって活動することができました／素晴らしかったです

**B** **自信をもってお客さんに技を披露したり、年長さんの子どもたちに教えてあげたりすることができました** ➡ いきいきとした表情で活動する姿が印象的でした

---

**エピソード ❻ 落ち葉掃き大会**

率先して落ち葉を掃いたり、安全に気をつけるようみんなに声をかけたりすることができた。

**● POINT**

自ら進んで落ち葉を掃き、みんなの安全を考えながら活動できた様子や、その一生懸命な様子がまわりの子の意識を高めたことを評価します。

**文例 ①**　落ち葉掃き集会では、みんなの安全に気を配って、「そっちは危ないから行かないほうがいいよ」と声かけすることができました。友だちも○○さんからの注意を素直に聞き入れ、**安全に**<sup>A</sup>清掃することができました。

**文例 ②**　落ち葉掃き集会では、ゴミや落ち葉がないかを**よく見て**<sup>B</sup>清掃していました。○○さんが袋いっぱいに葉を集めている様子を見て、「ぼくもたくさん集めよう」と、みんなの意欲を高めることができました。

**言い換え 表現**

**A** **安全に** ➡ 車に気をつけて／危険な場所を避けて

**B** **よく見て** ➡ 隅々までよく確認して

## Type 10 人望がある子

友だちからの信頼度はとても高い！ 縁の下の力もち！

### エピソード ① 話し合い活動

常に建設的な意見でクラスをまとめることができる。

● **Point**

相手の立場に立って考え、相手の気持ちを大切にできることに着目します。具体的にどのような話し合いをしているか、客観的な視点で書きます。

**文例①** 展覧会のスローガンを決める話し合いでは、司会者となって前に立ち、たくさん挙げられたみんなの意見を一つひとつ**大事にして**[A]、よりよい言葉にまとめようと努力することができました。

**文例②** 学芸会の小道具づくりでは、場面にあったものをつくりました。友だちの考えを**認めながら**[B]自分の思いも伝え、素晴らしい小道具を友だちと協力してつくり上げることができました。

#### 言い換え 表現

**A** 大事にして ➡ 尊重して

**B** 認めながら ➡ 取り入れながら

### エピソード ② 学級活動

転校生へのプレゼントづくりで、相手が喜ぶものを試行錯誤してつくった。

● **Point**

相手の喜ぶことをしたいという思いやりややさしさを評価します。また、いかにそれを実現させようとしたかのエピソードも伝えます。

**文例①** クラスに何か大きな出来事がある際は、「学級会で話し合おう」と一番に提案することができました。みんなで話し合う時間を通し、どうしたら相手のためになるか**熱心に意見を言う**[A]ことができました。

**文例②** 転校生のためにできることはないか、みんなで話し合うことができました。相手の喜ぶ顔をイメージしながら手紙を書いたりプレゼントを用意したりと、全力を尽くす姿に**友だち思いのやさしさ**[B]を感じました。

特別活動

Type 10

人望がある子

253

**A** **熱心に意見を言う** ➡ 進んで意見を言う／たくさん発言する／考えて思いを伝える

**B** **友だち思いのやさしさ** ➡ 友だちを大切にするあたたかい気持ち

---

**エピソード ❸ 学級活動**

| | |
|---|---|
| 学級活動に意欲的に参加し、みんなが楽しく過ごせるお楽しみ会を開催することができた。 | **● POINT**<br>クラス全員が楽しく過ごすために必要なことを進んで考え、実行していく行動力を評価します。 |

**文例 ❶** クラスで学期末のお楽しみ会の計画をしたときには、真っ先に挙手して発言していました。**みんながワクワクするようなアイデア**[A]を提案することができました。

**文例 ❷** お楽しみ会の話し合いをした際は、学級全員が楽しめるようにみんなの意見を聞き、「じゃあ、○○をすればみんなが楽しめるんじゃないかな」と**複数の意見をまとめる**[B]ことができました。友だちの意見を取り入れることができる姿が立派でした。

**文例 ❸** お楽しみ会の話し合いでは「出し物をしたいです。歌と踊りがあるといいと思います」と発言して、本番に向けて友だちと仲よく練習していました。当日は、**積極的に参加**[C]し、みんなも自分自身も楽しく過ごすことができました。

**文例 ❹** お楽しみ会で行うゲームのルールを話し合ったとき、自分では思いつかなかった友だちのアイデアに「それは、いいね」と**刺激を受けていました**[D]。また自分の意見と友だちの意見を合わせて、「○○はどうかな？」と新しい視点を提案することもできました。

---

言い換え 表現

**A** **みんながワクワクするようなアイデア** ➡ クラス全員が楽しめる遊び

**B** **複数の意見をまとめる** ➡ 新しい提案をする

**C** **積極的に参加** ➡ 自ら意欲的に活動

**D 刺激を受けていました** ➡ 友だちの意見の素晴らしさを取り入れることができました／友だちの意見のよさを認めることができました

### エピソード ❹ 学級活動

お楽しみ会で発表する劇の練習では、グループのみんなで楽しみながら練習に取り組むことができた。

**● Point**

低学年ながらグループの誰もが活躍できるような台本をつくることができる、計画から本番まで友だちを引っ張ることのできるリーダー性や計画力の高さを評価します。

**文例 ❶** お楽しみ会では、劇の台本づくりを引き受け、グループのみんなが活躍できるように台詞を考え「こんな小道具をつくろう」と友だちに呼びかけて、準備を進めました。先を見通して計画を立てることができるので、**みんなが安心して楽しく練習する**ことができました。

**文例 ❷** お楽しみ会では劇の台本づくりを引き受け、次の日には台詞も小道具も考えた台本を用意していました。昔話を元につくられた台本は、グループのみんなが活躍できる台詞が考えられており、その**発想力の高さ**に驚きました。

### 言い換え 表現

**A みんなが安心して楽しく練習する** ➡ 練習から本番まで、みんなで劇を楽しむ

**B 発想力の高さ** ➡ 豊かな想像力／視点の幅広さ

### エピソード ❺ 学級遊び

学級遊びでは、まわりの友だちから慕われ、すぐにグループに分かれて作戦を立てることができた。

**● Point**

小グループに分かれて作戦会議をする際に、司会進行役を行い、友だちの意見を進んでまとめることができたことを伝えます。「○○くんと同じグループになりたい」と言われるなど、まわりの人望を集めていることを評価します。

特別活動

Type **10**

人望がある子

**文例 ①**　学級遊びでグループに分かれる際、「Aグループはここだよ！　作戦会議しよう！」と進んでグループの意見をまとめました。まわりの友だちからの人望が厚く、その声に応えるかのように**リーダーシップを発揮する**^A ことができました。

**文例 ②**　学級遊びでは、時間を意識しながら、「Bグループはここに並んでね！」と号令をかけ、みんなをすばやく整列させていました。積極的に友だちと声をかけ合い、遊びを楽しむことができるので、友だちからも**信頼されています**^B。

---

**言い換え 表現**

**A** **リーダーシップを発揮する** ➡ 進んで指示を出す／積極的にグループをまとめる

**B** **信頼されています** ➡ 人望があります／人気があります

---

**エピソード ❻ 学級遊び**

誰に対しても公平な態度で
接することができるので、
友だちから信頼されている。

**● POINT**
学級内でトラブルがあっても両者から話を聞き、公平な態度で接することができるため、友だちから信頼されている様子を伝えます。

**文例 ①**　学級遊びなどでトラブルがあったときには「話し合ってみようよ」と声をかけて、両方の話を聞いて解決しようとしていました。よいことか悪いことかをしっかりと考えて意見を言うことができ、誰に対しても公平に接するので、クラスのみんなから**信頼されています**^A。

**文例 ②**　友だちの様子に気を配り、もめ事があったり悲しそうにしている友だちがいたりすると、話をよく聞いて解決しました。よいことか悪いことかを落ち着いて考え、**自分の意見をしっかりと伝えることができる**^B ので、友だちから頼りにされています。

**文例 ③**　友だち同士が言い合いになった際は、中立の立場に立ち、両方の話を聞いていました。**いつも分け隔てなく接する**^C ことができるので、何か問題が起こると○○さんが呼ばれることもあります。○○さんの誠実な姿をクラスのみんなが頼りにしています。

**言い換え 表現**

**A** 信頼されています ➡ 人望があり、頼りにされています

**B** 自分の意見をしっかりと伝えることができる ➡ 誰に対しても公平に接することができる

**C** いつも分け隔てなく接する ➡ どんなときも感情に流されず公平に考える

---

**エピソード 7 学級遊び**

得意な将棋をクラスに広めた。友だち同士の対戦を公平にアドバイスしながら、観戦することができた。

● **POINT**

仲間が増えていくことに喜びを感じている様子を伝えます。勝ち負けにこだわらず、みんなで楽しく将棋ができるように、気を配るやさしさを評価します。

**文例 ①** 得意な将棋をクラスの仲間に教えて、休み時間の楽しみを一つ増やしてくれました。初めての友だちには一人ひとり丁寧にルールを説明して、対戦できる仲間が広がることを、**嬉しそうにして**いました。
<sup>A</sup>

**文例 ②** 休み時間には仲間と一緒に将棋で盛り上がります。自分がやり方を教えた友だち同士が対戦している様子を、うしろから**笑顔で観戦していました**。
<sup>B</sup>

**文例 ③** 将棋に興味をもった友だちに、将棋のルールをわかりやすく説明していました。○○くんの説明で、将棋の魅力が友だちに伝わり、仲間が少しづつ増えていきました。**クラスの友だちと将棋を楽しめるようになって**、嬉しそうな姿が印象的でした。
<sup>C</sup>

**特別活動**

**Type 10**

人望がある子

**言い換え 表現**

**A** 嬉しそうにして ➡ 自分のことのように喜んで

**B** 笑顔で観戦していました ➡ うなずきながら見守っていました

**C** クラスの友だちと将棋を楽しめるようになって ➡ 自分の好きな将棋を友だちと共有できて

# 特別な支援で力を発揮できる子
サポートがあれば、前向きに取り組むことができる

## エピソード ❶ 学級活動

スピーチや発表のときなど
人前で話すことが苦手だが、
少しずつ大きな声で話せる
ようになってきた。

● POINT

人前で話すことが苦手でありながらも、落ち
着いて話せる方法を家で話し合ったり自分で
考えたりするなど、着実に努力が成果につな
がっていることが保護者に伝わるような所見
にします。

**文例 ❶**　　発表するときの表情が柔らかく、大きな声で話すことができるよ
うになってきました。落ち着きも見られるようになり、本人が**努力を積み
重ねてきた成果が着実に表れています**。
^A

**文例 ❷**　　日直のスピーチでは、原稿を書いてきたり自分が話しやすい言葉
を考えたりすることで、少しずつ自信をもって話すことができるようにな
ってきました。自信にあふれた大きな声からそのことが伝わってきます。
本人の努力やご家庭の励ましが**成長**につながっています。
^B

### 言い換え 表現

**A** **努力を積み重ねてきた成果が着実に表れています** ➡ 少しずつ重ねてきた
努力が成果として表れています

**B** **成長** ➡ 成果／進歩

## エピソード ❷ 係活動

友だちから頼まれた係の仕
事を嫌がらずに引き受け、
最後までやり遂げた。

● POINT

頼まれたことを嫌がらずに引き受けたことだ
けでなく、素直に仕事のやり方を受け入れる
その姿勢を評価します。

**文例 ❶**　　生き物係では、同じ係の**友だちに頼まれた仕事を黙々と行いまし
た**。水槽や石についた藻をきれいに洗い落とし、新しい水を入れ、金魚
^A

を大切に戻してあげました。

**文例②** 友だちに仕事の仕方を教えてもらい、アドバイス通りに生き物係の仕事を行うことができました。○○くんが世話をした金魚の水槽は**いつもピカピカです**。[B]

**言い換え 表現**

**A 友だちに頼まれた仕事を黙々と行いました** ➡ 友だちのアドバイスを受けたらすぐに行動に移しました

**B いつもピカピカです** ➡ いつもきれいです

---

**エピソード ③ 係活動**

生活全般において意欲がもてないが、係の仕事に対しては一生懸命に取り組むことができた。

● **Point**

目立つことはなくても、自分に与えられたことは、責任をもって取り組んでいることを評価します。

**文例①** 忘れ物チェック係として、毎朝31人分の宿題を**チェックしていました**。[A]朝の短い時間の中で、朝の会までに間に合うように急いで調べていました。責任感の強さが伝わってきます。

**文例②** 宿題を出し忘れている友だちには丁寧に声かけしているので、忘れる人がほとんどいなくなりました。毎日の仕事に対し、**責任をもって取り組むことができています**。[B]

**文例③** 図書係になってから、教室の学級文庫をいつもきれいに揃えていました。朝の会や帰りの会では、新しい本が入ったことや読んだ本の感想をクラスのみんなに伝え、本のおもしろさを友だちに伝える姿は、**頼もしく感じました**。[C]

**言い換え 表現**

**A チェックしていました** ➡ 丁寧に調べていました

**B 責任をもって取り組むことができています** ➡ 自分の役割を果たすことができています

**C 頼もしく感じました** ➡ しっかりした成長を感じさせます

**特別活動**

Type **11**

特別な支援で力を発揮できる子

## エピソード❹ 係活動　〜植物係〜

植物係として、花壇の苗植えを行った。

● **POINT**
自分が植物係であることを認識し、花の苗を植える活動に参加したことを評価して伝えていきます。

**文例①**　「ぼくは、花を育てるのが得意なんだ」と言い、花壇に花の苗を植える作業に参加しました。丁寧に移植ごてを使って植え、**大変満足そうでした**。これからの水やりもやるように声をかけていきます。

**文例②**　花の苗植えは暑い中での作業なので、はじめは不満をもらしていましたが、やることがわかってくると**興味をもち、進んで取り組みました**。最後はしっかり水をまき、係としての責任を果たしました。

**言い換え 表現**

**A** 大変満足そうでした ➡ 大きな達成感を味わいました

**B** 興味をもち、進んで取り組みました ➡ 教えてもらった手順通りに作業を進めることができました

## エピソード❺ 学級遊び

気持ちのコントロールが苦手な子どもが、ゲームで負けても笑顔で、次のゲームに取り組むことができた。

● **POINT**
自分の力で前向きに取り組もうとしている姿を示して、できるようになったことを評価します。

**文例①**　学級遊びの時間には、ゲームで負けてしまってもすぐに気を取り直して笑顔で次のゲームに取りかかることができます。**気持ちを切り替える**ことで楽しい時間を自分でつくれるようになり、成長を感じます。

**文例②**　学級遊びのゲームで負けてしまったときでも、「次は頑張るぞ」と、笑

顔でみんなの輪の中に入っていきます。前向きに取り組む姿を見て、まわりの友だちも嬉しそうです。

---

**言い換え 表現**

**A** **気持ちを切り替える** ➡ 前向きに取り組む／嫌なことを気にしない

**B** **みんなの輪の中に入っていきます** ➡ みんなと取り組んでいます

---

### エピソード 6 学級遊び

| 友だちにリードしてもらいながら、笑顔で遊びを楽しむことができた。 | ● POINT<br>信頼する友だちを見つけ、関係性を深めることができたことを伝えます。また、集団の中に入り、一緒に遊びを楽しめるようになってきたことを評価します。 |
| --- | --- |

**文例 ①** 　以前は苦手としていた集団での遊びにも積極的に参加できるようになりました。友だちと手をつないで、笑顔でおにごっこを楽しむなど、**友だち関係を広げる**ことができました。

**文例 ②** 　3色おにでは、グループの友だちと積極的にかかわることができました。また、持ち前の運動能力を生かし、自分なりに見つけ出したおにから逃げるコツを友だちに伝えるなど、**積極性も伸ばしました**。

**文例 ③** 　友だちの「一緒に遊ぼう」という誘いをきっかけに、クラスのみんなが参加しているドッジボールに参加することができました。集団での遊びに自然に参加できたことが○○さんの自信になり、友だちとの**会話が増えました**。

**文例 ④** 　最初は集団で遊ぶことが苦手でしたが、やさしく声をかけてくれる友だちと手をつなぎ、みんなと楽しく過ごせるようになりました。最近は、**友だちの幅も広がり、いろいろな友だちとおしゃべりをしています**。

---

**言い換え 表現**

**A** **友だち関係を広げる** ➡ 友だちをたくさんつくる／信頼関係を築く

**B** **積極性も伸ばしました** ➡ 積極的に友だちとかかわりました／意欲的に友だちとかかわりました

特別活動

Type
**11**

特別な支援で力を発揮できる子

**C** 会話が増えました ➡ コミュニケーションが積極的にとれるようになって きています／おしゃべりが増えてきています

**D** 友だちの幅も広がり、いろいろな友だちとおしゃべりをしています ➡ さ まざまな友だちとかかわるようになりました

---

### エピソード **7** 学級遊び

友だちが遊んでいるドッジ ボールに、自分から入るこ とができた。ボールがまわ ってこなくても不満を言わ ずに、最後まで一緒に遊ぶ ことができた。

● **POINT**
友だちから誘ってもらうのを待っているだけ でなく、自分から「入れて」と言えるように なった心の成長を評価します。また、不利な 状況でも最後までやり続けることができるよ うになったことを、具体的な様子で伝えます。

**文例 ①**　クラスの友だちがやっている遊びに、自分から「入れて！」と言っ て加わることができるようになりました。ボールが回ってこなくても**へこ たれず**[A]、コートの中を元気にとび回り、チームの仲間から大きな声援を もらっていました。

**文例 ②**　休み時間には、自分から進んでドッジボールの仲間に入り、友だ ちと一緒に汗を流して遊ぶ楽しさを実感していました。ボールを当てら れても、「やられちゃった」と言って、笑顔で外野に向かう様子に、**大き な成長を感じます**[B]。

**文例 ③**　自分から友だちに声をかけ、クラスのみんなとドッジボールを楽 しむことができました。チームが負けても、「次は、頑張ろうね」と友だ ちに明るく話すなど、**さまざまな友だちと一緒に遊ぶ楽しさを味わって います**[C]。

---

**言い換え 表現**

**A** へこたれず ➡ 不満の声をもらさず／めげずに

**B** 大きな成長を感じます ➡ 心の成長が表れています

**C** さまざまな友だちと一緒に遊ぶ楽しさを味わっています ➡ みんなで活動 するおもしろさを積み重ねています

## Type 12 所見を書きにくい子
その子なりの頑張りや努力が見えにくい

### エピソード ❶ 学級会

学級のことにかかわることが苦手な子が、頼まれた書記の仕事に取り組み、的確な記録を取っていた。

● **POINT**

自分の行動が、学級の友だちのためになったことを評価し、これからの生活場面でも、少しずつ自分から学級のことにかかわっていこうとする意欲をもてる所見となるようにします。

**文例 ❶** 　学級会で、司会の友だちから書記の仕事を頼まれました。<sup>A</sup>みんなから出された意見を丁寧に記録することができました。1週間後の学級会で、その記録が大きく役に立ちました。人のためになる喜びをこれからも感じていけるよう指導していきます。<sup>B</sup>

**文例 ❷** 　学級会では、書記の仕事に取り組みました。頼まれたことを確実に行うことで、議事を円滑に進めることができました。やるべきことにしっかり取り組む<sup>C</sup>ことのよさを実感して、これからも実践してくれることを期待しています。

**文例 ❸** 　学級会で書記係になりました。たくさんの意見が出ましたが、最後まで丁寧に記録することができました。これからもみんなとかかわりながら<sup>D</sup>仕事に取り組むよさを知っていってもらいたいと思います。

### 言い換え 表現

**A** 頼まれました ➡ 任されました

**B** 指導していきます ➡ かかわっていってほしいです

**C** やるべきことにしっかり取り組む ➡ 責任をもって自分の仕事を果たす

**D** みんなとかかわりながら ➡ クラスの仲間と協力しながら／友だちと力を合わせて

特別活動

Type 12

所見を書きにくい子

## エピソード ② 係活動

係活動や当番活動では、最後まで仕事をすることができなかったが、だんだんとできるようになった。

● **POINT**
自分の得意分野、興味分野の当番活動であったら、意欲的に取り組めることを指摘します。時間の経過とともに、できるようになってきた成長過程を評価します。

**文例 ①**　カメ係として、休み時間に散歩をさせたり水槽の水替えをしたりと意欲的に取り組むことができました。今後は、どんな係活動でも友だちと協力して**責任をもって最後まで仕事ができる**（A）ように指導をしていきます。

**文例 ②**　給食当番活動では、誰にでも苦手な仕事もあること、みんなで協力しないと配膳ができないことをくり返し伝えることで、だんだんと**友だちに譲るやさしい気持ち**（B）が育ってきました。

### 言い換え 表現

**A 責任をもって最後まで仕事ができる** ➡ 根気強く仕事をする／仕事を通して責任感を高める

**B 友だちに譲るやさしい気持ち** ➡ 思いやりの気持ち／相手の気持ちを考える姿勢

## エピソード ③ 係活動

学習面では、自己表現をしようとしないが、係活動には意欲的に取り組む。

● **POINT**
自分の好きな分野、得意な分野の活動で意欲的な姿勢を評価します。その分野でしか見せない目を輝かせて活動する様子を、保護者にわかりやすく伝えます。

**文例 ①**　運動係として、体育の時間に進んでみんなを並ばせ、力強い号令で整列させています。きびきびとした動きでみんなに指示を出す○○くんは、**自信に満ちあふれています**（A）。

**文例 ②**　得意の絵を生かし、飾り係として毎月その暦にあったポスターを

描き、クラスに季節感を与えてくれています。○○さんのポスターは教室に花を添えています$_B$。

## 言い換え 表現

**A** 自信に満ちあふれています ➡ 楽しそうに活動しています

**B** ～に花を添えています ➡ ～に色どりをつくり出しています

---

### エピソード ❹ 係活動

| | |
|---|---|
| 普段は忘れ物が多く、宿題の提出も滞りがちだが、係活動では意欲を見せている。 | ● **POINT**<br>係活動のときには、忘れものをしたり努力を怠ったりすることがなく、やる気を見せているその意欲を評価します。そして、他の場面にもつなげていきたいことを伝えます。 |

**文例 ❶** クイズ係として、担当している曜日にはクイズを5問忘れずにしっかりと準備してきて、みんなを楽しませてくれています。**これを学習面でのやる気につなげて**$_A$**いきたいと思います。**

**文例 ❷** 落とし物係として、名前がわかるものは本人に届けたり、名前がないものは帰りの会でみんなに呼びかけるなど、責任をもって仕事に取り組むことができています。みんなの前で進んで行動できたことは、**大きな進歩です**$_B$。

**文例 ❸** お花係として、毎日アサガオの世話をしていた○○さん。アサガオの芽が出てきたときは、クラスの友だちに報告し、みんなで喜び合っていました。アサガオの観察を一日も欠かさなかった○○さんの姿勢は、**学級の模範となっています**$_C$。

---

## 言い換え 表現

**A** これを学習面でのやる気につなげて ➡ 学習に対しても準備の必要性を話して

**B** 大きな進歩です ➡ これからの学習でも生かせると思います

**C** 学級の模範となっています ➡ みんなのお手本となっています／クラスのかがみです

特別活動

Type
**12**

所見を書きにくい子

265

## エピソード **5** 係活動　～掲示物係～

最後まで着実に作業を続け
ることができた。外した掲
示物をきれいに揃えて、持
ってきてくれた。

● **POINT**

休み時間でも遊びたい気持ちを抑えて、自分
の仕事として最後まで作業を続けられたこと
を評価します。あとのことを考えて、きっち
りと揃えておく細やかな心配りができること
も評価します。

**文例 1**　掲示係では、休み時間に急に仕事を頼んでも、「はい！」と気持ち
のよい返事で引き受けて、最後までしっかりとやり遂げることができまし
た。はがした掲示物を上下揃えて、「終わりました」と**胸を張って**<sup>A</sup>届けに
来てくれました。

**文例 2**　休み時間に掲示物を外すことを頼むと、係の**仲間に声をかけて**<sup>B</sup>、
手早く仕事にとりかかりました。外した掲示物の向きを揃えながら、「他
にもありますか」と笑顔で聞いてくれました。

#### 言い換え 表現

**A　胸を張って** ➡ 誇らしげに／満足そうに
**B　仲間に声をかけて** ➡ 友だちの力を借りて／友だちと協力して

## エピソード **6** 学級遊び

友だち同士で言い合いにな
ってしまったときに、やさ
しくなだめたり、順番を譲
ったりと友だちに温かくか
かわることができた。

● **POINT**

いつでも心が穏やかで、友だちとやさしくか
かわることができることを評価します。友だ
ちのことを思いやることのできるやさしさを
評価します。

**文例 1**　学級遊びでは、言い合いになってしまった友だちに対して、「大
丈夫？　気にしない方がいいよ」などと励ましの言葉をかけることができ
ました。いつでも**心穏やかに友だちと接する**<sup>A</sup>ことができます。

**文例 2**　学級遊び「ドンジャンケン」では、友だちに順番を譲ったり、頑張

れと声かけをしたり、自分のことは後回しにしても、友だちが喜ぶことを進んで行っていました。**友だち思いのやさしい心**が育っています。

### 言い換え表現

**A** **心穏やかに友だちと接する** ➡ やさしく友だちとかかわる／落ち着いて友だちとかかわる

**B** **友だち思いのやさしい心** ➡ 友だちを大切にする心／友だちとやさしくかかわる姿勢

---

### エピソード❼ 学級遊び

ルールを守って楽しく遊ぶことができる。話し合いの場面では、次の遊びに向けての感想や意見を発表し、クラスの時間をよりよいものにしようとしている。

● **POINT**
いつも控えめな態度で自己表現する機会は少ないですが、友だちと仲よく遊ぶことができる穏やかな性格や、自分の意見をもって伝えることができた積極性を評価します。

**文例①** 　学級遊びでは、遊ぶ時間やルールを守って友だちと楽しく遊ぶことができます。話し合いのときには、次の遊びについて意見を発表したり、気をつけたいことなどを話したりすることができ、クラスのみんなで遊ぶ時間を**よりよくしたい**と考えていることがわかります。

**文例②** 　学級遊びでは、友だちがけがをしてしまったときにすぐに駆け寄って、声をかけていました。友だちに対してやさしく穏やかに接することができるので誰とでも仲よく遊ぶことができます。話し合いでは、**気づいたことを進んで発表し**、**遊びの時間を楽しく過ごしたい**という思いが伝わってきました。

### 言い換え表現

**A** **よりよくしたい** ➡ 充実させたい

**B** **気づいたことを進んで発表し** ➡ クラスのみんなで楽しむことを大切にした意見を発表し

**C** **楽しく過ごしたい** ➡ 充実させたい／有意義なものにしたい

特別活動

Type **12**

所見を書きにくい子

# 子どものタイプ別 INDEX

## あとがき

　学校では、通知表を書く時期になると、次のような言葉が聞かれます。

　「所見を書いていて、その子どものよさを再認識した」

　「その子らしさを伝えやすい子と伝えにくい子がいる。やはり見取りがうまくできなかった子は書きにくい」

　「いくらほめようと思っても、最後に『素晴らしかった』をつけただけでは、ほめたことにならない。ほめ言葉だけではない、説得力のある内容が必要である」

　説得力のある所見を書こうと目指していても、それはいつも難しく、悩みの連続でもあります。

　そのような悩みと苦闘の中、私たち自身が所見の書き方を学びながら、いくつかのことをつかんできました。

　まず、何よりも「子どもの光り輝く部分に焦点を合わせる」ことが大切であること。そして、そのためにはそれを見取る力が必要であることです。

　子どものよさは行事の中や授業中、友だちとのかかわり方などを通して見えるものです。そのよさが見つけられず、光らない部分を光らせようとすると無理が生じ、とても難しいものになって

しまいます。

　どの子どもの中にも必ずある、その光り輝く部分をぜひ見つけてほしいと思います。また、それを見つけることが私たち教員のいちばんの使命です。

　そして、次に行うことは、その子のよさを具体例を挙げながら価値づけしていくことです。具体例がないと、抽象的で一般的な文章になり、その子ならではのよさが生き生きと伝わりません。

　「本当に使えるものをつくりたい」という願いから、この本の制作を始めました。そして、子どもたちの一人ひとりの顔を思い浮かべながら、「この学級での様子を知らせることができれば」と話し合い、執筆を始めました。

　この書き方を身につけることは、とりもなおさず、学級経営力を上げることです。この書き方を学びながら、教員としての力を高めていってほしいと思います。

　この本がみなさんの学級経営の一助となることを心から願っています。

2021年5月　執筆陣を代表して

世田谷区教育委員会教育長　渡部 理枝

● 執筆者 (五十音順)

岡島謙太
神戸純子
小島裕子
髙橋壮昌
瀧藤 潤
長嶺香代子
橋本ひろみ
三富哲雄
物井優羽子
山崎仁美
山田由美子
依田哲治
(東京都公立小学校勤務)

● 編著者

**渡部 理枝** (わたべ・りえ)

世田谷区立芦花小学校長、尾山台小学校長
を経て、世田谷区教育委員会教育長。
専門は教育相談、キャリア教育。
子どもたちが、自分のよさや可能性を信じ、
多くの人たちと協働しながら学び、自らの
思い描く未来を実現するための教育を推進
している。

デザイン・DTP  三浦 悟・本田理恵 (trap)
イラスト    クー
取材・構成協力  梨子木志津・加藤隆太郎 (カラビナ)
編集協力    カラビナ
編集担当    原 智宏 (ナツメ出版企画株式会社)

**ナツメ社Webサイト**
https://www.natsume.co.jp
書籍の最新情報 (正誤情報を含む) は
ナツメ社Webサイトをご覧ください。

本書に関するお問い合わせは、書名・発行日・該当ページを明記の上、下記のいずれかの方法にてお送り
ください。電話でのお問い合わせはお受けしておりません。
● ナツメ社 web サイトの問い合わせフォーム    ● FAX (03-3291-1305)
  https://www.natsume.co.jp/contact    ● 郵送 (下記、ナツメ出版企画株式会社宛て)
なお、回答までに日にちをいただく場合があります。正誤のお問い合わせ以外の書籍内容に関する解説・
個別の相談は行っておりません。あらかじめご了承ください。

1人1人の個性を生かした

# 通知表の書き方&文例集 小学校低学年 第2版

2013年3月22日  初版発行
2021年6月 4日  第2版第1刷発行
2023年3月 1日  第2版第2刷発行

編著者  渡部理枝                      © Watabe Rie, 2013, 2021
発行者  田村正隆
発行所  株式会社ナツメ社
     東京都千代田区神田神保町 1-52 ナツメ社ビル 1F (〒101-0051)
     電話 03-3291-1257 (代表) FAX 03-3291-5761
     振替 00130-1-58661
制 作  ナツメ出版企画株式会社
     東京都千代田区神田神保町 1-52 ナツメ社ビル 3F (〒101-0051)
     電話 03-3295-3921 (代表)
印刷所  ラン印刷社

ISBN978-4-8163-7018-2                      Printed in Japan
〈定価はカバーに表示してあります〉
〈乱丁・落丁本はお取り替えします〉